慈禧太后的著色寫真照。她雖已年近七旬，但衣著華麗，面貌姣媚，目光炯炯有神，精明外露。

慈禧於咸豐二年選上秀女入宮，跨出了她邁向權位的第一步。圖為清末某次選秀女時，列隊待選的正黃旗少女。

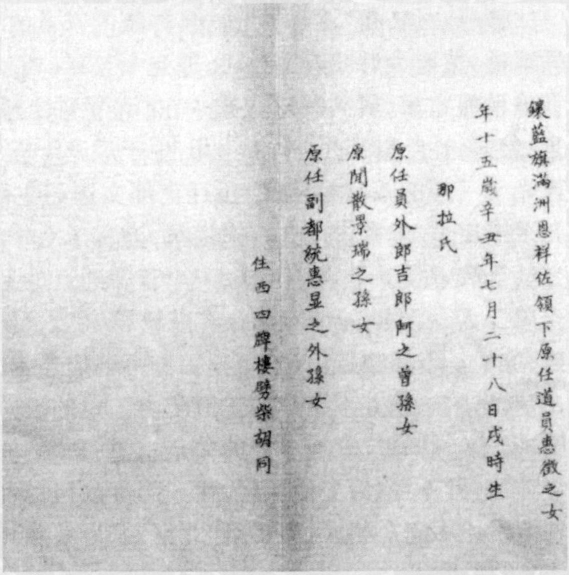

鑲藍旗滿洲恩祥佐領下原任道員惠徵之女
年十五歲辛丑年七月二十八日戌時生
那拉氏
原任員外郎吉郎阿之曾孫女
原閒散景瑞之孫女
原任副都統惠显之外孫女
住西四牌樓劈柴胡同

咸豐五年，慈禧胞妹參加選秀女的排單。由此可知慈禧的家世背景。

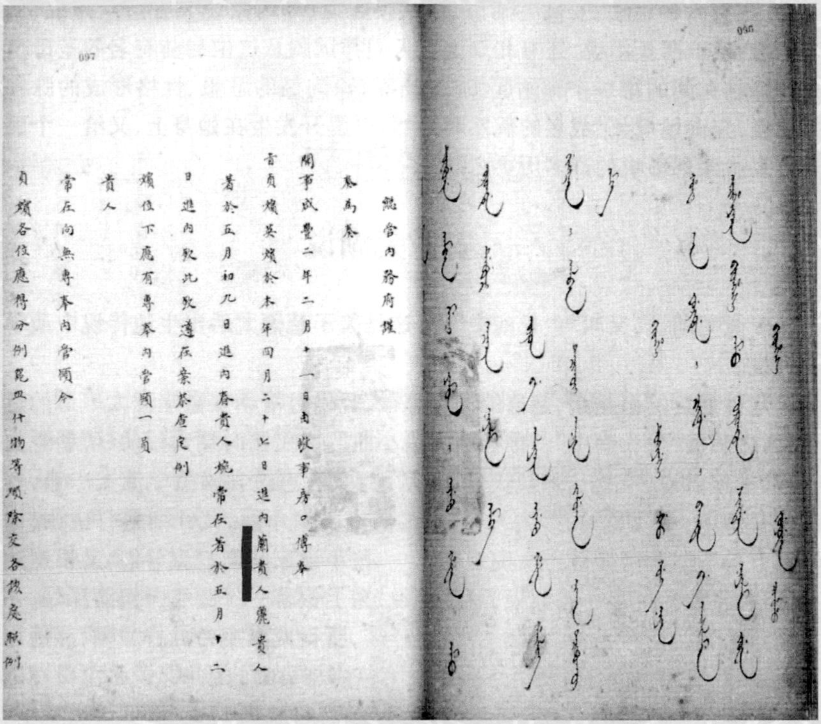

總管內務府謹
奏為奏
聞事咸豐二年二月十一日由敬事房口傳奉
旨貞嬪英嬪於本年四月二十七日進內蘭貴人麗貴人
[redacted]
著於五月初九日進內春貴人婉常在著於五月▼二
日進內欽此欽遵在案恭查定例
嬪位下應有專奉內管領一員
貴人
常在向無專奉內管領今
貞嬪各位應得分例瓷皿什物等項除交各該處照例

內務府上呈的奏摺中，載明了咸豐帝傳蘭貴人入宮的具體時間。

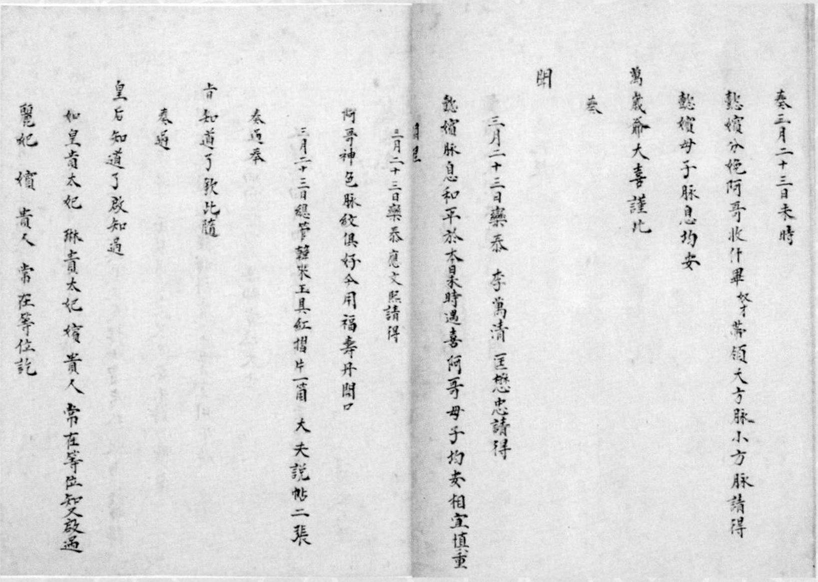

奏三月二十三日未時
懿嬪分娩阿哥收什畢奴才帶領大方脈小方脈請得
懿嬪母子脈息均安
萬歲爺大喜謹此
奏
聞
三月二十三日藥恭 李萬清 匡懋忠請得
懿嬪脈息和平於本日未時遇喜阿哥母子均安相宜慎重
三月二十三日藥恭 應文照請得
阿哥神色脈紋俱好今用福壽丹開口
三月二十三日總管韓來玉具紅摺片一箇 大夫說帖二張
奏過奉
旨知道了欽此隨
奏過
皇后知道了啟知過
如皇貴太妃 琳貴太妃 嬪 貴人 常在等位知又啟過
麗妃 嬪 貴人 常在等位說

咸豐六年三月立的《懿嬪遇喜大阿哥》檔冊內頁。慈禧誕育龍種，生下載淳，母以子貴，從此地位扶搖直上。

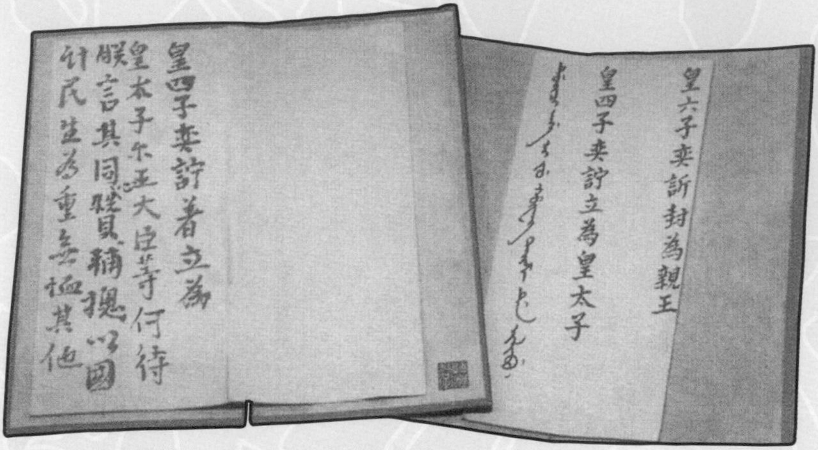

道光帝建儲密旨。兩道硃諭並藏於金匱之中，一立皇太子，一封親王，這是清朝自雍正帝發明「儲位密建法」以來唯一的特例。

咸豐帝便裝行樂圖（局部）。奕詝得到皇位，卻是個苦命的皇帝，他承受不了內憂外患的打擊，有心逃避現實，耽於酒色，最後悲慘地客死外地。

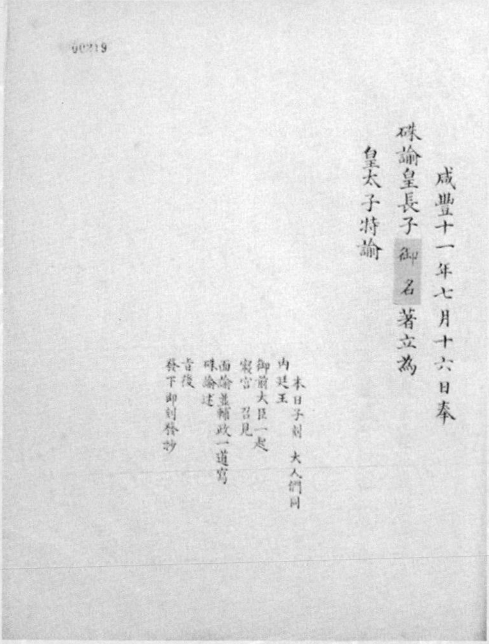

00219

咸豐十一年七月十六日奉
硃諭皇長子御名著立為
皇太子特諭

本日子刻 大人們同
內廷王
御前大臣一起
寢宮 召見
面諭並輔政一道寫
硃諭述
旨後
發下即刻發抄

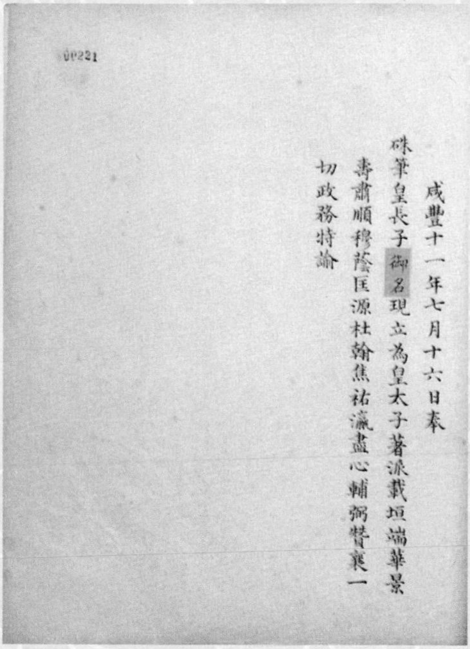

00221

咸豐十一年七月十六日奉
硃筆皇長子御名現立為皇太子著派載垣端華景
壽肅順穆蔭匡源杜翰焦祐瀛盡心輔弼贊襄一
切政務特諭

咸豐帝臨終前，召見載垣、端華、景壽、肅順、穆蔭、匡源、杜翰、焦祐瀛，特命承寫兩道硃諭，立大阿哥載淳為皇太子，並派八大臣輔政。

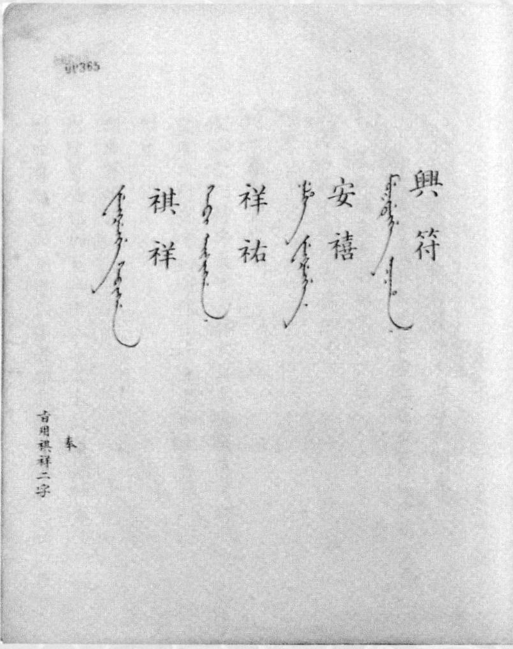

00365

興 符
安 禧
祥 祐
祺 祥

奉
旨用祺祥二字

軍機大臣擬定了四個年號，最後八大臣代小皇帝選用「祺祥」二字的一組。

「御賞」和「同道堂」璽文。咸豐帝在臨死前把這兩方隨身印章分別授予了皇后鈕祜祿氏與兒子載淳，作為皇權的象徵。八大臣凡以小皇帝名義發布的諭旨，首尾須加蓋此二印，才能生效。

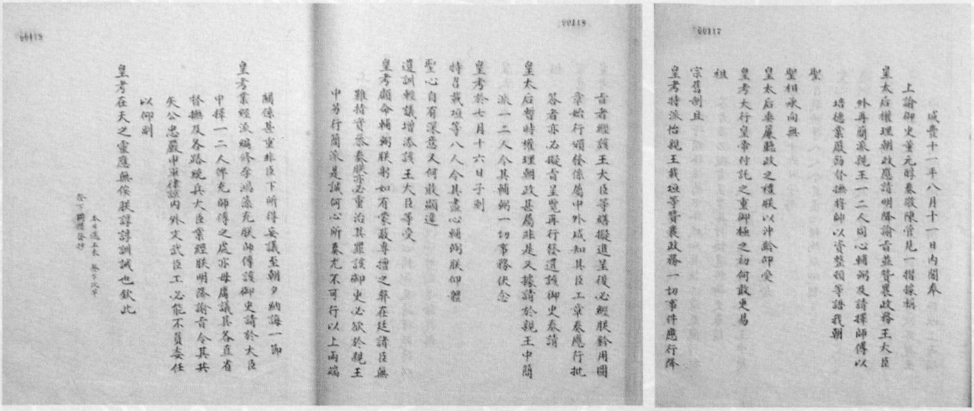
00117

咸豐十一年八月十一日內閣奉
上諭御史董元醇奏敬陳管見一摺據稱
皇太后權理朝政應請明降諭旨並贊襄政務王大臣
外再簡派親王一二人同心輔弼及請擇師傅以
培德業嚴飭督撫將帥以資整頓等語我朝
聖
聖相承向無
皇太后垂簾聽政之禮朕以沖齡卯受
皇考大行皇帝付託之重御極之初何敢更易
祖
宗舊制且
皇考特派怡親王載垣等贊襄政務一切事件應行降

00118

旨者經該王大臣等繕擬進呈後必經朕鈐用圖
章始行頒發係屬中外咸知其臣工章奏應行批
答者亦必擬旨呈覽再行發還該御史奏請
皇太后暫時權理朝政甚屬非是又據請於親王中簡
派一二人令其輔弼一切事務伏念
皇考於七月十六日子刻
特召載垣等八人令其盡心輔弼朕仰體
聖心自有深意又何敢顯違
遺訓輒議增添該王大臣等受
皇考顧命輔弼朕躬如有蒙蔽專擅之弊在廷諸臣無
難指實參奏朕亦必重治其罪該御史必欲於親王
中另行簡派是誠何心所奏尤不可行以上兩端

00119

關係甚重非臣下所得妄議至朝夕納誨一節
皇考業經派編修李鴻藻充朕師傅該御史請於大臣
中擇一二人俾充師傅之處亦毋庸議其各直省
督撫及各路統兵大臣業經朕明降諭旨令其共
矢公忠嚴申軍律該內外文武臣工必能不負委任
以仰副
皇考在天之靈應無俟朕諄諄訓誡也欽此

董元醇奏請太后權理朝政並另簡親王輔政，引爆了兩宮太后與肅順等人之間一場激烈的舌戰。慈禧鬥不過八大臣，被迫同意他們擬旨痛斥董摺所奏「甚屬非是」，均不可行。

辛酉政變後，兩宮太后奉小皇帝載淳在紫禁城舉行即位大典，開始垂簾聽政。圖為養心殿東暖閣「垂簾聽政」處。

孝貞后璇闈日永圖（局部）。慈安太后鈕祜祿氏，秀麗端莊，賢慧有德，讓咸豐帝對她有一種由衷的敬重與欽佩之情。

辛酉政變後，恭親王奕訢與其家人雖然得到很多曠典殊恩，但他實際上沒有分享到應有的政治權力，與慈禧之間存在著不少矛盾，兩人既合作又鬥爭。

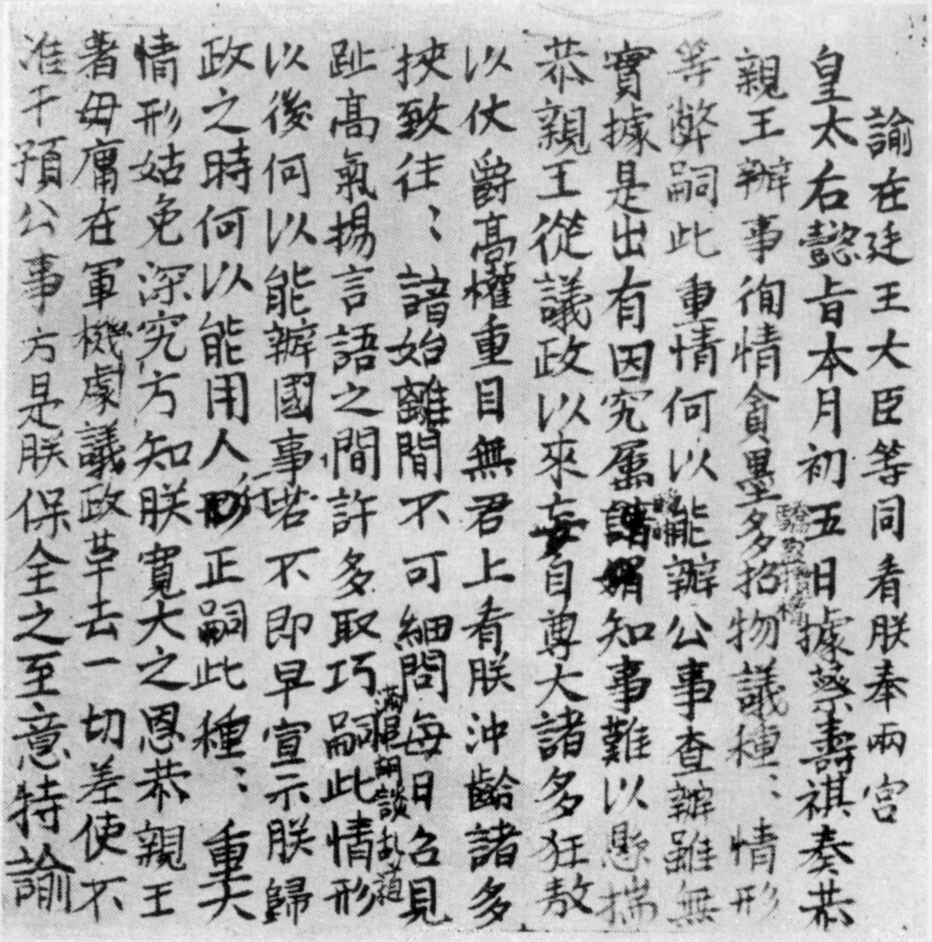
諭在廷王大臣等同看朕奉兩宮
皇太后懿旨本月初五日據蔡壽祺奏恭
親王辦事徇情貪墨多招物議種種情形
等弊嗣此重情何以能辦公事查辦雖無
實據是出有因究屬曖昧知事難以懸揣
恭親王從議政以來妄自尊大諸多狂敖
以仗爵高權重目無君上看朕沖齡諸多
挾致往往諳始離間不可細問每日召見
趾高氣揚言語之間許多取巧滿口胡談亂道
以後何以能辦國事若不即早宣示朕歸
政之時何以能用人行正嗣此種種重大
情形姑免深究方知朕寬大之恩恭親王
著毋庸在軍機處議政革去一切差使不
准干預公事方是朕保全之至意特諭

慈禧以同治帝名義，親筆起草的硃諭（影本），錯別字連篇，文理不通，係現存極稀有的慈禧手書真蹟。

同治帝游藝怡情圖（局部）。載淳六歲即位，十八歲才得以親政，他學業無成，性喜遊樂，使生母慈禧有恨鐵不成鋼的痛苦。

孝哲皇后阿魯特氏朝服像（局部）。據說她美而有德，雍容端雅，自幼即知書達禮，文才出眾。可惜不得婆婆慈禧的歡心，最後被逼自殺殉夫。

由於慈禧幕後的指使，同治帝執意重修圓明園，險些釀成清廷解體的政治危機。圖為被英法聯軍破壞的圓明園大水法遺跡。

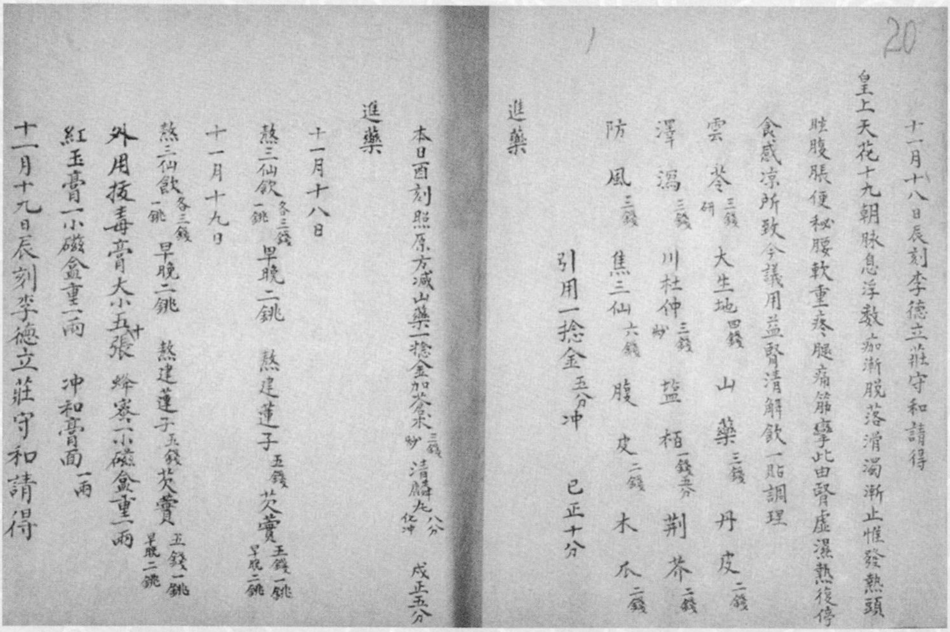

十一月十八日辰刻李德立莊守和請得
皇上天花十九朝脉息浮數痂漸脫落滑濁漸止惟發熱頭
眩腹脹便秘腰軟重疼腿痛筋攣此由腎虛濕熱復停
食感涼所致今議用益腎清解飲一貼調理
雲苓三錢研　大生地四錢　山藥三錢　丹皮二錢
澤瀉三錢　川杜仲三錢炒　鹽栢一錢(?)　荊芥二錢
防風三錢　焦三仙六錢　腹皮二錢　木瓜二錢
引用一捻金五分冲　巳正十分
進藥

本日酉刻照原方減山藥一捻金加萊菔三錢炒　清麟丸八分化冲　戌正五分
進藥
十一月十八日
熬三仙飲各三錢一銚　早晚二銚　熬建蓮子五錢　芡實五錢一銚　早晚二銚
十一月十九日
熬三仙飲各三錢一銚　早晚二銚　熬建蓮子五錢　芡實五錢一銚　早晚二銚
外用拔毒膏大小五張(?)　蜂蜜一小磁盒重一兩
紅玉膏一小磁盒重一兩　冲和膏面一兩
十一月十九日辰刻李德立莊守和請得

《萬歲爺天花喜進藥用藥底簿》內頁。從這份清宮所藏脈案及處方研判，同治帝應該是死於天花的併發症，而非梅毒。

醇親王奕譞是咸豐帝的七弟，其福晉葉赫那拉氏是慈禧的胞妹，他們年僅四歲的兒子載湉，因慈禧「一語即定」，入繼大統，改元光緒。

遭慈禧拆散的另一對伴侶——光緒帝載湉與珍妃他他拉氏

慈禧私心、戀權的犧牲品——隆裕太后葉赫那拉氏與大阿哥溥儁。

慈禧主動要修三海工程，是想在離內廷不遠的地方營造另一個辦公區；奕譞隨後以巨資大修頤和園，是想要慈禧遠離皇宮，遠離政權。兩人各有深一層的私心，而結果是葉赫那拉氏打敗了愛新覺羅皇室，光緒帝始終受制於慈禧，君權不彰。圖為頤和園全景。

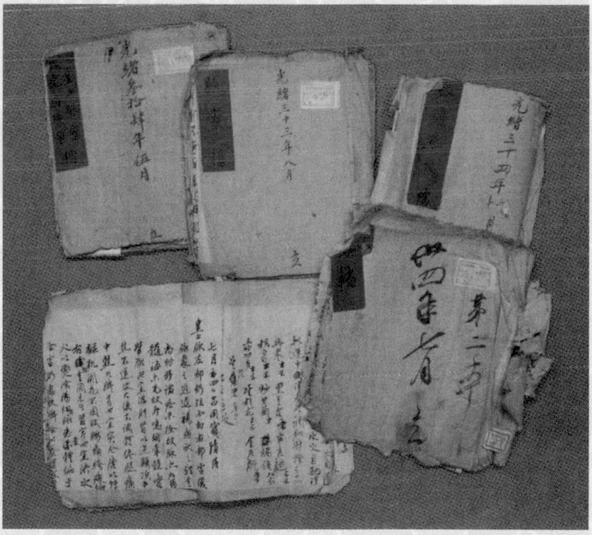

光緒末年脈案。御醫的診斷顯示光緒帝是因病而死的，但近來這個說法受到了挑戰，因為光緒帝的遺物經化驗測得大量的砷，疑似砒霜中毒而亡。

醇親王載灃與兒子溥儀（右立者）、溥傑合影。慈禧病重時還想親操政柄，獨攬乾綱，立三歲的溥儀為帝，不料她隔天就一命嗚呼了。

慈禧書《福祿壽》字軸

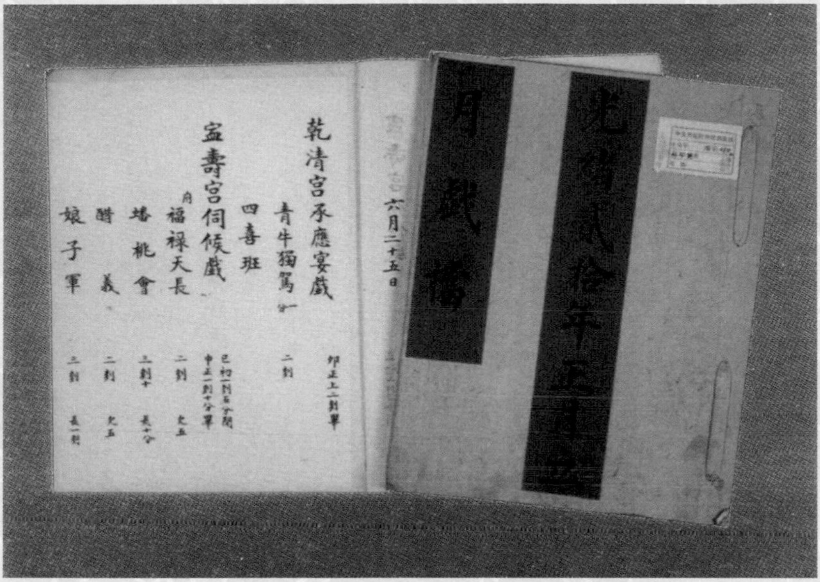

慈禧六旬慶典的《月戲檔》。慈禧對戲曲深有研究，而且自己也能吟唱，甚至編劇。

慈禧乘肩輿前往仁壽殿，在前開路的是大總管李蓮英（右）、二總管崔玉貴（左）。

宣統元年的中元節，清室為超度慈禧，在東華門外紮製、焚燒了一隻「大法船」，據說價值十幾萬銀兩。

慈禧陵地宮金剛牆上的盜口

被砸碎的慈禧外槨

親切的、活潑的、趣味的、致用的

實用歷史叢書

遠流出版公司

慈禧寫眞

作　　者——陳捷先
主　　編——游奇惠
責任編輯——陳穗錚
發 行 人——王榮文
出版發行——遠流出版事業股份有限公司
臺北市10084南昌路2段81號6樓
電話／2392-6899　傳真／2392-6658
郵撥／0189456-1
法律顧問——董安丹律師
著作權顧問——蕭雄淋律師
2010年 5 月16日　初版一刷
行政院新聞局局版臺業字第1295號
售價新臺幣 320 元　（缺頁或破損的書，請寄回更換）

ISBN　978-957-32-6640-2

YLib 遠流博識網

http://www.ylib.com　　E-mail:ylib@ylib.com

實用歷史叢書

慈禧寫眞

《實用歷史叢書》

出版緣起

王榮文

・歷史就是大個案

《實用歷史叢書》的基本概念，就是想把人類歷史當做一個（或無數個）大個案來看待。本來，「個案研究方法」的精神，正是因為相信「智慧不可歸納條陳」，所以要學習者親自接近事實，自行尋找「經驗的教訓」。

經驗到底是教訓還是限制？歷史究竟是啟蒙還是成見？——或者說，歷史經驗有什麼用？可不可用？——一直也就是聚訟紛紜的大疑問，但在我們的「個案」概念下，叢書名稱中的「歷史」，與蘭克（Ranke）名言「歷史學家除了描寫事實『一如其發生之情況』外，再無其他目標」中所指的史學研究活動，大抵是不相涉的。在這裡，我們更接近於把歷史當做人間社會情境體悟的材料，或者說，我們把歷史（或某一組歷史陳述）當做「媒介」。

・從過去了解現在

為什麼要這樣做？因為我們對一切歷史情境（milieu）感到好奇，我們想浸淫在某個時代的思考環境來體會另一個人的限制與突破，因而對現時世界有一種新的想像。

通過了解歷史人物的處境與方案，我們找到了另一種智力上的樂趣，也許化做通俗的例子我們可以問：「如果拿破崙擔任遠東百貨公司總經理，他會怎麼做？」或「如果諸葛亮主持自立報系，他會和兩大報紙持哪一種和與戰的關係？」

從過去了解現在，我們並不真正尋找「重複的歷史」，我們也不尋找絕對的或相對的情境近似性。「歷史個案」的概念，比較接近情境的演練，因為一個成熟的思考者預先暴露在眾多的「經驗」裡，自行發展出一組對應的策略，因而就有了「教育」的功能。

・從現在了解過去

就像費夫爾（L. Febvre）說的，歷史其實是根據活人的需要向死人索求答案，在歷史理解中，現在與過去一向是糾纏不清的。

在這一個圍城之日，史家陳寅恪在倉皇逃死之際，取一巾箱坊本《建炎以來繫年要錄》，抱持誦讀，讀到汴京圍困屈降諸卷，淪城之日，謠言與烽火同時流竄；陳氏取當日身歷目睹之事與史實印證，不覺汗流浹背，覺得生平讀史從無如此親切有味之快感。

觀察並分析我們「現在的景觀」，正是提供我們一種了解過去的視野。歷史做為一種智性活動，也在這裡得到新的可能和活力。

如果我們在新的現時經驗中，取得新的了解過去的基礎，像一位作家寫《商用廿五史》，用企業組織的經驗，重新理解每一個朝代「經營組織」（即朝廷）的任務、使命、環境與對策，竟然就呈現一個新的景觀，證明這條路另有強大的生命力。

我們刻意選擇了《實用歷史叢書》的路，正是因為我們感覺到它的潛力。我們知道，標新並不見得有力量，然而立異卻不見得沒收穫；刻意塑造一個「求異」之路，就是想移動認知的軸心，給我們自己一些異端的空間，因而使歷史閱讀活動增添了親切的、活潑的、趣味的、致用的「新歷史之旅」。

你是一個歷史的嗜讀者或思索者嗎？你是一位專業的或業餘的歷史家嗎？你願意給自己一個偏離正軌的樂趣嗎？請走入這個叢書開放的大門。

〈推薦人的話〉

探賾索微，發人深省

莊吉發

治古史之難，難於在會通，以文獻不足也；治近世史之難，難於在審辨，以史料氾濫也。晚清史料，浩如煙海，私家著述，固不待論，即官書檔案，可謂汗牛充棟。近代中國，內憂外患。同光時代，慈禧是國家領導人，她掌權將近半個世紀，她的一生與晚清歷史相始終，她的歷史地位不能不評價。陳捷先教授掌握檔案資料，兼採私家著述，撰寫《慈禧寫真》，以五十個子題，論述慈禧一生紛繁複雜的功過得失，還原歷史，有貶有褒，探賾索微，深入淺出。作者以生動流暢的文筆，客觀評價，也對政治人物，痛下鍼砭。相信《慈禧寫真》一書的問世，必將獲得廣大讀者的讚賞與推崇。

慈禧是維持晚清殘局的重要人物，也是促使清朝政權覆亡的關鍵人物。過去一百年間，無論是在專家學者的論著中，或是學校教科書、歷史讀物、影視作品，對慈禧的評論多為負面的，她幾乎被定型為禍國殃民罪孽深重的人物。而陳教授評價慈禧時，不憚其煩地爬梳史料，還原她和她所處的時代，提出了精闢的看法。慈禧的一生遭遇是可悲的，從童年至青少年時代家裡因賠償戶部虧空而窘困不堪，後來又眼睜睜看著父親惠徵落得丟官病死的下場，錢財與權力的印象在她的心靈烙上深深的印記。入宮之後，她自己也沒有享受到一般幸福女人的溫暖喜樂，後宮爭寵，夫君早逝，兒子叛逆，這些不圓滿影響了她的心情與性格的發展。然則一個女子扭曲的人生，因緣際會之下，竟放大為一段中國慘痛的歷史，甚至連帶地改變了往後的世界。慈禧雖沒有學武則天正式稱帝，但她所發揮的威力，遠遠勝過那位老前輩！

姑且不論一代興亡是否繫於宮闈，但有清一代有兩位引人矚目的皇太后，一前一後，確是不容置疑的。在清朝初年有孝莊文皇后本布泰（一六一三～一六八八），享年七十六歲，她歷經三朝，輔立過兩位幼主。皇太極在位期間，她是永福宮莊妃，端莊賢淑，相夫教子；在順治朝，她是皇太后，由多爾袞攝政，輔佐獨子福臨，度過危機；在康熙朝，她是太皇太后，輔佐愛孫玄燁，周旋於四位輔政大臣之間。她一生聰明機智，善於運用謀略，在誅除權臣鰲拜、平定三藩之亂的過程中，充分表現出她知人善任以及應付突發事件的卓越才能，對穩定清初的政治局面作出了重要的貢獻。

在清朝末年有孝欽顯皇后葉赫那拉氏（一八三五～一九〇八），即慈禧太后。她是一個有智謀、有手腕的人，在她七十四年的生命史中，她經歷過咸豐、同治、光緒三朝的風風雨雨，面對內憂外患，曾積極支持洋務運動，也無情鎮壓變法維新；她立過載淳、載湉、溥儀三位國君，三次垂簾，兩度訓政，前後掌權歷時四十八年。這段時間，正是世界上很多國家政治改革、經濟繁榮、軍事強大、科技日新的時代，清朝卻出現了一個自私自利、權力慾強、不諳外情、罔顧國計民生的女主，最後雖欲以立憲挽人心，但因百端並舉，政急民煩，而加速清朝的覆亡；所謂陵土未乾，國步遂改，天命難諶，實在是清朝的不幸，也是中國的不幸。

陳捷先教授對慈禧一生眾多事件的客觀看法，結論正確。這不僅是給予慈禧歷史地位的評價，也是向國家領導人發出的警鐘。瀏覽《慈禧寫真》一書，我們可以從中獲取經驗和教訓，以古鑒今。政治人物，更應調整心態，有理想的國家領導人，要顧及國家民族利益，多為國家人民設想，不要貪戀權位，不要被財富與享樂沖昏頭腦，以免遭後世詛咒譴責。《慈禧寫真》的撰述，確實頗能發人深省。

【推薦人簡介】莊吉發，一九三六年生，臺灣苗栗人，原籍廣東陸豐。一九五六年省立臺北師範學校，一九六三年臺灣師範大學史地學系，一九六九年臺灣大學歷史研究所畢業，先後曾任士東國小、士林初中教員、國立故宮博物院研究員，臺灣師範大學歷史研究所、政治大學民族學系、淡江大學歷史學系、東吳大學歷史研究所兼任教授，講授中國近代史、中國現代史、中國通史、清史專題研究、故宮檔案專題研究、中國祕密社會史、中國邊疆文化史、北亞社會文化史專題、滿洲語文等課程。現任臺灣大學中文學系、政治大學民族學系兼任教授。

〈前言〉

晚清「第一女人」

清道光十五年十月初十日（西曆一八三五年十一月二十九日），有一個女嬰誕生在北京西四牌樓劈柴胡同的一位中級官員家中。她的父親姓葉赫那拉，名惠徵，當時任職吏部二等筆帖式，她的家族屬滿洲鑲藍旗。

這女娃在孩提時代就接受了相當程度的教育，對滿漢文字都能通曉，長大後應該是聰明智慧型的人。相信也一定有著幾分美艷的姿色。她十七歲的時候是少年新君咸豐的元年（一八五一），這一年宮廷裡正值選八旗秀女的年分，她的家長為她報名參加了選拔。第二年春天她中選進入皇宮，封為蘭貴人，是皇帝的后妃中的中下等地位。而同時她父親也被外調去了安徽，當上了徽寧池太廣道員，這個職位權力不小，駐地在長江邊上的重鎮蕪湖，管轄安慶府、徽州府、寧國府、池州府、太平府以及廣德州的二十八個縣，並兼管蕪湖關稅務。惠徵連升了幾級，變成四品道臺，女兒又入選為皇帝的貴人，真可謂雙喜臨門。

咸豐三年，蘭貴人娘家發生了可怕的災難，她的父親在這一年因「虧款」（貪污公款）或是「帶印脫逃」等罪名被「褫職」了。其時太平軍正在安徽一帶大鬧事，蕪湖形勢告急，惠徵帶了一萬兩餉銀先逃到江蘇鎮江，後到丹徒辦理糧臺。咸豐帝在北京得悉各地喪失城池、官員逃竄等消息後，諭令地方督撫「查明該文武各員，有棄城先逃、臨陣退避者，即行革職拿問，按律定擬罪名，迅速具奏」，安徽巡撫李嘉瑞乃向皇帝進呈一份報告，參劾了惠徵「避居別境」，有虧職守。咸豐帝見到奏摺後，只能「大義滅親」，指責老丈人說：「惠徵身任監司，於所屬地方被賊蹂躪，何以攜帶銀兩印信避至鎮江、涇縣等處？……惠徵業已開缺，著即飭令聽候查辦。」不過，稍後皇帝又在另一件上諭裡命安徽巡撫調查惠徵「委辦糧臺、護解銀兩是否屬實」，比起前一次諭旨緩和多了，而且有著不信「逃避」確有其事的語氣。這是不是惠徵之女蘭貴人關說了什麼話、起了什麼作用，不得而知。然而這些已無關重要，因為惠徵自咸豐三年三月避逃鎮江之後，僅僅歷時不到三個月，在六月初三日他就病死了，享年四十九歲。惠徵的遭遇相信在蘭貴人心中一定留下不可磨滅的印象與影響。她不能保全她的父親，她深感權力的重要，也了解政治是不顧親情的。

惠徵死後第二年，蘭貴人晉升為懿嬪，又過了兩年，即咸豐六年（一八五六），她因為生下皇子載淳，再次晉升為懿妃，次年又賜封懿貴妃。在宮中的地位日漸升高了，她的權力慾也變得更強烈了，當時她才二十三歲。

咸豐十年，英法聯軍攻陷大沽，陳兵天津，京師受到嚴重威脅，清廷上下亂成一團，咸豐帝束手無策，又想「御駕親征」，又想逃難「北狩」。懿貴妃認為：「皇上在京可以鎮懾一切，聖駕若行，則恐宗廟無主，恐為夷人踏毀，昔周室東遷，天子蒙塵，永為後世之羞，今若遽棄京城而去，辱莫甚焉。」如果這一記述可信，則說明懿貴妃頗有主見，在軍情緊急之際，她還能保持清醒。同時也足以證明她對中國歷史有相當的知識。然而，咸豐帝沒有採納她的建議，倉皇逃出北京，到承德避暑山莊避炮火去了。

在承德約一年期間，咸豐帝銳氣盡失，頽喪消沉，懿貴妃卻在此一動蕩不安的政局下，施展發揮了她的政治才能，她代皇帝「披覽各省奏章」，與大臣等議論朝政得失，開始建立了日後女主的初基，但也引來親貴權臣們的不滿。

咸豐十一年七月十六日（西曆一八六一年八月二十一日），皇帝病危，口授遺囑，立獨生子載淳為皇太子（嗣皇帝），命載垣、端華、景壽、肅順、穆蔭、匡源、杜翰、焦佑瀛等八大臣贊襄一切政務。凡發布詔諭，先由八大臣草擬呈報，不過，因新君年幼，須請皇太后鈐用圖章，再以皇帝名義發下。此時的皇后與懿貴妃實際上已有了代行皇帝職權的身分，她們與八大臣是相互牽制的，當然矛盾、衝突也就難免發生了。

這種既非垂簾，又非輔政，但又垂簾與輔政兼行的政體確是不完備的，而且雙方都在爭權，慘烈的政治鬥爭必然要發生。兩宮太后乃聯絡皇叔恭親王奕訢在京城的力量，成功地發動了歷史上著名的「辛酉政變」（咸豐十一年，歲次辛酉），徹底消除肅順等八大臣集團的力量，進而取得了合法的「垂簾聽政」地位。

按照清朝宮廷制度，新皇帝即位後，即尊嫡母（先帝冊封的中宮皇后）為母后皇太后，親生的母親為聖母皇太后，並上尊號。另外凡是遇到國家有大慶典時，則又在皇太后的尊號前加上美詞，叫做徽號，一般用兩個漢字。她們死後再在生前的徽號上加字，則稱為謚號。

惠徵的女兒前已晉升為懿貴妃，因為貴妃與皇后之間的「皇貴妃」一級當時無人，實際上她已是皇貴妃級了。咸豐帝死後，載淳繼承大位，當然「母以子貴」，她與皇后同時被尊為皇太后，實行垂簾聽政。同治元年（一八六二）她又加上徽號「慈禧」，咸豐嫡后的徽號為「慈安」，這就是後世人稱她們為「慈禧」與「慈安」的由來。

慈禧垂簾聽政時剛剛年滿二十七歲，沒有預料到這位年輕女主竟主宰了晚清朝政四十七、八年。她三次垂簾，兩度訓政。經歷過很多國內外的重大事件，現在擇其要者分列如下：

同治元年，為整飭政風官箴，下令殺兩江總督何桂清。第二年又令正黃旗滿洲都統勝保自盡。前者因棄城逃跑，後者則是「荒淫貪縱」，慈禧藉此樹立權威。

同治四年，剝奪恭親王奕訢「議政王」頭銜。

同治五年，支持奕訢在原同文館內添設天文算學館。第二年更以皇帝名義發布上諭十道，支持洋務運動。

同治八年，以皇帝名義降諭處死寵監安得海，以示她大公無私，永遵清朝祖宗家法。

同治十一年，皇帝載淳舉行大婚禮。新皇后是慈安與皇帝選上的阿魯特氏，皇妃則為慈禧看中的富察氏，這事頗令慈禧不樂。

同治十二年舉行皇帝親政大典，兩宮太后撤簾歸政。

同治十三年，皇帝為讓慈禧安養林泉，不干預政治，下令重修圓明園，後因大臣反對，停止修園。同年十二月，皇帝駕崩，因無子嗣，慈禧不顧家法，監持以其妹所生子，即醇親王奕譞之子為皇位繼承人。新君名載湉，年僅四歲，兩宮太后二度垂簾聽政，改明年為光緒元年。

光緒元年（一八七五），同治皇后阿魯特氏被慈禧逼迫自殺身亡，引起不少朝臣議論。

光緒七年，慈安病逝，有人懷疑係慈禧下毒害死，但證據不足。

光緒十年，因中法戰爭失利，慈禧降頒懿旨，罷斥恭親王奕訢及軍機處全部大臣，重組中央最高權力機關，史稱「甲申易樞」。

光緒十一年，海軍衙門成立，慈禧派其妹夫、皇帝生父醇親王奕譞總理海軍事務。

光緒十三年，皇帝載湉已十七歲成年了，慈禧迫於祖制與臣民心態，不得不宣布歸政時間。但奕譞深知她貪戀權位，乃請她繼續訓政。皇帝有親政之名，實為傀儡。

光緒十五年，皇帝先行大婚禮，皇后為慈禧之姪女。後行親政大典，慈禧表面上撤簾歸政，然其私心、貪權實表露無遺。

光緒二十年，中日甲午戰爭爆發，慈禧六十大壽原擬熱烈慶祝，因政局而改為只在宮內舉行。慈禧對東西洋列強乃益加憎惡。甲午戰爭以大敗收場，翌年訂立喪權辱國的《馬關條約》。

光緒二十四年，皇帝發布〈明定國是詔〉，宣布變法維新。慈禧則發動政變，囚禁光緒帝，重新訓政，並殺害維新黨人。

光緒二十五年，慈禧立溥儁為大阿哥，想廢掉光緒帝，後因列強反對而未成功。

光緒二十六年，義和團事起，慈禧想利用拳民「扶清滅洋」，卻招致八國聯軍攻華，北京淪陷，慈禧、光緒帝等逃難出走西安。臨行前慈禧命太監將皇帝所愛珍妃推入井中溺斃。

光緒二十七年，清廷代表在慈禧授意「結與國之歡心」下與列強簽訂內容有苛刻條款之《辛丑和約》。

光緒二十八年，慈禧推行新政。

光緒三十二年，慈禧宣示實行預備立憲。

光緒三十四年，皇帝駕崩。慈禧降懿旨命以溥儀入承大統，命溥儀生父載灃為攝政王監國。光緒帝死於十月二十一日，翌日慈禧亦病逝。有人懷疑慈禧於死前毒害光緒帝。此事可能並非純屬傳聞，因為近年有科學證據出現。

據上可知：慈禧太后在她七十四虛歲的生命中，經歷了晚清最重要的咸豐、同治、光緒三朝，而且當過三次垂簾、兩度訓政的女主，她立過同治載淳、光緒載湉以及宣統溥儀為皇帝，處理過很多對外戰爭、對內動亂以及皇室宮廷的鬥爭等大事。她的一生雖然算得上多采多姿，但也是爭議最多、評論最難的。而且由於她行事作風上確實存在著不少問題，後人對她有著極為嚴厲的負面評價。本書的作者，想依據史料，為慈禧作一番比較客觀、比較真實的寫真。

這本小書的問世，我首先應該感謝內子侯友蘭女士對我的鼓勵。其次我要感謝遠流出版公司的游奇惠主編與陳穗錚小姐在印製方面的協助。還有我的好友陳龍貴、林天人、楊晉平、林泩翰等在校對與聯絡上的幫忙，在此一併致上謝忱。

二〇〇九年九月於加拿大西溫哥華

目錄

慈禧寫真

陳捷先／著

謹以此書恭祝

毛振聲表兄　九十雙壽
周漱紅表嫂

1 先從葉赫那拉說起

很多人都知道慈禧太后本家姓葉赫那拉，而葉赫那拉家族又有很多傳說，所以在談慈禧太后的生平事蹟之前，我們應該對葉赫那拉的一些有關傳說史事作一番觀察與了解才好。

葉赫那拉是滿洲文yehe nara的音譯，yehe是一條河的名字，nara是姓。據現存的史料，這一姓的家族似乎可以追溯到明朝末年。當時中國東北地區，女真部族林立，主要的可以分為三大系統：一是居住於現今吉林扶餘縣以北松花江轉折處南岸以及黑龍江哈爾濱市東邊阿什河流域的海西女真。二是分布在長白山以北、牡丹江與綏芬河流域的建州女真。三是生聚在偏遠的精奇里江下游直到庫頁島一帶的野人女真。其中海西女真有葉赫、哈達、烏喇、輝發四部，又稱為海西四部或扈倫四部。葉赫居葉赫河畔，經濟發達，是四部中最強者。哈達居開原城東，其首領王台曾受明朝冊封為龍虎將軍。哈達、葉赫兩部與明朝關係良好，又地處於明朝開設的馬市「南關」（廣順關）與「北關」（鎮北關）附近，所以兩部又被稱為「南關哈達」與「北關葉赫」。建州女真後來分為建州三衛，即建州衛、建州左衛、建州右衛，其中左衛就是清朝開國奠基人努爾哈齊的出生部落。建州女真與明朝的貿易關係頻繁，社會經濟比較進步。明朝本來用「分而治之」的撫綏政策統治這些女真部族，在政治上給這些女真首領加封不同等級的衛、所官職，如都督、都指揮使、指揮僉事、千戶、百戶等，授予印信、敕書、衣冠、鈔幣等等，聯絡拉攏他們。在經濟上則給予他們特權，如女真首領可以到北京領賞、貿易，並在南、北關馬市進行交易等等。明朝強盛時在遼東地區設立過三百八十四個「衛」以及二十四個「所」來管治女真，但是到明末國力大衰時，正如清朝官書上說的：「時諸國（部）紛亂。……群雄蜂起，稱王號，爭為雄長，各主其地，互相攻戰，甚者兄弟自殘，強陵弱，眾暴寡，爭奪無已時。」

在群雄爭霸的混亂局面下，葉赫與建州左衛雖各自擴大勢力謀求發展，但雙方早期關係似乎相當良好。據徐乾學的《葉赫國貝勒家乘》中記：明萬曆十年（一五八二）努爾哈齊曾投奔葉赫部，並受到「加禮優待」。萬曆十六年，《清實錄》裡又記努爾哈齊迎娶了葉赫部長納林卜祿的妹妹蒙古哲哲，後來她為努爾哈齊生下了一男，就是清史上赫赫有名的清太宗皇太極，蒙古哲哲死後被追尊為孝慈皇后，可見這兩部的關係從友好進至聯姻，原是十分親密的。不過從萬曆十九年（一五九一）開始，這兩家便陸續發生不愉快的衝突了。先是萬曆十九年葉赫部長向努爾哈齊索取土地，遭到拒絕。接著葉赫又聯絡扈倫各部及長白山、蒙古等部發動所謂的「九國聯軍」，想一舉消滅努爾哈齊。結果葉赫部等聯軍慘遭敗績，只好賠罪求和，並再以族女嫁給努爾哈齊，殺牛宰馬對天盟誓，才暫時維持了雙方和平的關係。萬曆三十一年，蒙古哲哲病危，想見見生母，努爾哈齊派人前往迎接被葉赫部長拒絕，不久蒙古哲哲病逝，努爾哈齊悲慟異常，第二年便出兵攻打葉赫，雙方以兵戎相見。四十一年努爾哈齊消滅了烏拉部，該部貝勒布占泰逃亡葉赫，努爾哈齊索人不得，乃益發對葉赫懷恨。其後又因明朝出面支持葉赫，警告努爾哈齊，事態變得更嚴重。萬曆四十四年，努爾哈齊建後金汗國，自稱大汗。兩年後率兵征明，發動薩爾滸山大戰，大敗明兵，從此後金國主宰了遼東的局勢。萬曆四十七年，努爾哈齊派兵進攻葉赫，克東西二城，葉赫滅亡。據後世人惲毓鼎在《崇陵傳信錄》中稱：後金滅葉赫時，「頗行威戮，男丁罕免者」。為什麼努爾哈齊屠殺葉赫的男丁呢？德齡的《瀛臺泣血記》中說：葉赫那拉人「想用武力篡奪皇位」。蔡東藩《慈禧太后演義》則說：努爾哈齊建祭神殿堂時掘得古碑，上書「滅建州者葉赫」六字，因而努爾哈齊幾乎盡屠了葉赫的男丁。清朝也訂立制度：「宮闈不選葉赫氏。」當然這些都是小說家言，或是傳聞之說，不能相信的。例如是不是進行了「男丁罕免」的大屠殺呢？據最古老的滿洲文史料《舊滿洲檔》（原件現存臺北故宮博物院）昃字檔記：在消滅葉赫一役之後，「將葉赫貝勒們，以及為首的大臣們都加以收養，並將葉赫二城的其他貝勒們的長幼也都收養。把葉赫的國人無論善惡都原戶不動的，父子兄弟不使其離散，親屬不使分離，全部取了回來，就是婦女衣服的領子也未拿，男子所持的弓箭也未取，各家所有的財物、器皿以及一切物件，皆都由各自作主的收檢拾取」。由此可見，當時並沒有大屠殺之事，甚至也沒有把葉赫部民分配為奴，傳說顯然是不可靠的。

還有「宮闈不選葉赫氏」一說也是不確實的，因為我們從《清實錄》、《清史稿》、《清皇室四譜》、《清列朝后妃傳稿》等書中，就可以看出清太宗皇太極有一位為他生出碩塞的側妃葉赫那拉氏。順治後宮有生女一人早殤的庶妃那拉氏。康熙帝娶惠妃那拉氏，乾隆妻妾中有舒妃葉赫那拉氏。道光帝有和妃那拉氏。咸豐帝納后妃十八人，除懿貴妃葉赫那拉氏外，其他「不知氏族」或「不詳何氏」的一些妃嬪，據大陸學者王道成考證，不乏出自葉赫那拉家族者。王先生是從北京一檔館（「中國第一歷史檔案館」簡稱）珍藏的《宮中雜件》第一二四七包中，發現璷妃、璹嬪、玉嬪等人都姓葉赫那拉，因為該包史料記著：「正白旗滿洲員外郎銘彜之女，年十七歲，葉赫那拉氏。據該旗冊報，係璹嬪胞弟之女，珏（玉）嬪胞兄之女。」又，「員外郎文治之女，辰年，十三歲，祥昆佐領。葉赫那拉氏。璷嬪胞兄之女。」據此可知，「宮闈不選葉赫氏」並非清朝「祖訓」，只是清末反慈禧太后人士的新創傳言。

總之，慈禧太后先祖所屬的葉赫部族，在明末被努爾哈齊消滅後，正如其他的女真族人一樣，成為滿洲綜合體的成員。葉赫的男丁沒有被屠殺，實際上不少人還是大清皇朝建立與入關統治中國的汗馬功臣，他們族內的少女入選為皇室妃嬪的也大有人在，早年流布的一些傳說是不能相信的。

2 本書主人翁：蘭兒？杏兒？

本書的主人翁是慈禧太后，慈禧既不是她的名字，也不是她的姓氏，只是她被封為皇太后時所加的一個徽號。因為她的兒子載淳繼統登基為皇帝了，母以子貴，她被尊為皇太后，加上具有溢美之意的「慈禧」二字，作為國家以及她兒子對她禮敬的表示。中國在帝制時代，帝后們在生前都有上徽號的習俗，徽號常用一些吉祥美好的文字來歌功頌德。帝后們死後又有追加謚號的定制，《說文》稱：「謚，行之跡也。」反映帝王一生學行事功等等的方面，除非是亡國之君或是荒淫無道之主，一般謚號還都是「進勸成德」之語。徽號是可以隨時增加的，慈禧生前一共加過八次，計十六個字，成為「慈禧端佑康頤昭豫莊誠壽恭欽獻崇熙」皇太后。她死後，大臣們給她議定的謚號為「孝欽」與「配天興聖顯皇后」，「顯」字是她夫君咸豐帝的謚號，因此總的稱謂是「孝欽慈禧端佑康頤昭豫莊誠壽恭欽獻崇熙配天興聖顯皇后」。清末史書裡常簡稱她為「孝欽顯皇后」，後世一般人則習慣叫她「慈禧」，本書也隨俗地稱她為慈禧太后，或簡稱她為慈禧。

我們知道慈禧一家人姓葉赫那拉，前一節已經略述這個姓氏的源流了。慈禧既是徽號，那麼她的本名究竟叫什麼呢？由於官方史料不載，我們無從確知，現在且就一些小說、野史中的說法作一考察吧！

《清朝野史大觀》第一輯《清宮遺聞》中記：

那拉氏者，惠徵之女也。……於咸豐初年，被選入圓明園，充宮女，是時英法同盟軍未至，園尚全盛，各處皆以宮女、內監司之，那拉氏乃編入桐陰深處。已而洪楊之勢日熾，兵革徧天下，清兵屢戰北，警報日有所聞。文宗（按：即咸豐帝）置不顧，方寄情聲色以自娛，暇輒攜嬪妃遊行園中，聞有歌南調者，心異之。越日復往，近桐陰深處，歌聲又作，因問隨行內監以歌者何人？內監以蘭兒對。蘭兒者，那拉氏之小字也，宮中嘗以此名呼之。……

這是有關慈禧太后本名為「蘭兒」的記事。其後很多作家都以蘭兒稱慈禧了。例如蔡東藩的《慈禧太后演義》說：「西太后乳名蘭兒，她的父親叫作惠徵。」王浩沆的《清宮十三朝》中也記：「那拉氏幼名蘭兒，父親叫作惠徵。」左書諤著《西太后評傳》則記：「蘭兒，作為咸豐選中的秀女，跨進了宮門。」等等。現在歷史小說家與電視劇編劇人也都以「蘭」、「蘭兒」、「玉蘭」作為慈禧的閨中小字。可是專家學者對此事頗不以為然，他們認為《清朝野史大觀》裡的記述很不可靠，例如慈禧根本就沒有當過宮女，她是當選秀女入宮被皇帝納為妾的，而「蘭兒」名字，無論是惠徵家資料，或是宮中檔冊都查不到，完全無根據，這種信口的傳言如何教人相信。大陸學者俞炳坤前些年在清宮檔案中找出線索，那是在咸豐朝續修的滿洲文《玉牒》上，發現了有關慈禧的記載，漢文譯文是：

> 蘭貴人那拉氏，道員惠徵之女，咸豐四年甲寅二月封懿嬪，六年丙辰三月封懿妃，七年丁巳正月封懿貴妃。

根據清朝制度，秀女一旦被選中入宮，即由皇帝確定名位（如嬪、貴人、常在、答應等等），並賜予封號。如慈安先定為「嬪」，封號為「貞」，所以叫「貞嬪」。慈禧初入宮時所定名位為「貴人」，品級在后、妃、嬪之下，封號用了「蘭」字，因而稱為「蘭貴人」；「蘭」字不是人名，但是後人不諳清宮制度，以為它是慈禧的本名。

二〇〇五年，自稱是慈禧太后曾孫的葉赫那拉·根正出版了一本名為《我所知道的慈禧太后

》的專書，書中說有一天他和父親聊家族往事，曾談及慈禧的乳名問題，這段對話是這樣寫的：

……聽到父親談慈禧，這是非常少見的事情。於是我就問：「那我爺爺怎麼稱呼慈禧啊？」父親說：「滿族人都有一個習慣，稱呼人的時候帶名，所以你爺爺在慈禧沒入宮之前叫她『杏兒姑』，至於後來是叫太后還是叫老佛爺我就不是很清楚了。」……我聽了一愣：「慈禧的名字叫杏兒？不是很多人都說她叫玉蘭嗎？後來歷史上還有記載是叫蘭貴人，說慈禧非常喜歡蘭花。」父親聽完我的話告訴我：「是啊。很多人都那麼說，其實不是那樣的。那為什麼你爺爺管慈禧太后叫『杏兒姑』呢？是因為慈禧的小名叫杏兒。學名叫杏貞，貞潔的貞。所以你爺爺叫她杏兒姑。……」

那麼慈禧爲什麼叫做『杏兒』呢？父親又說：我們家有這樣的說法：她出生的時候，她的爺爺葉赫那拉・景瑞正是在家裡掌門，他當時在河南任職司郎中，五十五歲。正好回京休假。據說當時家裡種了幾棵白杏樹。在滿族人看來，紅杏沒有白杏好，所以家裡就種了這麼幾棵，這樣，爺爺就給她取名叫杏兒。從此小名就叫杏兒，大名叫做杏貞。取貞潔之意。……

葉赫那拉・根正一九五一年生於北京，任職頤和園遊人投訴接待總站站長，被媒體譽為「頤和園的活字典」，他的這本書是與一位記者郝曉輝合作寫成的，據說「寫這本書，主要的目的也是為了讓一些謎團得以解開」，慈禧的乳名就是其中之一。他是以「口述歷史」方式解開謎團的，而且是一家之言，但願他的說法正確無誤。

3 慈禧的祖宗三代

清朝宗室昭槤在他所著的《嘯亭雜錄》中說，葉赫那拉氏金台吉之後為滿洲「八大家」之一。慈禧家與金台吉一族可能沒有關係，因為《清史稿》中只記：「孝欽顯皇后，葉赫那拉氏，安徽徽寧池廣太道惠徵女。」惠徵是她的父親，任官道員，俗稱道臺，是省以下、府州以上的地方高級官員。《清史稿・外戚表》中又記：「追封惠徵祖戶部員外郎吉朗（郎）阿……；父刑部員外郎景瑞……。」據此可知，慈禧的祖父景瑞曾任刑部員外郎，曾祖父吉郎阿官至戶部員外郎。她的祖宗三代都是清朝中級官員，她出生於官宦之家應該是可以肯定的。

由於慈禧被選入宮，成了咸豐帝的貴人，繼而嬪、妃、貴妃，後來甚至變為執掌大清朝政四十七、八年的聖母皇太后，她的家世因而受人重視，寫作其家世的文字也多了。就以慈禧之父惠徵為例，有人說他是監生出身，也有人認為他考取過進士，學歷顯有不同。至於他的任官經歷，惲毓鼎《崇陵傳信錄》記他曾任「湖南副將」；德齡《御苑蘭馨記》則說他是位「大將軍」。這兩說似乎都指出他是武官。不過也有人在著述裡說他是文官，其職銜，如蔡東藩《慈禧太后演義》的「安徽候補道員」；唐邦治《清皇室四譜》的「安徽徽寧池太廣道」；裕容齡《清宮瑣記》的「初任山西潞安府知府，以後升任直隸霸昌道（即張家口）道臺，不久又調任福建汀漳龍道臺」。還有如《清朝野史大觀・清宮遺聞》中更是特別，說他是「正黃旗參領」，他又變成管理旗務的八旗官員了。惠徵的學、經歷真是眾說紛紜，莫衷一是。

史學研究的理論與方法告訴我們：名人筆記與口碑傳說固然有一定的參考價值，但是要想建立歷史情狀，我們還得靠史料、文物來論斷，不然會有不真不實的缺陷。大陸學者俞炳坤花了不少時間與精力，在清宮檔案的故紙堆中，找出了不少可信的資料，很值得我們一讀。俞先生先從《爵秩全覽》與《安徽通志》中證實惠徵是監生出身，不是科舉的進士。又從內閣黃冊、軍機處《上諭檔》、《宮中硃批奏摺》等原始文獻中了解了惠徵的歷官過程。原來惠徵在道光十一年（一八三一）初任筆帖式，這個官名是滿洲語bithesi的漢字譯音，是部院衙門抄寫、擬稿的低級文書官員。十四年京察定為吏部二等筆帖式，十九年時是八品筆帖式，二十三年京察定為吏部一等筆帖式，二十六年充任吏部文選司主事，二十八年春再升為吏部驗封司員外郎。第二年閏四月十七日外升為山西歸綏道道員，官居四品了。咸豐二年（一八五二）二月初六日又被調任富庶的安徽徽寧池太廣道，三年三月二十六日被撤職罷官，同年六月初三日因逃避太平軍追擊病死於江蘇鎮江，卒年四十九歲（一八〇五～一八五三）。至於他在安徽任道員時被革職事，有人說他「虧款」；也有人說是「帶印脫逃」；張孟劬的《清列朝后妃傳稿》寫得比較具體，認為：「惠徵……因賊至，攜帶銀兩印信避至鎮江、涇縣等處，奉旨開缺查辦。」可見惠徵的結局不很光彩，儘管當時他的女兒已經被選入宮成了蘭貴人。

不過，在惠徵死後九年，慈禧的兒子載淳繼承了皇位，是為同治皇帝。按清朝制度，皇太后母家的尊長都要受到封賞，因此在同治元年（一八六二）八月十八日，慈禧的父親惠徵追封為三等承恩公，賜謚「端恪」。祖父景瑞與曾祖吉郎阿也同樣追封為三等承恩公，謚號則分別為「壯勤」與「端勤」。另外根據內閣黃冊，可以看出吉郎阿在乾隆五十一年（一七八六）任內閣中書，正七品，嘉慶六年（一八〇一）升為六品中書；同年十一月二十一日，梁章鉅的《樞垣紀略》中記吉郎阿已考取了軍機章京，奉旨在軍機處記名。軍機章京是接觸中央機要的重要官職。九年四月由內閣中書入值軍機處。嘉慶十二年又升任內閣侍讀，成為從五品的官員。十四年調為署理戶部銀庫員外郎，第二年正式補授。十八年調任刑部員外郎。嘉慶二十年（一八一五）以後，清宮、部院滿漢文資料中都不見吉郎阿的記事，想必他是在當時辭世的。

慈禧的祖父景瑞生於乾隆四十五年（一七八〇），監生出身，先由捐錢得到一個筆帖式的職位，在太僕寺學習行走。嘉慶十一年（一八〇六）正式補授，第二年曾被派往張家口辦理牧廠事務。十八年升任盛京刑部主事，二十一年調回北京，在刑部充當清檔房主事。道光元年（一八二一）擢刑部山東司員外郎，派掌廣西司印。十一年又升為河南司郎中，官居正五品。道光二十二年以後，景瑞似乎仕途多舛，災難連連。首先他奉旨往江蘇任知府，由部引見時，卻被皇帝認為他「才具平庸」，不勝其任，「著回原衙門行走」，京察一等的考績也遭註銷。道光二十三年京城又揭露了戶部銀庫存銀虧空大案，慈禧的曾祖父、也就是景瑞的父親吉郎阿雖已去世，但皇帝認為多年來查庫、管庫的官員「喪心昧良，行同俏國盜賊」，包括吉郎阿在內的嘉慶五年以後的所有負責官員，都得罰賠以作彌補。已故者由子孫照半數代賠，當時任職刑部郎中的景瑞被罰二萬一千六百兩，這對他全家來說，簡直是天文數字，實在無法負擔。景瑞想以拖延戰術——少交慢交應付。沒有想到道光帝是位很小器的君主，又適逢鴉片戰爭以後，國庫短絀，因而景瑞等觀望拖欠的官員都在道光二十七年五月被革職並關進刑部的牢房了。景瑞家人為救他出獄，乃急向親友告貸，變賣財物，加上家中積蓄，到道光二十九年限期之前，繳上了應賠款項總數的六成，符合了保出的條件，五月二十六日皇帝才下旨：「景瑞著即釋放，並准其開復原官。」可是第二年由於景瑞年屆六十五歲，命令他退休了。他的死亡時間不詳，大約是在咸豐六年（一八五六）

之後，得年約八十歲，是慈禧祖宗三代中壽命最長的。

慈禧出生在三代為官的滿洲家庭，可以說是一位養尊處優的官宦千金，傳說中她家「貧甚」、當「喪娘」賣歌餬口等事，都是無稽之談。

4 滿族乎？漢族乎？

慈禧出自葉赫那拉家族，先人三代為官，她族籍屬於滿族應該是毋庸置疑的事。但是多年以來，仍有不少人相信她是漢人生女，不是滿洲人。

慈禧是漢人主要的根據是流傳在山西長治縣西坡村和上秦村一帶的口碑傳說，後來又經過一本叫《慈禧童年考》的書，使得此說更為擴大流傳，變得像似千真萬確的事實。據說在清朝道光十五年（一八三五）十月初十日，山西省潞安府（今長治市）長治縣西坡村有一王姓人家，生了一個女孩，名叫王小慊，她的祖父是王會聽、祖母陳氏，父親王增昌、母親李氏；家中貧苦，長輩靠打短工度日。道光十八年，母親去世，又逢年景不佳，父親無奈便將王小慊賣給了上秦村的宋四元家，改名為宋齡娥。小齡娥聰明過人，又善唱歌，頗得宋家夫婦寵愛，可惜好景不常，不久宋家遭難，無力撫養這位孤女，齡娥又被轉賣給潞安府知府惠徵家當丫頭。惠徵的夫人富察氏有一次發現齡娥雙腳心各有一個奇特瘊子，認為是大富貴命的徵兆，便收養了她，更名玉蘭，並請老師教她滿文、漢文，後來這位幸運小女兒便能作詩填詞、通曉史籍了，最後因選秀女而入宮，由貴人、嬪、妃升到貴妃，再被尊為皇太后。

長治縣的這一傳說在當地還有另外一種說法，那是上秦村的版本。故事是說慈禧生於上秦村宋四元家，初名宋齡娥，母親也稱李氏；齡娥年幼時，母親不幸被狼咬死，宋四元無法照管女兒，便將她賣給了潞安府知府惠徵家作奴婢。惠徵的夫人替她改名為蘭兒，有一天發現蘭兒兩個腳心都有瘊子，認定是貴人之命，因而就收為義女，改姓葉赫那拉，並請人教她念書。到咸豐二年（一八五二），蘭兒被選入清宮，後來當上了皇太后。

這些傳說當然也引起不少人質疑，當地人便又提出一些佐證，堅稱慈禧出生地在山西。例如有人拿出西坡村的《王氏家譜》，書中發現了「王小慊後來成為慈禧太后」的紀錄。又有人指出西坡村外羊頭山西麓有慈禧生母的墳墓。上秦村又說有慈禧給宋家的書信、黃皮夾（附清代帝后宗祀譜）及個人照片等等。還有人以為慈禧愛吃黃小米、玉米麵、壺關醋、蘿蔔菜，愛看山西地方戲上黨梆子，愛唱山西民歌等等，都是幼年培養起來的嗜好，也是家鄉情結，在在都能說明慈禧是山西出生的漢人。

憑著以上的傳說與證物，自稱是慈禧娘家後裔的五位老人還專門拜訪了長治縣的地方志辦公室，並交上了一些《慈禧家境簡介》資料，要求政府調查澄清。由於長治地方人士也有不少仍然認定慈禧是當地生的漢人，「山西省長治市慈禧童年研究會」便組織起來了，而且還召開了公開的學術研討會議。專家學者們認為慈禧是山西漢人一說於史無據，太富傳奇色彩。以下幾個論點，值得一讀：

㈠在慈禧出生到童年的一段時期內，潞安府一共有七個人擔任過知府，其中沒有惠徵其人，而從慈禧生父惠徵的做官紀錄中，也沒有說他當過潞安府知府的事。

㈡《王氏家譜》記事從乾隆五十九年（一七九四）開始，書中也記了「王小慊後來成為慈禧太后」的事；可是這份家譜不是原件，不是刻本，而是新的抄寫本，史料價值不高，甚至可以懷疑有作偽之嫌。

㈢西坡村有慈禧生母墳墓之事，據說「因該墓係慈禧太后生母之墓，得以保存至今」，這更令人懷疑。因為自清末以來，大家對慈禧的印象不好，中共統治大陸之後，慈禧更是不受人尊重，文革期間，慈禧生母如有墳墓存在，必屬「封資修」一類，如何能得保存？簡直不合情理。

㈣上秦村的問題也很多，如該村有慈禧娘家後裔之說，都是一批老人們自稱的，根本不能證實他們的關係。又說關帝廟後有一處娘娘院，原為慈禧入宮前住所，這僅僅是傳說，毫無實證。

還有宋家土坑裡刨出的書信殘片，據仔細觀察殘片只有四十五個字，又支離破碎，而且關鍵性的一百多字是後來補寫上的，更重要的，這些殘片的字跡與現存北京一檔館的慈禧手書真蹟的字體大有不同，可以說不是出自慈禧本人手筆。宋家另有一張慈禧的照片，也不足以證明慈禧童年是在宋家度過的，因為這張照片到處可以找得到。黃皮夾雖可能製於光緒年間，但持有者不一定就是皇親國戚，而說它是宋家「進京入宮謁見皇太后的通行證」，顯然與清宮規制不符。總之，慈禧出生地在山西長治縣的說法，很難取信於人，地方人士提出的證據幾乎都沒有歷史的價值與意義。反觀北京一檔館珍藏的《宮中雜件》第一二四七包中，記慈禧同父同母生胞妹的一份「排單」資料，文件上寫著：

> 鑲藍旗滿洲，恩祥佐領下，原任道員惠徵之女，年十五歲。辛丑年七月二十八日戌時生。那拉氏。……

同胞妹妹是八旗滿洲屬下人惠徵的女兒，慈禧的滿洲族籍應該是沒有問題的。我們知道：人們都有趨炎附勢的本性，儘管慈禧被人詬病的地方很多，但是在她當大清國女主的期間，位高權重的當時，誰不想與她攀上一些關係呢？山西長治人也許難免有這類心性上的缺陷吧！

5 生地之謎

慈禧太后真是中國歷史上的大名人，圍繞她的故事傳說實在也真是太多、太動人，就連她出生的地點，據大陸學者俞炳坤、徐徹等人的統計，至少有六處之多。

一是山西。這一說又分為西坡村與上秦村兩地。我在前面已經談過了，無論是史料文獻與實物證據都不足證明，都不具歷史的價值與意義，因而不能成立，這裡不再贅述了。

二是內蒙。據軍機處《上諭檔》道光二十九年閏四月十七日所記，慈禧的父親惠徵這時被任命為山西歸綏道的道臺。清朝山西的歸綏道駐地在歸化城，就是現在的內蒙古呼和浩特市。一九八四年五月十九日《團結報》增刊上有王學愚的作家寫了一篇文章，明確地指出呼和浩特市多年來流傳慈禧太后生於該市落鳳街的傳說，他認為這是因為惠徵曾任山西歸綏道道員而牽強附會產生的。又說慈禧在歸化城長成時期有乳母回民逯三娘等事，像似真實，其實都是不可靠的。因為惠徵被派往歸化任歸綏道臺，時間是道光二十九年，當日慈禧已十五歲，隨父上任，在歸化度過約三年的時光是事實，但說生在內蒙就不可信了。我們從清宮檔案可以證實，慈禧出生於道光十五年，她父親惠徵從道光十一年到二十九年這段期間，一直是京官，沒有離開過北京，當然女兒在歸化城出生也就不可能了，「落鳳街前未落鳳」的結論應是正確的。然而非常奇巧的是，慈禧的外祖父名叫惠顯，當時倒是在歸化，他從道光十二年到十七年一直在歸化城任副都統之職，慈禧的母親有沒有可能回娘家生產呢？專家的分析認為不太可能，因為一則歸化離北京很遠，在交通不便的當時，哪有捨近求遠、不在進步的北京而到邊遠的歸化生產之理。二則惠徵家祖上幾代為官，家道堪稱富裕（道光二十七年才發生惠徵之父景瑞入獄的事），媳婦跑到娘家生產可說是不體面之事，惠徵家不會如此做也不能如此做的，所以慈禧在內蒙出生之說很難教人採信。

三是甘肅。這一說完全出自傳說，據稱慈禧之父惠徵曾經擔任甘肅布政使衙門的筆帖式，家住蘭州八旗會館以南的馬坊門，即現在蘭州市永昌路一七九號的所在，慈禧就是在這裡出生的。這一說相信的人不多，因為惠徵本人任職筆帖式的時間確是很長，但都是在北京城裡，他一生沒有去過甘肅，慈禧出生地在蘭州顯然是無稽之談了。

四是浙江。一九九三年八月二十二日，《人民日報》上刊出了一篇〈史界新發現——慈禧生於浙江乍浦〉的文章，指出惠徵在道光十五年至十八年這段期間，曾被外放到浙江乍浦，擔任六品的武官驍騎校，慈禧生於道光十五年，她的出生地是乍浦當然就有可能了，而該文還更具體地寫出慈禧的出生地是「浙江平湖市乍浦城內的滿洲旗下營」。作者還說乍浦老人中，仍有不少人能談論慈禧幼年的事蹟。慈禧確是道光十五年生，在時間上是符合的；但是其他的文章內容就受不起史實的考驗了。例如惠徵在道光二十九年之前，歷任筆帖式、主事、員外郎等職，都屬文官。清宮現藏的珍檔中從未有提到他任職武官的。而且惠徵在道光十五年至十八年之間確實在京城任官，僅是八品的筆帖式，未曾外放過。所以無論在時間上、品級上和官職上，都是與惠徵的實際經歷不合，慈禧生於浙江乍浦的說法應屬子虛。

五是安徽。這一說法可能與《清朝野史大觀・清宮遺聞》的記事有關，該書卷上有〈那拉氏得幸之始〉一條，其中云：「那拉氏者，惠徵之女也。惠徵嘗為徽寧池太廣道，其女生長南中。少而慧黠，嬛豔無匹儕，雅善南方諸小曲，凡江浙盛行諸調，皆琅琅上口，曲盡其妙。」慈禧既「生長南中」，又是「凡江浙盛行諸調，皆琅琅上口」，她出生在南方是無疑了。「徽寧池太廣道」在咸豐三年之前，所屬地方有五府一州二十八縣，當時安徽全省有五十一縣，分南北兩道，北道下轄鳳陽府、廬州府、潁州府、滁州府、六安府、泗州府等地，兼管鳳陽關。南道則下轄安慶府、徽州府、寧國府、池州府、太平府、廣德州等地，兼管蕪湖關。惠徵所任的道員是南道，比北道轄地略多一些。由於南道兼管蕪湖關，蕪湖便成為傳說中的慈禧出生地了。然而慈禧生於安徽之說也有不少問題，例如《清朝野史大觀・清宮遺聞》所謂的「生長南中」究竟根據什麼史料而寫的呢？再說「南中」又何以能斷定必是安徽呢？而最大的問題是在時間上的不符合，因為惠徵出任安徽徽寧池太廣道是在咸豐二年七月，當時慈禧已被清宮選上了秀女，她已是十八歲的少女了。她父親此前從未去過安徽，更沒有在安徽住過家，如何能說她出生於安徽呢？

六是北京。慈禧的祖先一直在北京做官，父親惠徵更是有史料可考的在北京住了很多年，特別是慈禧出生的道光十五年，他當時正任職吏部二等筆帖式，這些資料在內閣道光十四年、十九年等黃冊《京察二等筆帖式冊》、《八旗文職官員俸銀冊》中可以得到證實。父親在北京做官，女兒生在北京是比較合情理的說法。又《清列朝后妃傳稿》下卷記：慈禧兄妹五人，慈禧為大姊，妹妹其次，大弟名照祥，二弟桂祥，三弟是佛佑。二妹在咸豐五年也參加了選秀女的行列，結果被選中嫁給了咸豐帝的弟弟奕譞，她雖然沒有當上皇妃、皇后，但她的兒子載湉後來卻入承大統，是為清末的光緒皇帝，所以也算得上是當時的名女人了。清宮裡還存留著慈禧這位二妹在複選秀女時的「排單」，上面寫著：

鑲藍旗滿洲，恩祥佐領下，原任道員惠徵之女，年十五歲。辛丑年七月二十八日戌時生。那拉氏。原任員外郎吉郎阿之曾孫女，原閒散景瑞之孫女，原任副都統惠顯之外孫女。住西四牌樓劈柴胡同。

劈柴胡同應是慈禧一家自曾祖父以來的老宅地址，按照京師八旗分城居住的規定，乾隆三十五年（一七七〇）後，鑲藍旗都統衙門在阜城門內嘉寺胡同，劈柴胡同就在附近，應屬於鑲藍旗屬下人居住區，慈禧出生於此是合理的，是毋庸置疑的。

不過，自清末以來，有人說慈禧生於北京東城的方家園，如戊戌政變時的要角之一王照就寫過《方家園雜詠二十首並紀事》的詩文集，其書首寫道：

方家園者，京師朝陽門內巷名，慈禧、隆裕（按：指慈禧姪女，光緒嫡后）兩后母家所在也。……

王照所言是指慈禧日後的娘家住處，或者說是隆裕的出生地更適合些，因為目前史料中還能看到慈禧母家遷居的情形。原來咸豐六年（一八五六）時慈禧生下了皇子，晉封為懿妃，同年十二月初二日皇帝就諭令內務府大臣：「著查官房一所，賞給前任道惠徵家。欽此。」第二年官房租庫員外郎晉英等在一份《呈稿》中奏道：「當經本府查得西直門內新街口二條胡同路北官房一所，共計六十二間，奏請賞給前任道惠徵家居住。於十二月初五日具奏，奉旨：依議。欽此。……」新宅約居住了近十年，到同治五年（一八六六）十二月，慈禧的權位都變得崇高重要了，她以皇帝名義降旨，將方家園入官的房產賞給她胞弟照祥，方家園因而成為慈禧母家新居所。後人說慈禧生於方家園也基於這個原因，但並不正確。

6 選秀女入宮

為了保持滿洲皇家與貴族血統的純正與高貴，清朝政府發明了一種叫「選秀女」的制度。從順治朝開始，每隔三年就舉行一次。在選秀女的年分，先由中央戶部行文到八旗各都統衙門、直隸各省駐防八旗及外任旗員，要他們將自十四歲到十六歲的適齡女子，由族長、領催、驍騎校、佐領、參領這些長官，逐一將名單具結呈報給都統，再匯齊咨送戶部備案。等到入選之時，由戶部申報，得到批准後行文到各旗，準備參加選拔。外任旗員報名的女子要按期抵京，與在京應選女子一同選閱。吳振棫的《養吉齋叢錄》中說：「挑選八旗秀女，事隸戶部。每旗分滿、蒙、漢為先後。滿、蒙、漢之中，以女子之年歲長幼為先後，造冊分咨各旗。……有應挑而以病未與者，下屆仍補挑。年已在十七以上，謂之逾歲，則列於本屆合例女子之後。每日選兩旗，以人數多寡勻配，不序旗分也。挑選之前一日，該旗參領、領催等先排車。……按年歲冊分先後排定，然後車始行，……貫魚銜尾而進。車樹雙燈，各有標識。日夕發軔，夜分入後門，至神武門外，候門啟，以次下車而入。其車即由神武門夾道出東華門，由崇文門大街至直北街市，還繞入後門，而至神武門。計時已在次日巳、午之間。選畢者，復以次登車而出，各歸其家。雖千百輛車，而井然有序。俗謂之排車。」當秀女們由神武門入內時，先到順貞門前「候臺」。這時太監們就按名冊順次引導秀女進入，由皇太后與皇帝評選。通常是五人一排，讓皇太后與皇帝當面看選。如有被看中的，就留下她們的名牌，再定期複選。複選如果再被選上的，優秀的留於皇宮之中，隨侍皇帝左右成為未來后妃的候選人。其餘的則賜給王公與宗室之家，作為貴冑娶妻納妾之用。所以選秀女實際上是一場選美活動，為皇帝、皇子、皇孫、親王和郡王們物色婚姻對象而舉行。由此可見，選秀女是很費時間的一項工作，手續也是相當繁雜的，審核更是多層，旗人家女子能被選上真是不容易。慈禧就是這樣經過層層挑選之後才得入宮的。

慈禧選上秀女入宮的時間，據《清史稿》說：「咸豐元年（一八五一），后（按：指慈禧）被選入宮。」《清皇室四譜》也記：「咸豐元年被選入宮。」這種說法只是按大選例行時間而言的，不是慈禧被選中入宮的時間。我們根據清宮的史料，發現道光三十年皇帝駕崩之後，繼承的新君改元「咸豐」，咸豐元年正逢挑選秀女，從經辦中央與地方各衙門的作業，到最後報表到中央，花費不少時間，直到這一年的十二月二十四日才一切準備就緒，主辦單位呈報全部名單，恭請皇帝擇期選閱。經過咸豐二年二月初八、初九兩日賞遍群芳之後，皇帝正式選定，並於同月十一日發出諭旨，命令新選秀女陸續進宮。直到此時慈禧還沒有真正地入宮。因為咸豐帝尚未釋服（除孝），無法在內廷安置妻妾。同年二月二十八日內務府又向皇帝上了一件奏摺，內文有：

……咸豐二年二月十一日由敬事房口傳，奉旨：「貞嬪、英嬪於本年四月二十七日進內。蘭貴人、麗貴人著於五月初九日進內。春貴人、婉常在著於五月十二日進內。欽此。」……

蘭貴人就是慈禧，據此可知慈禧入宮的時間是咸豐二年五月初九日，不是在咸豐元年。宮中檔案的記事應該是可靠的；《清史稿》、《清皇室四譜》等書可能是從選秀女之年而立論，或是行文不妥而有了問題，我們閱讀或是利用這些書作研究時應該要注意。

另外，像《清朝野史大觀》一類的專書，說慈禧在咸豐元年被選入宮中當宮女，編在桐陰深處當差，皇帝因欣賞她的江南小調而寵幸了她，這一記事顯然也是不正確的。從以上內務府檔案中我們可以明確地看出，慈禧是經過選秀女勝出而入宮的，入宮的時間是咸豐二年，而且不是宮女身分，是列為后妃等級中第六級的貴人。貴人的地位決不是供人使喚的宮女，卻是可以使喚宮女的皇帝的妾，地位比宮女高得太多了。《清朝野史大觀》我們就且把它當作「野史」看吧！

7 從貴人到貴妃

按清朝制度，皇帝的妻妾共分皇后、皇貴妃、貴妃、妃、嬪、貴人、常在、答應八個等級。皇后、皇貴妃這兩級只能各有一人，貴妃、妃、嬪則分別各為兩位、四位與六位。貴人以下無定數，任憑皇帝的喜歡而納娶。

慈禧被選入宮後，初定為貴人一級的名位，並賜予「蘭」字封號。在宗人府的《玉牒》中，有關咸豐帝的記事〈當今皇帝咸豐萬萬年〉條下，記載皇帝各妻妾的生年時辰、誰人之女以及名位晉封等情形，其中寫到慈禧的部分是：「蘭貴人那拉氏，道員惠徵之女，咸豐四年甲寅二月封懿嬪，六年丙辰三月封懿妃，七年丁巳正月封懿貴妃。」《玉牒》是清朝歷代皇帝及其家族的宗譜，規定每十年一修，以保持家史紀錄的完整。每次纂修時，都由宗人府宗正、宗令、滿漢大學士、內閣學士、禮部尚書、侍郎等人充當正副總裁以及纂修官員，極為慎重地從事工作。修成之後，還要進呈皇帝閱審，並舉行隆重的告成存放儀式。因此，《玉牒》資料應該是正確無誤的，不需置疑的。

慈禧從咸豐二年入宮，五年不到的時間，到七年正月竟由貴人連升了三級，晉封為貴妃，升遷不能不算是很迅速了。大陸學者俞炳坤又從內務府《奏銷檔》咸豐四年一至三月的檔冊中發現有滿文上諭，漢文譯文是：「咸豐四年二月二十六日奉上諭：貴人那拉氏著晉封為懿嬪。欽此。」此事在該檔冊的漢文目錄上則記為：「二月二十六日，蘭貴人晉封懿嬪。」同時在緞匹衣料應得分例的奏銷文件中，看出咸豐三年稱「蘭貴人」，四年則也寫成「懿嬪」的不同，可見慈禧在咸豐四年確實是升等了，而且封號由「蘭」字改成了「懿」字。按例說封號是不輕易改變的，像慈安一直用著「貞」字，如貞嬪、貞貴妃等。慈禧為什麼會由「蘭」字改作「懿」字呢？這其中原因現在還不能確知，因為沒有宮中文獻可以作解釋。不過倒有一些事實可以供我們參考，例如在咸豐帝決定將慈禧由蘭貴人晉封為懿嬪的同時，他又發出了一道硃諭，其中有「寫清字上諭，將封號字擬數字，清文，候朕圈定，發抄時將封號漢文一併交閣」。不數日，軍機處簿冊《花翎勇號檔》內寫著：「四年二月二十六日，有硃筆，當時繳內，擬清字四個，用黃面紅裏紙。」顯然軍機大臣們已遵旨擬出四個字，恭候皇帝圈定了。「懿」字可能就是這樣改定的。「懿」字有「柔德流光」、「溫和賢善」等意，這個封號當然比「蘭」字好些，也更有意義。再說改封號的事也不是絕對不能做，據于善浦《清代帝后的歸宿》一書記：玶常在，伊爾根覺羅氏，初入宮為英貴人，咸豐二年十月冊封英嬪，三年九月降為伊貴人，五年二月降為伊常在，不久又降為伊答應，六年五月晉升玶常在。瑃常在，姓氏不詳，咸豐二年六月冊封春貴人，三年十月降為明常在，五年二月降為暝諳答應，六年三月晉升瑃常在。這二人反複升降、數易封號的經歷是極罕見的。由此可見，咸豐帝經常隨個人喜怒，擅改後宮小妾的封號。

咸豐四年，在皇帝的新選秀女中，蘭貴人最先脫穎而出，升等為嬪。為什麼蘭貴人能拔得頭籌呢？這其中原因沒有文字紀錄可考，不過現代學者都認為與慈禧本人的一些因素有關，她獲得皇帝的寵愛，升等當然就不難了。慈禧究竟有那些優長之處而令皇帝欣賞寵愛呢？以下幾點也許值得我們注意：

第一、慈禧的美貌贏得皇帝的歡心。慈禧年輕時候的長相如何我們不得而知；不過慈禧自己曾說：「入宮後，宮人以我美，咸妒我，但皆為我所制。」美得教人嫉妒，顯然她長的不差了。後來為慈禧畫像的美國人卡爾（Katharine A. Carl），在她的《慈禧寫照記》（*With the Empress Dowager of China*）中說過：「慈禧太后身體各部分極為相稱，美麗的面容，與其柔嫩修美的手，苗條的身材和烏黑光亮的頭髮，和諧地組合在一起，相得益彰。太后廣額豐頤，明眸隆準，眉目如畫，口脣寬度恰與鼻寬相稱。……耳輪平整，牙齒潔白如同編貝，嫣然一笑，姿態橫生，令人自然欣悅。我怎麼也不敢相信她已享六十九歲的大壽，平心揣測，當為一位四十歲的美麗中年婦女而已。」這是女畫家仔細觀察九個月的心得，慈禧年近古稀時竟然還是美麗如中年人，遑論她在二十多歲時的嫵媚魔力了。另外一位滿族人德齡，她是慈禧晚年的女祕書似的人物，她曾對慈禧的容貌評論說：「太后當伊在妙齡時，真是一位風姿綽約、明媚鮮明的少女，這是宮中人所時常稱道的；就是伊在漸漸給年華所排擠，入於老境之後，也還依舊保留著好幾分動人的姿色咧！」總之，慈禧是美麗的女人應該是可信的。

第二、慈禧的才藝是其他後宮后妃不能比匹的。慈禧對滿漢文字都有寫讀的能力，儘管漢文寫作較差，常用錯字，但大體上還可以，甚至她能「校書卷」、擬上諭、批奏章，樣樣都行，這是皇后鈕祜祿氏（慈安）及其他妃嬪們不能及的。她的書法頗佳，繪畫的技巧也成熟，更對戲曲有研究，而且自己也能吟唱，對於有心逃避現實、寄情聲色的戲迷咸豐帝來說，慈禧必然是得他寵愛有加了。

第三、咸豐四、五年間，皇帝雖有妻妾十人，但尚無子嗣。慈禧深知「母以子貴」的道理，若能為皇帝生一龍子，她就更能得到專寵了，更能立於不敗之地了。她不斷尋求藥方幫助，終於在咸豐五年六月懷孕，第二年三月生下了皇子載淳。這位皇子雖非嫡后所生，但是長男，而且當時后妃都未生子，因此慈禧的地位頓時高升了，皇帝不久即詔封她為懿妃，同年十二月行冊封禮。咸豐七年正月，更上層樓晉升為懿貴妃。也就是說慈禧因為生龍子載淳（即日後的同治帝）而由後宮五級的嬪，升為四級的妃，更變成三級的貴妃。當時咸豐帝又沒有封二級的皇貴妃，所以慈禧事實上已躍居後宮第二位，地位僅次於皇后了。

慈禧的升遷之快，顯然不單是運氣，而應該與她的天賦容貌、能力以及個人的種種努力有關。

8 誕育龍種

清朝在禮部之下有太醫院一機構，院內有院使（主官）、院判（副職）以及御醫、吏目、醫士等等專業人員，他們「給事內廷」，就是服務宮中的醫療團隊。太醫院早年分十一個專科，即大方脈、小方脈、傷寒科、婦人科、瘡瘍科、針灸科、眼科、口齒科、咽喉科、正骨科和痘疹科。後來將痘疹科併入小方脈，咽喉科併入口齒科，所以乾隆《會典》裡才有所謂「掌九科之法」。中期以後，又把傷寒、婦人兩科併入大方脈，瘡瘍科改為外科，針灸、正骨兩科停設，因而光緒《會典事例》中說：「現設五科，曰大方脈、小方脈、外科、眼科、口齒科。」

皇宮內院人口眾多，包括皇帝、皇后、妃嬪、皇子皇女、宮女、太監等等難免會有生病的，因此清朝宮廷醫案與宮中常用配方等文獻資料，留存下來的很多。北京一檔館的研究人員曾於上個世紀約請中醫專家一同把這些「大內祕方」，加以整理，先後出版過《慈禧光緒醫方選議》、《清宮醫案研究》、《清宮配方研究》等書，對於清宮帝后人等的身體狀況、患病情形、治療方法、用藥種類，都有可觀的說明，加上編著者的評議，更是對當日醫家、病家透現不少聞所未聞的消息。以慈禧來說，我們在宮中檔案裡就可以發現有這樣的記事：

> 咸豐□年七月十三日，李德立（按：係太醫院御醫）請得懿嬪脈息沉遲。係寒飲鬱結，氣血不通之症，以致腹腰脹疼，胸滿嘔逆。今用溫中化飲湯一貼調理。

這一帖「溫中化飲湯」當時用藥情形大概包含了香附、川鬱金、厚朴、赤苓、杜仲、續斷、五靈脂、炮薑、豬苓、焦三仙等等幾種，用草蔻為引。直到光緒年間，御醫張仲元、姚寶生還給慈禧開了「老佛爺和中化飲熱之法」，藥材及分量如下：

茯苓四錢	焦於朮二錢	廣皮一錢五分
炒穀芽三錢	薑連八分研	炙香附二錢
殼砂八分研	炒神麯二錢	黨參二錢
生甘草八分		

引用藿梗四分　　鮮青果七個研

據現代中醫的看法，這帖藥「主治飲食減少，胸滿痰多，吞酸作嘔，虛寒胃痛等症」。

慈禧在少女時代以及入宮初期可能月經不調，因此她尋求藥石解決問題，不然懷孕是比較困難的。一檔館的宮中檔案有慈禧調經的藥物資料，後來被專家們選出印在《慈禧光緒醫方選議》一書中，時間只記「咸豐□年四月三十日」，但是明確地標示「懿嬪調經丸」，可見是慈禧專用的，既稱「懿嬪」，時間必在咸豐四年稍後。這帖調經丸的藥物與藥量是：

香附一兩童便炙　　蒼朮一兩　　赤苓一兩
川芎三錢　　烏藥一兩　　黃柏三錢酒炒
澤蘭一兩　　丹皮八錢　　當歸八錢

共為細末，水疊為丸，菉豆大，每服二錢，白開水空心送服。

現代中醫專家認為：「本方調經養血，止痛散瘀，於養血活血理氣之外，加蒼朮、黃柏清熱去濕，寓有二妙散意，足證西太后年輕時有痛經等月經病又兼帶下之證。」

慈禧經過如此調理身體以後，果然到咸豐五年懷孕了，六月間，慈禧常住的儲秀宮總管太監韓來玉向皇帝奏報，說懿嬪似有「遇喜」之象。咸豐帝聞訊後十分高興，除命御醫密切關心外，又給慈禧的「分例」（每月應領的各項費用與用品）按原定數額加半份。

咸豐六年三月《懿嬪遇喜大阿哥》檔冊中記：「二十三日巳時，懿嬪坐臥不安，隨奴才韓來玉問姥姥（按：係接生婆）□氏，說似有轉胎之象。」「二十三日未時，懿嬪分娩阿哥，收什（拾）畢，奴才帶領大方脈、小方脈（按：分別指為成人及小兒視疾的醫生），請得懿嬪母子脈息均安，萬歲爺大喜。」

在同一檔案中，又有回乳醫方及福壽丹一帖，有方名而缺藥名，經現代中醫專家整理，在《慈禧光緒醫方選議》書中作如下的記述：

咸豐六年三月二十五日，欒泰、楊春、李得全請得懿妃脈息沉滑。係產後惡露未暢，腸胃乾燥之症。今議用回乳生化湯午服一貼調理。

咸豐六年三月二十七日，欒泰、楊春、李得全請得懿妃脈息滑緩。滯血漸輕，腸胃結燥，乳汁上蒸，肝經有熱。今議用清肝回乳飲午服一貼調理。

咸豐六年三月二十九日，欒泰、楊春、李得全請得懿妃脈息滑緩。乳汁漸回，結核亦減，惟氣血不和，滯熱未淨。今議用調榮化滯湯午服一貼調理。

以上是慈禧的部分，有關新生皇子的開口方則作：

咸豐六年三月二十三日，欒泰、應文熙請得阿哥神色脈紋俱好，今用福壽丹開口。

硃砂末一分　黃連末一分　甘草末五厘

蜜水調服。

新生皇子取名載淳，就是日後的同治帝。慈禧為咸豐帝生下了長男，也可以說為皇室建立了首功。她的地位在內廷中也竄升了。更重要的是咸豐八年時雖有玫貴人徐佳氏也為皇帝生一皇子，但這一龍種在生下不久後就夭亡了，從此以後，清宮中再沒有后妃為皇帝生過男孩。慈禧的這次生下載淳，確實對清朝歷史與慈禧個人都有著重大的意義。

9 母以子貴

咸豐六年三月二十三日（西曆一八五六年四月二十七日）慈禧生下皇子載淳（即日後之同治帝）之後，「母以子貴」的效應就顯著地發生了。首先皇帝為重獎有功人員，下令賞慈禧母家新住屋一所，就是前面提過的西直門內新街口二條胡同路北的六十二間的官房。其次慈禧的地位也發生了急遽的變化，她很快晉升為懿妃，第二年初更晉封為懿貴妃，身分可以說連番地變得高貴。等到咸豐駕崩、同治繼統，慈禧被尊為皇太后，成為後宮首席人物之一了。

她的祖先也隨著追封為承恩公，可謂備極身後哀榮。還有一件事也是值得一述的，就是慈禧母家也在同治帝繼承大位後被「抬旗」，這是表示朝廷對他們家的獎賞與恩眷。從很多原始檔案中，我們可以發現慈禧母家原屬滿洲鑲藍旗，例如道光朝的《上諭檔》二十九年夏季檔（閏四月）中記：京察一等記名惠徵是「鑲藍旗滿洲」。慈禧的父親惠徵既然是滿洲鑲藍旗人，他們家必屬鑲藍旗無疑。惠徵後來到安徽做官，咸豐二年安徽巡撫蔣文慶在進呈給皇帝的密摺中，也提到惠徵是「鑲藍旗滿洲人」。這是當時人記當時事的官方史料，應該是可信的。另外在道光年間編成的《大清縉紳全書》、《爵秩全覽》以及稍後重修的《安徽通志・職官表》等書，其中也明確地刊載了惠徵是「鑲藍旗」滿洲人。咸豐五年慈禧胞妹參加選秀女的報名資料，現藏《宮中雜件》包中的，也寫著他們是「鑲藍旗滿洲」。總而言之，在上舉的第一手史料中，件件都說明了惠徵家是滿洲鑲藍旗人的事實。

我們知道：按照清朝八旗制度，八旗有上三旗與下五旗之分。上三旗指的是鑲黃、正黃、正白；下五旗則是鑲白、正紅、鑲紅、正藍、鑲藍。兩黃旗最早是屬於清太祖努爾哈齊的，後來傳於清太宗皇太極以及順治、康熙帝等等直系皇家子孫。正白旗與多爾袞有關，也是清初有權有勢的旗籍，因此上三旗一直由皇帝親自統率，政治地位崇高。下五旗的地位不如上三旗，惠徵家屬鑲藍旗，是下五旗之一，當然給人的觀感以及實際待遇都是不如上三旗的。

不過，清朝又有一項規定，旗籍有時是可以變更的，就是下五旗的人可以變為上三旗的人，這就是所謂的「抬旗」。通常，「抬旗」是有條件的，而且得由皇帝特旨才能施行。皇帝當然也不能隨便給旗下人亂「抬旗」，一般是對有大功或受皇帝特別寵愛的大臣，以示獎賞與賜恩而「

抬旗」。或者皇太后和皇后的母家因聯姻而「抬旗」。慈禧尊升為皇太后之後，娘家照例也被「抬旗」，抬升成為上三旗的鑲黃旗。慈禧是咸豐十一年七月十八日晉封為聖母皇太后的，同年十二月十八日在《大清穆宗毅皇帝實錄》中我們可以看到「慈禧皇太后母家著抬入鑲黃旗滿洲」的記事。同時在軍機處簿冊第一四八包裡也有同樣的文字記載，慈禧娘家原由「鑲藍旗滿洲」從此抬入「鑲黃旗滿洲」了。這也是不少日後專書裡有不同說法的原因。如《清史稿》記外戚惠徵一家「隸滿洲鑲黃旗」，而《慈禧外紀》中則說慈禧是「鑲藍旗人」，兩說應該都是正確的，只是沒有交代清楚「抬旗」前後的旗籍罷了。至於《清朝野史大觀》記惠徵家為「正黃旗」，甚至還有一些小說寫慈禧一家是正藍旗或是鑲白旗等等，都是不正確的。

談到「抬旗」的事，康熙、雍正朝有兩例也許可以略加敘述，以供讀者諸君參考：一是康熙年間，年羹堯的妹妹因選秀女被相中，後被派給皇四子胤禛，也就是後來的雍正帝為妾，年家也因此被「抬旗」，《八旗通志・選舉表》裡有記載，說明了年羹堯在當舉人時還是「鑲白旗」人，但後來年家變為「鑲黃旗」屬下人，這就是與皇家聯姻的「抬旗」。另外，胤禛當了皇帝以後，他特別欣賞河南巡撫田文鏡的居官成績與行事作風，在雍正五年六月的一件諭旨裡說：

田文鏡自簡任巡撫以來，忠正為國，實心盡職，整肅官方，所屬下僚咸被化育，懲戒凶惡，撫恤善良，誠能盡教養之道，豫省吏治整飭，眾所悉知，且辦事熟諳，操守廉潔，凡有陳奏，知無不言、言無不盡，毫不隱諱，其誠心更屬可嘉，將伊撥在上三旗，以示朕厚待賢能大臣之至意。欽此。（文見田文鏡雍正五年九月十一日奏摺）

田文鏡就這樣撥入了正黃旗。雍正時代人蕭奭寫的《永憲錄》記「年羹堯，鑲白旗人」，《清史稿．列傳》則說年家隸屬「鑲黃旗」，以及田文鏡的有關傳記也有旗籍「正藍」與「正黃」的不同，都是抬旗的原因所致。

慈禧娘家的抬旗當然是「母以子貴」所收到的實惠。

10 後宮爭寵

咸豐皇帝姓愛新覺羅，名奕詝，是清朝入關後第七代君主。他當皇子時曾娶了薩克達氏太常寺少卿富泰的女兒為嫡福晉。富泰的官階也有史書裡說是太僕寺卿的，無論如何，薩克達氏是咸豐帝的髮妻。成婚的時間是道光二十八年（一八四八）二月。這位嫡福晉真是薄命之人，第二年底就不幸病逝了。奕詝在道光三十年繼承大統之後，便追封為皇后。當時後宮只有一位侍妾武佳氏，奕詝也封了她為雲貴人（咸豐二年四月升雲嬪）。對於剛即位的年輕新君而言，後宮顯得空虛一些。

咸豐元年（一八五一）正值選秀女之年，儘管還在皇帝服三年喪的期間，選美活動還是舉辦了。這一年究竟選中多少秀女給咸豐帝，因史料缺乏，不能確知，不過在獲選的眾人之中，廣西右江道穆揚阿的女兒應該是最出色的，她家姓鈕祜祿氏，當時才十五歲。咸豐二年四月二十七日她正式入宮前就被封為貞嬪，而在五月二十五日又有諭旨晉封她為貞貴妃，跳過了「妃」一級。更令人不解的，一個多月後，「已擬為皇后」了。原定的「嬪」、「貴妃」等冊封禮還未及舉行，便在同年十月直接行了冊立皇后的隆重大典禮。她為什麼有如此好命好運，至今尚無法得知，有史書上稱讚她賢慧有德，我們就暫且相信吧！

與皇后鈕祜祿氏（慈安）同時被選上秀女入宮的，還有英嬪伊爾根覺羅氏、蘭貴人葉赫那拉氏（慈禧）、麗貴人他他拉氏、春貴人、婉常在索綽羅氏、容常在伊爾根覺羅氏、玫常在徐佳氏、鑫常在等等。英嬪、春貴人隔年就被降級了。蘭貴人排第三位，麗貴人列名第四，她們顯然是皇帝在新選秀女中最喜愛的。可是這兩人從開始可能就暗中競爭，希望能得皇帝的恩寵。從官方文件上看，咸豐四年二月蘭貴人葉赫那拉氏被晉封為懿嬪，她是除皇后鈕祜祿氏之外，第一個被升等的。同年十二月麗貴人他他拉氏也被詔封為麗嬪，如此看來，她的受寵程度也是可觀的。咸豐五年正月雲嬪武佳氏去世，懿嬪的地位只有皇后比她高了。不過令她緊張與不安的是麗嬪已懷孕，結果五月時生下一女，這讓懿嬪稍為寬心了一些。儘管麗嬪生的是小公主，但咸豐帝初嘗為人父親的喜悅，仍認為她有功，晉升她為麗妃，品級又比懿嬪超前了，足見麗妃在皇帝心目中的地位是不低的。

懿嬪不甘落人之後，在咸豐六年三月也生產了，而且生了皇子，這對當時皇宮裡來說，無異是建立了大功勳，皇帝立即降下硃諭：「懿嬪著封為懿妃。」不僅如此，第二年初又封葉赫那拉氏為懿貴妃，她的地位又超過了麗妃，恢復內宮二號人物的身分。其後玫貴人徐佳氏雖在咸豐八年十二月生下一男，但未經命名即夭折，直到宣統三年清朝覆亡，宮中再沒有生男的事，可見同治帝出生是清末宮廷最後的傳宗接代喜事，懿貴妃因此穩坐後宮第二把交椅的寶位了。

儘管懿貴妃母以子貴，地位扶搖直上，但麗妃的氣勢也還是銳不可當的。在咸豐九年、十年的時候，每逢宮中大宴，東邊第一桌都是後宮之主鈕祜祿氏的，第二桌是麗妃和祺嬪。西邊第一桌是懿貴妃和婉嬪，除了皇后外，麗妃與懿貴妃似乎有東西分庭抗禮的意思。因此到咸豐十一年皇帝駕崩後，當年除夕宮中敬事房日記簿上寫了：「十二月十四日，小太監金環具奏：年例乾果盤，隨奉二位皇太后（按：指慈安與慈禧）旨：著將麗皇妃撤下不給。」可見這是慈禧在兒子載淳繼承大位、自己晉封為皇太后之後，對麗妃的一種「懲處」。事實上，麗妃是招她嫉恨的。咸豐帝晚年對麗妃的感情還是不差，例如咸豐九年讓麗妃搬遷到咸福宮居住，以便皇帝就近臨幸，至今宮中還有皇帝黃箋硃筆寫的「咸豐九年月日，麗妃移住咸福宮大吉」的字條，顯見皇帝還希望麗妃為他再生下龍兒。這樣的事能不令慈禧懷恨，不令慈禧報復嗎？

以上是史料中可以窺知的慈禧與麗妃爭寵的一鱗半爪，其他「嬪」一級以下的互鬥的情形就很難得知了。不過野史也有一些說法，我們就姑妄聽之吧！

玫貴人徐佳氏據說頗有姿色，入宮後初封常在，不久就晉升為貴人。咸豐五年因「凌虐使女」、「與太監孫來福任意談笑」惱怒了皇帝，五月至六月間她被連降三級，淪為僅陪皇帝睡覺的宮女。咸豐帝後來覺得自己的做法太過分，所以又恢復了徐佳氏的地位，讓她變回貴人。玫貴人的遭遇說明了咸豐帝的愛憎任性，也反映了徐佳氏的恃寵而驕，得意忘形。

還有一個傳說，談到咸豐帝在內憂外患情勢緊迫的當時，他每天寄情於詩酒，常和後宮小妾們在一起，有一個常在或答應級的為得皇帝歡心，陪他飲酒作樂，以致皇帝夜醉晏朝，不勤政事。皇后鈕祜祿氏聽到此事立即傳喚侍寢的小妾，厲聲斥責，並傳諭太監預備杖撻。咸豐帝後來趕到，問此妃何罪。皇后見皇帝駕到，遵禮制整襟跪拜說：

> 奴無狀，不能督率群妾，使主晏起，恐外臣有議奴者，故召此妃戒飭之，無使奴受惡名也。

咸豐帝知道皇后在諷諫自己，心中雖有怒而不便言，於是以輕鬆口吻說：

> 此我多酒，彼焉能勸我酒，請從今不飲矣。

皇帝既然允諾改掉貪杯的毛病，皇后乃拜謝起身，一旁伺候的太監宮女都淚如雨下，感佩萬分。這段傳說正足以說明「邪不勝正」。

慈安可能就是這樣的一位正派婦女，讓皇帝對她有一種由衷的敬重與欽佩之情。外間又有一些傳言，說慈安秀麗端莊，美德出眾，幽嫻貞靜，符合傳統中國道德的標準。她十分勤儉樸素，在宮中常穿布衣布鞋，飲食也有節制，相信這些表現會更令皇帝產生憐愛之心。咸豐末年，後宮能與慈安競爭的只有慈禧一人了。慈禧雖然沒有慈安所具備的那些美德，但她的優長之處也是不少的。例如她通曉滿漢文字，善書畫戲曲，這都是其他后妃不能比的。她的沉著機智，更勝人一籌。當英法聯軍攻陷天津之時，咸豐帝正與妻妾在圓明園內「天地一家春」共宴，酒過半巡，軍機處奏報到達。咸豐帝痛哭不止，慈安與妃嬪們也哭成一團，只有慈禧一人走向皇帝建議說：「事危急，環泣何益？恭親王素明決，乞上召籌應會之策。」可見慈禧有冷靜分析、敢作敢為的應變能力。她又能洞悉人性，工於心計，她的掌權柄政確是具備條件的。

11 略述咸豐

咸豐帝奕詝，生於道光十一年六月初九日，道光三十年正月二十六日登基，次年改年號「咸豐」，咸豐十一年七月十七日病逝。在位十一年五個多月（一八五〇～一八六一），得年三十一歲不足（一八三一～一八六一），是個苦命的皇帝。

奕詝出生時，他的三個哥哥奕緯、奕綱、奕繼都已去世，他的降生使年已半百的父親極為高興，而他也有未來皇位繼承人的可能。不過，在他尚不滿十歲時，生母孝全皇后鈕祜祿氏突然「病」逝。孝全的死，至今仍是清宮疑案，而奕詝也因此暫由皇六子奕訢（即日後大名鼎鼎的恭親王）的生母靜貴妃博爾濟錦氏撫養。奕詝與奕訢兩兄弟年齡相近，對繼承大統事根本不甚瞭然。據說他們的老師卻在暗中重視此事。奕詝六歲入學，老師是山東人杜受田；奕訢的老師則是四川人卓秉恬。據《清史稿》、《國史舊聞》、《清朝野史大觀・清宮遺聞》記：奕訢聰明能幹，且對中外局勢了解頗多，卓秉恬乃教奕訢，父皇如有所垂詢，「當知無不言，言無不盡」，若行校獵等事，亦應全力以赴。杜受田深知奕詝才能不如其弟，囑凡事不與其弟相爭。因此兩兄弟後來打獵時，奕訢「所得禽獸最多」，奕詝則在圍場中「但坐觀他人馳射」，未發一槍一矢，又「約束從人不得捕一生物」。皇帝後來問奕詝為何一無所獲，他回答「不忍傷生命以干天和」。另一次皇帝「自言老病，將不久於此位」，讓兒子們談談對政事的看法。奕訢侃侃而談，堪稱頭頭是道。奕詝則「惟伏地流淚，以表孺慕之誠而已」。道光帝「大悅，謂皇四子（按：指奕詝）仁孝，儲位遂定」。奕詝就是這樣得以繼承皇位的。

奕詝是不是因為老師「輔導」而當上了皇帝，尚須作進一步考證；不過奕詝倫次居長，他年輕時的詩文藝術才華出眾，以及皇父對他生母的突罹死難的「歉疚」，這些都是道光帝選他作繼承人時考慮的因素。道光帝臨終前竟親自用硃筆寫下兩份諭旨，一為「皇四子奕詝立為皇太子」、一為「皇六子奕訢封為親王」。這是清朝自雍正帝創立「儲位密建法」以來的第一次，在密封金匣裡有兩張硃諭，算是怪事，也可見道光帝對奕詝、奕訢二人的關愛相當，難作取捨吧！

奕詝得到皇位，固然是大幸事、大喜事，但對一個不是當皇帝材料的人來說，則可能是大不幸事、大苦事了。

咸豐帝即位之後，至少面臨著三大問題：一是外患問題、二是內亂問題、三是朝廷內部的權力鬥爭問題。

奕詝九歲時，中英鴉片戰爭爆發了，結果清廷戰敗，割地賠款，辱國喪權，加上吏治不清，官員貪腐，軍備廢弛與國庫空虛，清朝確實步上了衰亡之途，正如龔自珍所說的，當時已是「日之將夕」的時代。奕詝登基之後，英、法、俄、美等外國列強即不停地策畫侵華的戰爭，咸豐六年（一八五六）終於爆發了英法聯軍之役，或是被稱為第二次鴉片戰爭。洋兵不但攻陷廣州、蹂躪了中國沿海，後來更擴大戰火，延及華北的天津，甚而攻入京城，逼得咸豐帝逃離北京。這是滿清定鼎北京以後第一次皇帝離開紫禁城避難，真讓祖先蒙羞，而更令人沉痛的，皇帝竟不再能回到京城，悲慘地客死外地。

咸豐帝臨朝理政的第一天，就接到有關湖南天地會黨人在地方上作亂的報告。隨即太平軍的反清大戰也爆發了，由廣西出發，一路摧枯拉朽，勢如破竹地打到湖南、打到江西、打到南京。從咸豐元年十二月初十日正式建號「太平天國」，到咸豐三年二月二十日洪秀全建都南京，改名天京，其間僅僅歷時一年又兩個多月，進兵之神速，戰果之輝煌，堪稱前史罕見。其後太平軍分西、北兩路遠征，西征的成果是畫江為界，形成南北分疆的兩個政權。北伐軍雖未得成功，但也打下河南、河北不少重鎮，直接威脅到清廷的安全，讓咸豐帝生活在驚慌恐懼的氣氛中。

除了太平天國之外，全國各地還有很多地區也在「造反」，其中規模較大的有持續反清的「捻亂」，從咸豐二年鬧到同治七年，前後歷時十八載（一八五二～一八六八），動亂的地區廣達安徽、河南、江蘇、山東等省，頗令清廷頭痛。「回亂」也是當時另一個「造反」事件，雲南人杜文秀領導的，曾建立大理政權，佔領過二十多個州縣，到同治十二年才走入歷史（咸豐六年起事，歷時十六年（一八五六～一八七三））。回民事變還延及四川等省，影響也很大。

另有天地會的勢力在各地也是可怕的，其中小刀會曾佔領上海。稱「紅巾」的會眾在廣西建「大成國」，又有人建立政權稱「升平天國」。貴州也有白蓮教支派建「江漢」政權。當時全國共有十八省，其中有十四省都在內亂「造反」的烽火中，咸豐帝統治的國家，包括天子腳下的土地，幾乎都被血腥、硝煙彌漫了。皇帝心情的沉重是可以想像到的。

在朝廷與宮中，咸豐帝過得也不安適，煩心不快的事也很多。早期他以老師杜受田幫他幕後理政，然而這位良師名臣在咸豐二年就歸了道山。一度他以六弟奕訢為重臣領班，推行政務，但不久又因兄弟間產生嫌隙弄得不和。其後他依賴肅順以嚴法治國，使滿朝文武一片怨聲，而肅順一黨大勢形成，朝廷自然也有分派之事。

咸豐帝與六弟奕訢不和的原因，基本上可能從他們競爭皇位時就發生了。奕詝登基之後，遵父皇遺命封了六弟為親王並在內廷行走，後來也任命他管理京師巡防事務，更入軍機而領樞務。

太平軍北伐部隊被消滅，奕訢也在被優敘的人員之列。表面上哥哥對六弟的待遇是不錯的。咸豐五年，奕訢的生母病危，由於這位皇太妃撫養過咸豐帝，皇帝也每日到內宮為她請安探病。奕訢認為生母病重，懇請皇帝在她仙逝前賜給「皇太后」封號，好讓她瞑目。咸豐帝因此議於國家制度不合，又因自己尚未生子，恐怕引起將來傳位等問題，未作決定，但也沒有明白拒絕。奕訢以為皇帝已默認許可，立即到軍機處辦理尊號賜予的手續。這令皇帝頗為不快。後來皇帝還是在養母去世前九天降下了聖旨，尊養母為「康慈皇太后」，但對奕訢的作為極度不滿，不久便降罪奕訢，認為他在辦理其母喪儀上，「多有疏略之處」，因而「著勿在軍機大臣上行走，宗人府宗令、正黃旗滿洲都統，均著開缺」，幾乎革了他所有的重要差事。直到咸豐十年，英法聯軍兵臨北京城下，六弟奕訢這時臨危受命，留京收拾殘局，算是再度被重用，然而兄弟關係上芥蒂更深了，朝廷大臣中也嚴重分派了。

奕詝當皇子時，算得上是個多才多藝的人。他的詩作留下的不少，他是畫馬的專家，對戲曲也有很深的研究。當他即皇帝大位之後，也是稱職的君主，整日忙於政事，召對批章，從不間斷。當時他很有使命感，想平息內外動亂，恢復清朝盛世的光榮。但是他畢竟只是一個平庸、保守的君主，尤其對世界局勢了解得不多，當然他的願望不能實現了。他個人的抗壓能力又低，在內憂外患的種種問題紛至沓來時，他承受不了，終於在折磨中倒下，淒涼地在熱河避暑山莊結束了他三十一歲的短暫人生。

12 咸豐要「親征」？

道光二十年鴉片戰爭之後，中英簽定了《南京條約》，中國從此步上了國際的大舞臺，但中國人並未改變對外的觀念。就以《南京條約》中開五口通商准許外商攜眷入城寄居的問題，廣州官員與人民堅持認為不可。皇帝又不斷指示地方官「不可瞻循遷就，有失民心」，「惟疆寄重在安民，民心不失，則外侮可弭」。英國人一再交涉，毫無結果，於是便想到直接去北方與清廷中央談判了。另外《南京條約》之後，清廷又與美、法等國訂立《中美望廈條約》、《中法黃埔條約》，其中規定十二年到期時可以修改。咸豐四年（一八五四）正是屆滿十二年，英、美、法等國決定借修約機會，向中國取得更多的權益，包括多開商埠可以延伸到華北沿海以及長江內陸城市。當然使臣駐京、內地教會、入城觀光居住等等也是他們希望的。

咸豐六年，一艘在香港註冊，懸掛英國國旗的亞羅號（Arrow）船，因涉嫌海盜等事，遭廣東水師登船搜查捕人，因而引起雙方嚴重交涉，英國駐香港海軍還一度炮轟廣州城。同年春天，法國有位傳教士馬賴（Auguste Chapdelaine）在廣西西林縣被殺，法國駐華代辦顧隨（Jean de Courcy）聞訊後乃向廣東巡撫葉名琛提出抗議並要求賠償，葉名琛也只允准調查，拒絕晤面。當時英國自由黨執政，非常重視海外利益，而法國又正是「第二帝國」的時代，醉心光榮。雙方一拍即合，乃向中國發動了聯合戰爭，所謂的「英法聯軍」或「第二次鴉片戰爭」由此爆發了。

英法兩國在出兵攻打廣州前，曾分別照會葉名琛，提出入城、賠償等等要求，葉名琛一概拒絕，但他也不嚴防外軍來犯。英法聯軍於咸豐七年十一月中猛攻廣州，一天就攻陷了，葉名琛被俘，後送往印度絕食而死。葉氏所作所為，離奇特別，因而被人譏評為「不戰不和不守，不死不降不走，相臣度量，疆臣抱負，古之所無，今亦罕有」。

廣州陷落後，英法美俄四國擬在上海與清廷談判不成，乃揮師北上，咸豐八年四月初八日攻下大沽口，五月十六日上述四國與清廷代表桂良、花沙納等簽訂《天津條約》，同意外國要求，允許北京駐使、長江開埠、內地遊歷、賠償費用等事，並定於第二年正式換約。然而清廷後來以外使駐京事不能接受，以及長江通商恐招來後患，又與外使在上海談判協商，但未得結果。咸豐九年夏天，英法美三國新任公使到了上海，他們根本無意再與桂良等人作無謂的討價還價的交談，決心揚帆再度北上，直趨天津。

咸豐帝也知道「夷人」不是容易對付的，他下令派曾打敗太平軍北伐部隊的僧格林沁等祕密地備戰，在大沽口一帶河道上放下暗樁，兩岸增加大砲，嚴陣以待洋兵的到來。結果英海軍在大沽口闖關時，與清軍發生激戰，由於河道不暢通，洋船成了活靶子，動彈不得只好挨打。是役英船被擊沉四艘，英軍死傷四百多人，法軍則傷亡十四人，聯軍見形勢不利，實力也有懸殊，乃戰敗離開大沽。清軍的這次勝利，不少人以為中國人洗刷了鴉片戰爭敗北以來的積鬱，伸張了中國人民的正義。有人吟著「四海憤鬱二十載，一朝吐氣須臾間」的句子，像似中國又富強了。不過，英法等國既為侵略利益而來，哪能如此受辱就善罷甘休。不久他們便集結大軍兩萬多人，戰艦二百多艘，於咸豐十年七月底再對大沽口進攻，當時皇帝仍令「務以撫局為要」，「夷人」怎會還跟你談仁義道德呢？他們到處「火槍驟發」，銳不可當，很輕易地取得了天津，不久又在通州八里橋打敗了清軍，連僧格林沁這位猛將也「於酣戰之際，自乘騾車，撤隊而逃」。另一位將軍勝保領禁軍督戰也遭到敗績，至此京城被外軍壓境。

事實上，早在洋兵開向北京時，皇帝曾降諭旨，其中強調「朕今親統六師，直抵通州，以伸滅討而張撻伐」。大臣們有不少人上奏，請求皇帝不必親征，也不去熱河，而是留在北京坐鎮抗敵。《翁同龢日記》裡更透露了一項內幕，說咸豐帝的七弟醇郡王奕譞痛哭要求讓他身先士卒，決一死戰，也請皇帝不能北走熱河。五弟惇親王奕誴、軍機大臣文祥等人也支持此議，皇帝似乎同意了並降諭旨，以安定民心。前方主將僧格林沁也上奏說：「若奴才等萬一先挫，彼時即行親征，亦可不致落後。」這裡所謂的「親征」，實在就是「落跑」逃難的意思。可是不幸而言中，僧格林沁被擊敗，自己也臨陣脫逃了，皇帝能不「親征」嗎？

據可靠史料的記載，八里橋大軍潰散的當晚，圓明園內便召開緊急會議，參加的有不少親貴重臣。這次御前會議決定兩大事項，一是咸豐帝避走熱河，官方文獻中用「北狩」一詞代替逃跑；二是命恭親王奕訢留京，全權處理英法問題以作善後。不過，皇帝也給了六弟一道硃諭，囑咐他：「若撫不成，即在軍營後路督剿。若實在不支，即全身而退，速赴行在。」「行在」就是熱河避暑山莊的行宮。

咸豐帝等人逃離北京是相當匆忙的，應該說是狼狽倉皇出走。據當時任職詹事府詹事的殷兆鏞記述，皇帝是從圓明園後門出逃的，連御膳與鋪蓋帳篷都沒有帶齊。另外清人寫的《庚申英夷入寇大變記略》一書中也說：「聖駕遂於（咸豐十年八月）初八日巳刻偷走。及各衙門值日引見等官赴園，始知上已北行，鑾輿不備，扈從無多。……車馬寥寥，宮眷後至，洵迫不及待矣。是日，上僅咽雞子（蛋）二枚。次日，上與諸宮眷食小米粥數碗，泣數行下。」慈禧也在宮眷的行列中，隨著咸豐帝淒涼地離開了首都，離開了「萬園之園」的圓明園。

13 且樂道人歸道山

咸豐帝和他的后妃以及一批他寵幸的親貴重臣倉皇地「偷走」出了北京，到熱河避暑山莊「安閒」地避難，京師裡卻發生一些驚天動地的大事。現在舉其重大的略述如下：

一是法軍與英軍先後闖入了圓明園，開始他們罪惡的搶劫與焚園活動，華麗輝煌的東方名園，頓時變成了強盜世界。先到園裡洗劫財物的法國軍人，每個人袋囊裡都裝有值幾萬至上百萬法郎的奇珍寶物，有一位法國伯爵當時在現場，他後來寫下的《手記》文章，其中有描繪文字說：

「……一些士兵頭頂著皇后的紅漆箱；一些士兵半身纏滿織錦、絲綢；還有一些士兵把紅寶石、藍寶石、珍珠和一塊塊水晶放在自己的口袋裡、襯衣裡、帽子裡，甚至胸口還掛著珍珠項鏈。再有一群人，他們手裡拿著各式各樣的座鐘和掛鐘，匆忙地離去。工兵們帶來了他們的大斧，把家來的人才能胡思亂想出來具統統砸碎，然後取下鑲在上面的寶石。……這一幅情景只有吞食大麻粉的人才能胡思亂想出來。……」英國軍人的搶劫行動好像比法國人有秩序一些，他們由指揮將領下令，先軍官後士兵地入園取物，而且每個軍團輪番前往，以示公平。英國《泰晤士報》《*The Times*》記者後來的估計，「被搶劫和被破壞的財產，總值超過六百萬英磅」。這種說法未必正確，因為自康熙時代修建圓明園以來，歷經雍正、乾隆、嘉慶、道光幾代的努力經營，至少耗費了二億兩白銀的名園，損失實在是無法估計的。不但如此，英軍又為了懲罰咸豐帝的毀約與扣留英國談判人員，特下令幾百士兵在洗劫之後，再放火燒燬掉圓明園，大火三天不熄，名園最後只剩下搶不走、燒不掉的幾根石柱，讓它們向後人訴說英法士兵的暴行與中國人的義憤。李慈銘曾有詩云：「五朝神籞翼皇州，縱火連宵燭九幽。法物盡隨群盜去，仙山真見萬靈愁。」其實當時中國人還有更多的愁呢！

二是奕訢留京辦理善後的事，真是更令「萬靈愁」的。英法聯軍的首腦完全以戰勝者自居，令奕訢不能置辯地、無條件地分別交換了英、法《天津條約》的文本，並且又強迫簽訂了《續增條約》，亦即《北京條約》，如此一來，不但《天津條約》合法化了，英法兩國又在《北京條約》的條文中取得更多的權益。如增開天津為商埠、華工出洋當苦力、割九龍司一部分給英國、允許法國傳教士買田造屋，以及賠償英、法軍費各八百萬兩等等侵略權益。更令人氣憤的是沙皇俄國在這次戰爭中趁火打劫，他們也比照英、法與清廷訂立《中俄北京條約》，不僅承認了此前喪權極多的《璦琿條約》，更把烏蘇里江以東的一大片土地也割讓給了帝俄。俄國人之所以能得到更多的權益，是他們以「幫助」中國人的姿態在清廷與英法聯軍之間調解有功所致。狡猾的俄國愚弄了腐朽昏庸的清朝統治者，也玩弄了精明霸道的英法美三國的使節與將領們，真不可思議！

以上北京方面所發生的不幸事件，很快地就傳到了熱河。咸豐帝當然非常難過，尤其圓明園的被燒，更令他愧對祖先，益發對洋人產生仇恨與恐懼。不過，由於他帶了一些重臣去熱河，這些人包括怡親王載垣、鄭親王端華、肅順、穆蔭等人在內，必然在避暑山莊組成了一個政府集團。另外，留京辦理善後的恭親王奕訢、義道、桂良、周祖培、全慶、文祥等人也形成了另一個集團。這兩個集團開始鬥爭了起來，首先是為回鑾的事起爭論。北京諸王大臣們主張皇帝盡快回京，以「安人心而固眾志」。咸豐帝也有意在「天氣尚未嚴寒」時回鑾。《北京條約》簽訂後，皇帝提出了一些問題，諸如夷兵雖退，但未能保證其不來。還有夷使親遞國書，更令他不滿，認為簡直是使中國大皇帝顏面無光的事，不能忍受。奕訢因而上奏說明洋兵已全數撤離，無須擔心。至於外國遣使呈遞國書也不必視為不成體統，「其意必欲中國以鄰邦相待，不願以屬國自居」，「似無詭謀」。熱河集團的王公大臣們可能怕奕訢在北京挾洋人自重，堅決反對回鑾，於是皇帝降下諭旨，除仍擔心洋兵「去而復返」以及外使拿親遞國書事「再來饒舌」外，他宣稱「木蘭（

熱河）巡幸，係循祖宗舊典，其地距京師尚不甚遠，與在京無異，足資控制」，因而決定「暫緩回鑾」，並且在諭旨最後還加了一句「本年回鑾之舉，該王大臣等不准再行瀆請」。回京事只有等待咸豐十一年再談了，可是誰又知道皇帝就此永遠不能回京了。熟習清末史事的當時人薛福成在《庸庵筆記》中說：「迨和議成，英法兵退至天津，留京王大臣疏請回蹕，上將從之，為三奸所尼，屢下詔改行期。」這是史實。清末另一位名人李慈銘則以為皇帝的「車駕時出打圍」，「驛臺諸優承值者，日演戲」，顯係把遊樂看作比政務更有興趣了。近世史家吳相湘記：「載垣等……大興土木修繕行宮，導帝射獵或娛情聲色，肅順亦建築私寓作久居熱河計，凡此均足以影響帝之回京意念者。」引文中的「三奸」係指載垣、端華與肅順，他們了解咸豐帝身體本來就不好，經英法聯軍入北京、逃難熱河的一段艱苦時日，皇帝勞心勞力，精神更不如前了，來日也可能無多了，如果返回北京，奕訢必然左右政府，甚至未來的小皇帝也必然被託孤給六叔奕訢。載垣、端華雖是名王之後，但與皇室關係畢竟遠了一些，特別是肅順，他得罪的人太多，一旦權落奕訢之手，他自己能不能保命都是問題，因此不讓咸豐帝回鑾是上策。

至於皇帝本人，他似乎也不願意返回京城，因為在熱河行宮可以突破束縛皇帝的教條，他可以做個自然人，很多事能隨性一些，所以他曾自稱是「且樂道人」，一度想寫個條幅在寢宮中張掛起來，後被皇后鈕祜祿氏勸阻才作罷。在肅順等人安排下，皇帝在熱河的生活也愉快多了，他喜歡戲曲，避暑山莊每兩三天就演出一劇，有時上午已經花唱了，下午又加一場清唱，每次戲目都由皇帝以硃筆圈定。精神好的時候，皇帝也去圍場捕殺一番，享受一下動感的刺激。當然最令他快樂的還是取之不盡的醇酒美人，他的身體也因此日壞一日，終於在咸豐十一年七月十七日（西曆一八六一年八月二十二日）凌晨病逝避暑山莊，得年三十一歲。

14 辛酉政變

咸豐十一年（一八六一），按中國干支算法是辛酉年，這一年清朝發生了一場政變，史稱「辛酉政變」。

辛酉政變也許應該先從咸豐帝身後事的安排說起。據軍機處現存的檔案記：「咸豐十一年七月十六日，奉硃諭：皇長子御名（載淳），著立為皇太子，特諭。」在這道上諭之後又加了附注文字為：「本日子刻，大人們同內廷王、御前大臣一起寢宮召見，面諭並輔政一道，寫硃諭述旨後發下，即刻發抄。」「咸豐十一年七月十六日，奉硃筆：皇長子御名（載淳）現立為皇太子，著派載垣、端華、景壽、肅順、穆蔭、匡源、杜翰、焦佑瀛盡心輔弼，贊襄一切政務。特諭。」這是可信的官方記載，也就是說咸豐帝的「遺詔」是立皇長子載淳為繼承人，也命令了八大臣「

贊襄一切政務」，可以說是一套輔政體制。然而有趣的，也是值得我們注意的，是皇帝在臨死前又把兩方隨身印章「御賞」與「同道堂」分別授予了皇后鈕祜祿氏與兒子載淳，作為皇權的象徵，規定未來在載淳年幼不能親政時，凡是八大臣等所擬的諭旨，須經皇太后與小皇帝同意，並在諭旨文字開始時蓋上皇太后持有的「御賞」印，諭旨結尾處還得蓋上小皇帝持有的「同道堂」印，才算真正有效。小皇帝當時才六歲，當然不能處理政務，由生母慈禧代為執行，於是朝政的運作就變成兩宮太后與八大臣共同處理的局面了。

咸豐帝為什麼作如此的安排呢？我想應該是當時的實際需要吧。皇帝知道皇太子載淳年紀太小，根本不能理政。大臣們可以贊襄，但也不放心他們會弄權，甚至奪權。兩宮太后畢竟對政事經驗不足，而且漢文能力有限，尤其肅順與慈禧之間關係欠佳，所以他才想出這樣一個互相牽制的奇怪不正常的政治體制。

慈禧與肅順關係不好的事，清末不少人都談到，《悔逸齋筆乘》說在逃難的路上，后妃們乘民間雇來的車輛，「車既敝舊，騾尤羸瘠，且急驅兼程，乘者不勝其苦。」慈禧想叫肅順為她換一輛較好的車子，肅順只漫應了一聲：「中途安所得車？俟前站再議可也。」可是到了下一站，肅順並無動作，慈禧再要他換車，他卻回答說：「危難中那比承平時，且此間何處求新車，得舊者已厚幸矣。爾不觀中宮（按：皇后）亦雇街車，其羸敝亦與爾車等耳。爾何人，乃思駕中宮上耶？」肅順不但臉色不好看，說完就策馬走人了。慈禧「雖不敢言，然由是深銜肅」。也有人說咸豐帝一行逃難到了熱河之初，物質條件很差，一切供應不足，肅順等盡力供奉皇帝，給宮眷們的待遇不好，《越縵堂日記補》中記：「中宮上食，不過一羹，一胾，飯一器而已，貴妃以下，月給膳錢五千。」慈禧每天的伙食費不過一百多個銅錢，餐飲的品質根本談不上了。想起在奔向熱河的路上，后妃們僅以豆漿充飢，「而肅順有食擔，供御酒肉」，對肅順的恃寵而驕行為，慈禧是恨之入骨的。還有一種更可怕的事，令慈禧寢食難安，據《十葉野聞》記：「帝晚年頗不滿意於慈禧，以其佻巧奸詐，將來必以母后擅權，破壞祖訓。平時從容與肅順密謀，欲以鉤弋夫人例待之。醇王夫婦以身家力爭，得不死。然慈禧固已微偵肅順之傾己矣。」《清稗類鈔》則記：「初，孝欽（按：指慈禧）入宮，……有機智，遇事輒先意承旨，深嬖之。未幾，生穆宗（按：指同治帝），進封為妃。迨貴，漸怙寵而肆驕，久之，不能制。……肅順者，才略聲華為宗室冠，文宗（按：指咸豐帝）素倚重之。孝欽知文宗且疏己，隱冀得肅以自援，而肅則以諗知后之往事，良輕后，后因是銜肅。……會又有間后者，以那拉將覆滿洲詛咒之說進，文宗乃擬致之死，嘗謂肅曰：『朕不日將效漢武帝之於鉤弋夫人故事，卿謂何如？』肅噤齘，不敢置一辭。后聞之，愈銜肅。」鉤弋夫人是漢武帝愛子弗陵（即漢昭帝）的生母趙倢伃，武帝怕愛子年幼，將來生母會擅權干政，乃借細故賜鉤弋夫人死，確保不出現第二個呂后。效鉤弋夫人事就是殺了慈禧而確保載淳的皇位。總之，慈禧對肅順的仇恨是深極了。

咸豐十一年七月十七日晨皇帝駕崩後，八大臣就執掌了政權，他們輔佐皇太子載淳繼位，以新皇帝的名義尊封皇后鈕祜祿氏為皇太后。第二天又尊封懿貴妃葉赫那拉氏為皇太后。為區別起見，又稱鈕祜祿氏為母后皇太后，葉赫那拉氏為聖母皇太后。這兩位皇太后初加徽號各是慈安、慈禧。在熱河避暑山莊時慈安住烟波致爽殿東暖閣，故稱東太后；慈禧住西暖閣，故稱西太后。

八大臣又為小皇帝擬定了年號曰「祺祥」，並很快地鑄造出祺祥新幣，刊印了祺祥元年的曆書，朝廷上一切看似上了軌道，行事都按照咸豐帝的遺命在執行。可是兩宮太后，特別是慈禧，總覺得沒有得到應有的地位與權力。在咸豐帝病逝前幾年，慈禧常為皇帝閱讀奏摺，有時也與皇帝議論政事。肅順等掌權後，兩后「聲威大減」，因此她們向八大臣要求閱覽奏報，但清朝向無太后閱摺之事，肅順等為穩定大局，作出讓步，從此變為「垂簾輔政，蓋兼有之」的局面。咸豐帝死後約二十天，有位御史董元醇奏請太后垂簾聽政，並簡親王一二人輔政。肅順聞訊，「勃然抗論，以為不可」，熱河政權掀起大政爭，據說太后與八大臣爭論時，「聲震殿宇，天子驚怖，至於啼泣，遺溺后衣。」肅順等人立即擬就詔旨嚴厲斥責董元醇，並警告垂簾之事「非臣下所得妄議」。太后對這份詔書不蓋章留中不發，肅順等也以「擱車」（拒絕辦理政事）相抗，一時國家中央政府停擺了。後來兩宮太后見情勢嚴重作了讓步，但對肅順等更加憎恨了。在北京的恭親王奕訢得到消息後，當然十分關心，也與太后們加緊了聯絡。

其實在董元醇上奏之前，奕訢以祭奠亡兄咸豐帝為由，去了熱河避暑山莊，並與兩宮太后祕商會議。據《庸庵筆記》說：「兩宮皆涕泣而道三奸之侵侮，因密商誅三奸之策。」奕訢返京後，即宣布大行皇帝梓宮以及新皇帝將於九月二十三日回都，十月初九日新皇帝即位，造成一切平安無事的氣氛。同時他也與親信暗中準備政變的工作。奕訢甚至還在京中製造處分董元醇的聲音，讓肅順誤以為大家贊成他的做法，以痲痺八大臣，可是在熱河返京途中以及北京都城裡已經布下天羅地網等待肅順等八大臣了。

熱河集團的人分兩路回京，載垣等隨同太后及小皇帝間道先行，肅順則守護咸豐帝的棺木在後。儘管端華「有鬱鬱意」，對未來有些擔憂。杜翰也在給朋友的信中說「默考時局，變故正多」。但是八大臣的頭頭肅順卻認為「事勢大局已定，似不致另生枝節」，愉快地上路返京了。

咸豐十一年九月二十三日兩宮太后與八大臣一行離開了熱河，慈禧等抄小路於六天後抵北京，隨即與奕訢密商，接連兩天，到九月三十日終以小皇帝名義發布諭令：「載垣、端華、肅順著即解任。景壽、穆蔭、匡源、杜翰、焦佑瀛著退出軍機處。」派恭親王奕訢等將他們「分別輕重，按律秉公具奏」。結果載垣、端華、肅順三人先被處以凌遲死罪，後來覺得他們「均屬宗人」，「惟國家本有議親議貴之條，尚可量從末減，姑於萬無可寬貸之中，免其肆市，載垣、端華均著加恩賜令自盡。」至於肅順在回京途中就被逮捕，本欲議他貪贓枉法之罪，但抄他全部家產僅得二十萬兩，不及奕訢的十五分之一，這項罪名不易成立，乃以「跋扈不臣」、假傳聖旨、悖逆狂謬等罪判以斬立決。據說肅順行刑之日，北京萬人空巷，前往觀看。肅順白衣白靴，面無懼色，罵聲不絕，「其悖逆之聲，皆為人臣子者所不忍聞」，當然被罵的人不外是慈禧、奕訢等等。肅順行事雖極專橫，但他對不少漢人卻能禮賢下士，像曾國藩、左宗棠、胡林翼等中興名將，都得到過他的幫助而保全了地位，甚至保全了生命，所以有現代史家說：「肅順其人，……對清王朝頗多貢獻，他在搶奪權力的鬥爭中，敗在慈禧手下，對清王朝來說，也許是一件不幸的事。」這一說法也是有些道理的。

辛酉政變又稱祺祥政變，奕訢雖是這場政變的重要主持人，但得利最多的卻是慈禧太后。

15

談祺祥與同治

前面已經說過，咸豐帝在熱河去世時，肅順等人就迫不及待地為新皇帝載淳取了一個新年號，稱為「祺祥」。當時由軍機大臣們擬定了「祺祥」、「祥祐」、「安禧」、「興符」四個年號，最後奉旨用了「祺祥」二字的一組，於是祺祥通寶鑄造了，祺祥元年的曆書也刊印了，祺祥顯然成為未來皇帝的年號。

「祺」與「祥」都有吉利之意，「祺」字更有「吉」、「祥」、「安泰不憂」、「壽考維祺」等解釋。「祥」字一般是「善事」的意思，但也有說是「善惡之徵」的，有吉祥，有凶祥。無論如何，用「祺祥」為年號絕對是有好寓意的。按清朝制度，有重大的名號要使用或改稱時，通常由軍機處先擬出四組用字，再由皇帝欽定，如慈禧由「蘭貴人」的「蘭」字封號，改變為「懿妃」的「懿」字封號時，也是先由皇帝下令「將封號字擬數字，清文，候朕圈定，發抄時將封號漢文一併交閣」。後來軍機處「擬清字四個」，咸豐帝從中選了「懿」字，這些原始文獻至今仍可以在軍機處檔案《花翎勇號檔》裡看到。同樣地，臺灣在乾隆年間發生了林爽文的變亂，事件平定之後，由於諸羅城內義民與官兵合力守禦，保護城池，所以皇帝就命軍機處擬定新城名，「以旌斯邑」。軍機處提出「嘉忠」、「懷義」、「靖海」、「安順」四個名稱，請皇帝欽定，最後乾隆帝選用了「嘉義」，以嘉獎義民之意。

然而八大臣選定的「祺祥」年號，到辛酉政變後被人質疑，提出反對使用該年號的人正是與肅順有宿恨的大學士周祖培。在咸豐帝「北狩」熱河之前，周祖培曾與肅順在戶部同事過，他們各為漢、滿兩位尚書，當時肅順專權跋扈，對周祖培極不友好，常常將周祖培批過的公文予以否決，甚至在公堂上公開大罵周祖培：「若輩憒憒者流，但能多食長安米耳，烏知公事！」周祖培知道肅順得皇帝寵信，有載垣等親王撐腰，只能默默忍受。辛酉政變結束後，形勢不同了，周祖培是京中集團的大將之一，於是對「祺祥」年號他發表了意見。他認為自古以來沒有一個皇帝用過帶「祺」字的年號，而「祥」字，只有南宋最後一個皇帝少帝（趙昺）以「祥興」為年號，但這位少帝最後在蒙古大軍追逼下逃到中國南海之濱，由陸秀夫背著跳海殉國，成為亡國之君，而且命運淒慘。「祥」字不吉祥，不應該採用。周祖培直指「祺祥」二字，不僅意義重複，而且不順，所以他建議改用「熙隆」或是「乾熙」，並對肅順等八大臣所取年號作了一番譏評說：「不學之弊，一至於此，嗚呼！國家可無讀書人哉！」改年號「同治」的事，據說最後還是議政王奕訢與軍機大臣們議定，奉皇太后懿旨允行的，隱含著兩宮太后共同治理的意義，這一天是咸豐十一年十月初五日（西曆一八六一年十一月七日）。另外，在《慈禧外紀》這本書裡說道：「（慈禧）太后讀書較多，知此二字（按：指「祺祥」）不佳。意欲人人永忘載垣僭亂之事，遂取『同治』二字。蓋欲靖逆謀，求治安也。」這一說也不無道理，似乎值得參考。

這裡應該附帶一述與「同治」年號有關的另一個問題。我們知道：清朝從奠基創建到退位覆亡，其間一共有十二代君主，他們是清太祖努爾哈齊、清太宗皇太極、清世祖順治帝福臨、清聖祖康熙帝玄燁、清世宗雍正帝胤禛、清高宗乾隆帝弘曆、清仁宗嘉慶帝顒琰、清宣宗道光帝旻寧、清文宗咸豐帝奕詝、清穆宗同治帝載淳、清德宗光緒帝載湉、宣統帝溥儀。可是後世人寫清朝歷史時常見有稱作「清宮十三朝」的，這究竟是什麼原因呢？有人說就是載淳當皇帝時先後用了「祺祥」與「同治」兩個年號，因而成為「十三朝」了。用了兩個年號而稱「十三朝」是可以說的，但不是穆宗載淳這一代，而是指清太宗皇太極在位第十年時因改後金國號為大清，年號也由天聰易為崇德之事。「祺祥」使用的時間很短，而且是被清廷廢止的。「天聰」與「崇德」卻象徵著重大意義，所以在乾隆時代著名的蔣良騏《東華錄》就稱為《六朝東華錄》，實際上乾隆之前只有五個皇帝，卻有六個年號，日後史家多有肯定皇太極時代有「兩朝」的說法，「十三朝」之說是由此而來的。

16 第一次垂簾

咸豐十一年八月初一日奕訢到了熱河，與兩宮太后密商了除「三奸」的計畫之後，山東道監察御史董元醇便於八月初六日呈上了一份奏章，請太后權理朝政，並另簡親王輔政，其中有：「雖我朝向無太后垂簾之儀，而審時度勢，不得不為此通權達變之舉。……現時贊襄政務，雖有王大臣、軍機大臣諸人，臣以為當更於親王中簡派一二人，令同心輔弼一切事務，俾各盡心籌畫，再求皇太后、皇上裁斷施行，庶親賢並用，既無專擅之患，亦無偏任之嫌。」這件奏章正合慈禧心意，但被八大臣反對無法施行，慈禧只好忍耐，讓肅順等人擬旨痛斥董元醇所請「甚屬非是」。不過這次奏摺風波卻引起了不久後的政變，也為兩宮垂簾開闢了前進的道路。

同年九月二十三日，熱河集團的人馬隨著咸豐帝靈柩、小皇帝以及兩位皇太后一起回京，六天後慈禧等先到達了京城，在恭親王奕訢的操作下，朝臣們紛紛請求皇太后主持政務，首先是有實力的軍頭勝保上書，內稱：「為今之計，非皇太后親理萬機，召對群臣，無以通下情而正國體；非另簡近支親王佐理庶務，盡心匡弼，不足以振綱紀而順人心。」「近支親王」當然是指咸豐帝的六弟奕訢了。兩天以後，即九月三十日，大學士賈楨、周祖培等又上奏，內文中有：「為今計之，正宜皇太后敷中宮之德化，操出治之威權，使臣工有所稟承，命令有所咨決，不居垂簾之虛名，而收聽政之實效。」他進一步地請求皇太后理政。勝保與賈楨的兩份奏章，可以代表文武大臣的心意，大家都肯定皇太后垂簾是亟需的事情。

慈禧隨即抓住機會下令要大臣們召開會議，討論「皇太后召見臣工禮節及一切辦事章程」，並要求大家「將應如何酌古準今，折衷定議之處，即行妥議以聞」。經過大臣們一議再議，一改再改，花了半個月的反覆磋商，終於在慈禧的指導下，由兩道諭旨的文字中，太后與大臣合作完成的一份垂簾章程呈現出來了，共計十一條，其中要點約有：

㈠一切中外奏章，都應先呈進兩宮太后慈覽。
㈡慈覽之後再發交議政王、軍機大臣詳議。
㈢召見大臣時，兩宮太后代表皇帝作具體指示。
㈣議政王與軍機大臣就請諭所得內容繕寫諭旨。

(五)諭旨由王大臣等擬定後，再經由兩宮太后審定。
(六)審定後再發內閣等機關辦理實行。

從以上簡要說明中可以看出：一切大權都集中在兩宮太后身上，實際上就是慈禧一人可以操縱大權，因為慈安對政治事務沒有野心，也沒有興趣。當垂簾章程正式公布時，慈禧竟然說：「……垂簾之舉，本非意所樂為。惟以時事多艱，該王大臣等不能無所稟承，是以姑允所請，以期措施各當，共濟艱難，一俟皇帝典學有成，即行歸政，王大臣仍當屆時具奏，悉歸舊制。」慈禧的虛偽由此可知，她的高明也由此可知。

咸豐十一年十一月初一日（西曆一八六一年十二月二日），兩宮太后慈安、慈禧開始在養心殿垂簾聽政。當天王爵以下、大學士、六部九卿等官員在養心殿外行跪拜禮。小皇帝載淳坐殿內寶座上，前面有御案，在他後面設有八扇黃色紗屏，紗屏後又設御案，左邊坐著慈安，右邊坐著慈禧，她們透過紗屏可以看到屏外的一切。從此兩宮太后日日召見軍機大臣，對於京中與外省的奏章也一一加以批閱，清朝中央又改以另一種新形式的政體綜理國家大事了。

垂簾聽政是新玩意兒，不少最早親身經歷的人都記下了當時的實況。例如翁心存、翁同龢父子二人在咸豐十一年十一月二十四日被引見時，他們在辰正（上午八時）進入養心殿，隱約看見兩宮太后坐在黃色紗屏之後，同治帝則在紗屏前御榻上坐著。皇帝左邊站著恭親王奕訢，右邊站著慈禧的妹夫醇親王奕譞。吏部堂官遞上綠頭箋，奕訢接箋呈送皇帝案前，小皇帝示意，再由奕譞送到簾前，由簾內首領太監接箋，捧到兩宮太后案前，前後約歷時半個多小時，然後翁氏父子即退出了養心殿，至於皇帝及太后們有沒有與翁家父子談話，談了些什麼話，因為翁同龢沒有記述，我們也無從得知了。倒是曾國藩由兩江總督奉調直隸後，在同治七年十二月十四日也被召見，他卻把當天的情形很詳細地寫在日記裡，他說：「巳正（上午十時）叫起，奕公山帶領余入養心殿之東間，皇上向西坐，皇太后在後黃幔之內，慈安太后在南，慈禧太后在北。余入門跪，奏稱『臣曾某恭請聖安』，旋免冠叩頭，奏稱『臣曾某叩謝天恩』畢，起行數步，跪於墊上。太后問：『汝在江南事都辦完了？』對：『辦完了。』問：『勇都撤完了？』對：『都撤完了。』問：『遣撤幾多勇？』對：『撤的二萬人，留的尚有三萬。』問：『何處人多？』對：『安徽人多，湖南人也有些。不過數千。安徽人極多。』問：『撤得安靜？』對：『安靜。』問：『你一路來可安靜？』對：『路上很安靜，先恐有游勇滋事，卻倒平安無事。』問：『你出京多少年？』對：『臣出京十七年了。』……問：『你從前在京，直隸的事自然知道。』對：『直隸的事，臣也曉得些。』問：『直隸甚是空虛，你須好好練兵。』答：『臣的才力怕辦不好。』旋叩頭退出。」曾國藩對這次召見作了如下的評語：「兩宮才地平常，見面無一要語。皇上沖默，亦無從測之。」

按清朝制度，大臣被引見或召見時，須由奏事處太監捧旨，直呼被召見人的姓名，然後領進殿屋，大臣入殿後必須先跪安，口稱「臣某某某恭請皇上聖安」，滿洲人則稱「奴才」，起立後走到皇帝前面，再次下跪在預設的白氈墊上，皇帝問即答，大臣一直跪到問答完畢，才起身後退到門口，然後轉身退出。曾國藩被召見時不是皇帝問即答，而是太后問即答，其他宮規還是照舊的。

慈禧就這樣垂簾聽政了，沒有人會想到她竟如此地問政長達近半世紀之久，成為控制中國最高統治大權的女人。

17 議政王奕訢

辛酉政變的主角是兩宮太后慈禧、慈安與恭親王奕訢，政變成功了，太后們如願得到了垂簾聽政的地位，奕訢呢？他當然也應該在權位上有合理而令他滿意的安排才對。

兩宮太后從政變後便對奕訢及其家人作了一連串的獎賞，我們在朝廷發出的諭旨中就可以看到：

咸豐十一年十月初一日，「恭親王奕訢，著授為議政王，在軍機處行走」；「宗人府宗令著恭親王奕訢補授」。

同年十月初二日，「恭親王奕訢，著補授總管內務府大臣」。

同年十月初八日，「恭親王奕訢，著先賞食親王雙俸，以示優禮」。

同年十月初十日，「大學士、九卿會同議上康慈皇太后尊謚，敬請升祔太廟，並據請將前上尊謚改擬，並請加至十二字，以表尊崇」。

同年十二月初九日，「恭親王之長女，聰慧軼群，……著即晉封為固倫公主，以示優眷」。

同治元年正月初一日，「恭親王……勤勞懋著，加恩著在紫禁城內坐四人轎，以示優異」。

奕訢在兩個月之內，尤其是咸豐十一年十月的前十天，竟得到了如此多項「優禮」、「優眷」、「尊崇」，可謂曠典殊恩，無以復加了。從表面上看，兩宮太后對他在政變以及垂簾二事上的忠誠支持給了相對的獎賞。這裡還得強調的是「封奕訢長女為固倫公主」與恭王生母改擬尊謚，這些都令奕訢心存感激。「固倫」是滿洲語gūrun的漢字譯音，本義是「國家」。按清朝制度，只有正宮皇后生的女兒才能稱為「固倫公主」，其他妃嬪所生女最多稱為「和碩公主」。如果有宗室家的女兒被皇后撫養時，出嫁日也最多稱為「和碩公主」。一般親王的女兒只封為「郡主」。奕訢的身分是親王，女兒竟被封為「固倫公主」，豈不肯定奕訢有著皇帝似的名分嗎？另外奕訢生母博爾濟錦氏，生前也撫養過咸豐帝，她病危時，奕訢請兄長咸豐帝賜生母「皇太后」封號，皇帝因清朝從無尊先帝妃嬪為皇太后的先例，猶豫未定，結果導致咸豐帝與奕訢兩兄弟的不和。最後咸豐帝在養母去世前九天頒發了「康慈皇太后」的封號，讓養母不留遺憾地歸天，也讓奕訢稍感滿意。不過當時的謚號沒有加上「成」字，那是道光帝死後的謚號，不加這個字就不能祔葬道光帝之旁，也不能升祔太廟享祭祀。同時在不久之後，咸豐帝又下令革去了六弟奕訢的重要職務，使兄弟間的仇隙更為加深。辛酉政變之後，慈禧為滿足恭親王的欲望，特別降旨改奕訢生母尊謚，加了「成」字，並行了祔廟之禮，算是了了奕訢的心願，奕訢內心必然油生感激之情的。

然而如果我們只從這些表面封賞來評定慈禧，認為她對奕訢的回報是極多極好，表現了她真誠的心意，那就不一定正確了。因為她給奕訢雙俸，優待在紫禁城裡坐四人轎等等，只是物質享受或精神虛榮上的滿足，對實際政治權力的分享則是談不上的。奕訢「著授為議政王」，好像地位是很高了，可是「議」字的含意僅僅是「商議」、「研議」，並不能對朝廷中的大小事務有決定權，最多作些建議而已。這與清初多爾袞的「攝政」、康熙初年鰲拜等人的「輔政」以及剛剛被政變打垮的八大臣的「輔政」情形不可同日而語。多爾袞專權到大臣「只知有攝政，不知有皇上」，鰲拜等四輔臣也是跋扈胡為到沒有皇權可言。肅順等八大臣也讓慈禧吃過不少苦頭，無法與他們爭權，只得痛苦地忍耐。現在恭親王奕訢只是一個「議政王」，根本無法掌控國家行政的決定大權。即使奕訢又在軍機處行走，擔任內務府總管大臣，負責總理各國事務衙門以及宗人府等等單位，看起來地位是高極了，權力也似乎大極了，但是任何一個衙門的重大事務，只要是下達諭旨命令的，都需要以皇帝的名義發出，都需要兩宮太后的鈐印才能生效，由此可見：「議政王」只是虛有其名的。

事實上，慈禧自從咸豐帝死後，特別是辛酉政變之後，一直處心積慮地希望能垂簾聽政，因為「聽政」比「攝政」與「輔政」還更有法源可以得到決策大權。既然有兩宮太后聽政決定政策，頒降詔諭，奕訢當然就被邊緣化了，壓根兒不能作為大政的決策人。有人說奕訢被慈禧的獎賞雙俸、女兒封爵、亡母加謚、坐四人轎行走內廷等恩典給迷惑了，沒有深一層地窺知慈禧的陰險用心，上當也算自食其果。當初勝保的〈奏請皇太后親理大政並簡近支親王輔政摺〉不是開宗明義地就說是「輔政」嗎？而且摺文中還提到周公與多爾袞，他設想以此作為未來的政治體制模式，他心裡想的是奕訢當周公、當多爾袞，而不是只能議政的親王。事後大家只忙著捧兩宮太后垂簾，忽略了「議」字，恭親王自己與支持的文武大臣顯然都犯了錯誤。曾國藩曾經在一封家書裡說過：「恭親王之賢，吾亦屢見之而熟聞之，然其舉止輕浮，聰明太露，多謀多改。……恐日久亦難盡愜人心。」他的這些具有前瞻性的判斷，也許可以作為奕訢在政變後所得「回報」不盡理想以及日後與兩宮太后鬧翻的一點解釋吧！

18 新人新政

垂簾聽政實在是清朝政體的新局面，慈安、慈禧、奕訢等又是新人掌控政權，當然應該有一番讓人耳目一新的新政出現才對。

兩宮太后聽政之初，確實是有心想做出好的表現，想在軍政吏治各方面做一些改革工作。先就要求各大臣對用人行政等一切事宜，據實直陳一事來說，咸豐十一年十月初二日，即辛酉政變後第三天，太后即以小皇帝名義頒降諭旨求直言，申明政府要廣開言路，希望聽聽大家的建議。十月初七日，又假小皇帝之名發出另一上諭，告誡王公大臣應以「三奸」為戒，力除積習，希望大家振作圖強。同月初八日，慈禧因為奕訢呈上了奏章，表達了用人的意見，她又第三次用小皇帝名義降旨，說明奕訢的建議極具重要性，贊成朝廷用人應多方聽取他人意見，不可黑箱作業。

可見慈禧在十月初的一個星期之內，連降諭旨三道，要大家直言，供政府參考，這種態度確是難得的。

同時慈禧也非常了解當時官場與吏治情形，文官不是因循苟且，就是瀆職弄權。武官漠視軍備，怕死貪生，造成軍力不堪聞問。因此她堅信若要澄清吏治，整飭軍紀，必須要大力改革，決不能只打蒼蠅不打老虎，否則不會收到效果。基於這一信念，文武大臣很快就有人受到嚴厲的處分，何桂清與勝保就是兩個明顯的例子。

何桂清是雲南昆明人，歷官戶部右侍郎、浙江巡撫、兩江總督。當太平軍攻克南京後，何桂清正在江蘇常州主管軍餉等事務。清軍江南大營潰敗時，他擁兵自衛，沒有前往救援。尤其敵人兵臨城下之際，他竟然臨陣脫逃，並濫殺常州城內阻止他逃亡的鄉紳十多人。他到蘇州時被江蘇巡撫徐有王拒准入城，並上書奏報他的失職。咸豐帝聞訊後震怒，諭令將他革職嚴審。何桂清乃逃到上海。不久英法聯軍攻北京，皇帝「北狩」熱河，何案也就延擱下來。慈禧垂簾聽政時，一方面因大臣的舊案重提，一方面因慈禧等主導的新政府想建立新形象，於是再審何案。當時的江蘇巡撫薛煥、浙江巡撫王有齡都是何桂清的舊屬，他們想包庇何桂清，奏請「棄瑕錄用，俾奮後效，以贖前罪」，希望中央對他法外施仁。可是御史們上疏請太后追究其罪。慈禧乃於同治元年五月下令將何桂清逮捕，關入大牢。

何桂清的獄案又引起官員之間的紛爭。刑部直隸司郎中余光綽也是常州人，他正好派來總辦秋審此案，他認為「封疆大吏失守城池」罪行重大，加上何桂清又在脫逃時殺害常州父老十九人，應該罪上加罪，「擬斬立決」。刑部也同意他的看法，於是就呈報中央。沒有想到太后又發出命令說：「何桂清曾任一品大員，用刑宜慎，如有疑義，不妨各陳所見。」慈禧有此一諭，事後被不少人解釋為她是要挑起一場大爭論，以便造成更大的影響力，讓全國臣民對她的施政有更多的關注。

果然大臣中有人以為慈禧等想對何桂清網開一面，一時竟冒出十好幾份奏章為何桂清辯護，其中有官階高到大學士與尚書的，他們或是為了見風轉舵，或是與何桂清有深厚的私交。但是御史中仍有人舉出道光與咸豐時大官因守城或疆土失陷而被處死的例子，質疑現今為何不追究失職？還有官員直接呼籲：「今欲平賊，而先庇逃帥，何以作中興將士之氣？」主張嚴辦何桂清。

儘管還有一些官員，包括何桂清自己在內，都上疏說情的說情，申辯的申辯，但慈禧顯然主意已定，她在同治元年十月二十一日發布諭令：「……已革兩江總督何桂清一犯，自常州節節退避，展轉逃生，致蘇、常等郡全行淪陷。迨奉文宗顯皇帝嚴旨，拿解來京，猶敢避匿遷延，遲至兩年，始行到部。朝廷刑賞，一秉大公。……將該犯比照帶兵大員失陷城寨本律，予以斬監候，秋後處決，已屬法外之仁。今已秋後屆期，若因停勾之年，再行停緩，致情罪重大之犯，久稽顯戮，何以肅刑章而示炯戒？且何以謝死事諸臣暨江南億萬被害生靈於地下？何桂清著即行處決。……」何桂清就在當天被處死了。

另外一個被殺的大臣是勝保。勝保是滿洲鑲白旗人，曾與太平軍及捻軍作戰，立過一些戰功。辛酉政變他更是積極的參與者。兩宮垂簾與恭親王得議政王地位，他也熱心支持，應該算是新政府的功臣。同治元年六月，他被授予欽差大臣，督辦陝西軍務，鎮壓回民起事時，以前受他招撫的太平軍與捻軍首領苗沛霖等又殺官踞城，從事反清的戰鬥；而他自己更依仗政變有功，犯了驕縱貪淫、冒餉納賄、擁兵縱寇、欺罔貽誤等大罪名，被人先後奏劾。慈禧為慎重起見，特派僧格林沁為欽差大臣率山西等地方官員去調查是否真實，結果僧格林沁等回報確有其事。慈禧大怒，降旨將勝保革職拿問。勝保也就被人逮捕送到京城，交刑部治罪了。同治二年三月，慈禧命奕訢與軍機大臣、大學士同刑部會審，勝保只承認「帶姬妾隨營」一罪，同時遞上親供及訴呈各一紙，反控參劾他的大臣們誣告。慈禧不聽他的申辯，降諭說：「……苗沛霖性情陰鷙，勝保極口保其無他，且擅調其練眾入陝。今苗沛霖已戕官踞城，肆行背叛；宋景詩以反覆降匪，經勝保代為捏報戰功，保至參將，後又在陝擁眾背叛。是今日苗、宋二逆之糜餉勞師，皆勝保養癰貽患所致；而勝保之黨護苗、宋二逆，不得謂無挾制朝廷之意。」勝保既犯了恃功而驕、貪贓枉法等罪，而又有叛逆之意，當然想活命就難了。慈禧最後因念其有戰功，在同年七月十八日從寬讓他自盡，得個全屍。

勝保的死，前輩學者蕭一山認為是慈禧打擊奕訢的一例。大陸學者徐徹則以為與慈禧消除後患有關。我自己的想法是兩位大家所言都有道理，事實上打擊奕訢也就是消除後患，對有野心、有遠見的慈禧來說，兩者不是同一件事嗎？奕訢不是很快就被慈禧整肅了嗎？至於慈禧決心殺勝保時，奕訢是充分配合的，未見有任何挽救的行動，可見慈禧殺勝保一事連奕訢也沒有想到是在打擊他自己。有關這一點，我倒有另外一種想法，也許我們從兵部侍郎慶英的案例得以看出一點答案。垂簾聽政之後，慈禧連下諭旨表明要清除官場各種腐敗現象，慶英因為挪用公款被議罪，兵部給他降二級處分。慶英想通過恭親王奕訢請兩宮太后「格外開恩」，從輕發落，因而帶了銀兩，乘著夜色，到恭王府賄賂。奕訢堅持不受，慶英則長跪不起，懇求奕訢為他開脫。奕訢最後趕走了慶英，第二天並將此事向慈禧報告，又上繳了慶英的賄賂銀兩。兩宮太后了解事情之後，命內閣發出上諭，公布此事始末，並將慶英改罰革職。

慶英事件也許可以說明兩件事：一是在垂簾聽政之初，慈禧、奕訢等政府主腦人物都想有一番作為，懲貪與辦不法官員是從不會手軟的。二是奕訢事事向慈禧討好，更不會對慈禧有任何的提防，也可以說慈禧的偽裝很是成功。慶英的案子如此，勝保的案子是不是可以作如是觀呢？

何桂清與勝保的被殺，說明了慈禧是不分滿漢、不分文武、不分南北地嚴辦不法官員，她想整治官場歪風，增強統治威權，是不言可知的。

垂簾聽政初期，慈禧確實是想扭轉清朝衰亡的命運，除了在上述對朝政上有新作為之外，她對自己似乎也有一番期許。同治帝登基後，她即命令翰林院等將列朝祖先的《實錄》、《聖訓》和漢唐以來母后臨朝的史事，編纂成一冊「可法可戒」的專書，賜名《治平寶鑑》，作為「隔簾侍講」與小皇帝授課的教材。同時又把明朝名相張居正編的《歷代帝鑑圖說》作為她與小皇帝必讀的書籍。慈禧本來漢文基礎不很好，她藉以進修，加強漢籍與漢文的知識與能力。她讀《帝鑑圖說》很有心得，曾說此書「於指陳規戒，繪圖輯說，切實顯豁，不無裨益」。

不但如此，她也很重視她個人的形象。同治元年四月翰林院庶吉士結業考試時，有個叫嚴辰的人，在文章中稱慈禧為「女中堯舜」，慈禧知道此事後，認為行文「過事頌揚」，是「不求實際，專事揄揚，於人品學術，頗有關繫，此風斷不可長」，下令將嚴辰從一等一名改為一等末名。可見她很理智，要改正政府官員的不良風氣。

此外，她下令宮中厲行節儉、重用漢人、支持初期自強等等政策，都是可以說明她力求上進、努力踏上中興之路的，跟她日後的表現與作為真是不可同日而語。

19 打壓恭王

咸豐帝與后妃們逃難熱河期間，恭親王奕訢留在京中處理善後，他與英法等列強簽訂了《北京條約》，洋人退出京師，讓清朝得到安定與延續。他後來在設立「總理各國事務衙門」等各種事務中，也做得相當成功，博得英法等國的好感，也讓京城一帶的官民以為他會繼咸豐帝為國君。同時新設的總理各國事務衙門雖只是一個外務機關，但是這個衙門顯然在當時權位很重，超乎原來的六部了，尤其衙門下設南北通商大臣，具有管理通商、遣使、議和、勘界、借外債等等大權，還有海防、學堂、電線、鐵路、礦業等事也由他們管轄，實在權傾中外。奕訢在留京以後聲望驟增以及他是總理衙門的領導，怎不令慈禧小心提防？

到了支持垂簾聽政以後，奕訢與其家人雖然得到很多曠典殊恩，但他的行事顯然益發使慈禧看不順眼了。例如兩宮太后召見大臣之地，應該先經總管太監傳旨，否則任何人不能擅入，而奕訢常常不經太監傳令他就逕自入內了，顯示了對宮規與太后本人的不尊重。還有在議政時，他常漫不經心，不能聽懂太后的話，不耐煩地要太后重述一次，令太后不樂。更過分的是他在不同意太后的意見時，常會高聲抗議。至於他與兩宮太后論事時，不按宮禮行事，自斟自飲御茶等等，也一定會讓太后對他心生厭惡。這些看來是小節小事，但在多猜疑的慈禧心中，確實會想到奕訢有「不臣之心」。

我們若再從兩宮垂簾早期的諭旨來看，很清楚地說明了奕訢名位雖高，但實權還是有限的。在發出授恭王為議政王與在軍機大臣上行走諭旨的第二天，慈禧等人又讓內閣降旨宣告臣民，強調兩宮太后「親理大政」、「萬幾（機）日理」，一切用人行政大權統歸太后們，不屬於議政王。在載垣等人被賜死後，兩宮太后又降旨說明各省及各路軍營摺報，都必須呈交太后閱覽，再發給奕訢等大臣詳議，而大臣們會議研商後所擬寫的結論，還得請兩宮太后鈐印才有效，這又表示奕訢根本沒有行政事務的最後決定權。咸豐十一年十月初九日，內閣又降諭稱：「現在一切政務均蒙兩宮皇太后躬親裁決，諭令議政王、軍機大臣遵行。」總之奕訢只是遵行辦事的人。可是，恭王不但「挾洋自重」，在小節小事上又違臣工規矩行事，尤其到太平軍稍稍平定之後，全國各地的封疆大吏多屬漢人，而漢人大官們又與恭王關係不錯，這對慈禧來說，不安的疑慮便又增添了。

兩宮太后在咸豐十一年十月十四日，似乎有預謀地頒降了一道諭旨，其中有：「至中外臣工，於時事闕失，均宜直言無隱。即議政王、軍機大臣等贊理庶務，如未能盡協機宜，亦准其據實指陳，毋稍瞻顧，以期力挽頹風，共臻上理。」既然太后有這樣的諭令，大臣就有人出面參劾恭親王奕訢了。這位臣工是實際上職位不高的蔡壽祺。

蔡壽祺是江西德化人，本名叫蔡殿齊，道光二十年（一八四〇）進士，曾任翰林院編修。他是一個善於鑽營、不安於位的投機分子，在翰林院多年不升官，便謀得一個外放四川的機會，但在四川他又犯了「私刻關防、招募鄉勇、把持公事、大肆招搖」等不法罪行，被總督駱秉章、布政使劉蓉趕回原籍。後來得到勝保提拔，當了軍中幕僚，勝保失勢後，他向翰林院申請復職，再混入宮中，當起為皇帝與太后紀錄生活起居的起居日講官，對宮中與皇室事務有了親聞親見的機會，又與總管太監安得海有了勾結，因而在同治四年三月初四日參劾了恭王。

蔡壽祺參劾的內容共有四大項：一是貪墨，說奕訢收受賄賂，任用私人。二是驕盈，說奕訢居功自傲，群相粉飾。三是攬權，說奕訢打擊諫臣，杜塞言路。四是徇私，說奕訢偏袒左右，庇護屬下。他希望慈禧罷黜恭王的一切權力，命其退出政壇。這次彈劾奏報，可以說正合慈禧心意，因而立即召來大學士周祖培等，要他們擬議處治奕訢的辦法。周祖培等見事態嚴重，在三月初六日召開內閣會議，並召來蔡壽祺當面追供，為慎重起見，還令蔡壽祺親書供紙。結果發現所參各款，都無實據，只有貪墨一項指出具體人名為薛煥與劉蓉，但也只是風聞，沒有鐵證。周祖培等見慈禧盛怒，在淫威之下，不敢斥責蔡壽祺的舉證全無，參劾不能成立。他們反而上書請求慈禧「裁減」奕訢的一些事權，因為蔡氏所言，「雖不能指出實據，恐未必盡出無因」，希望就此結案。大家沒有想到慈禧可能早就料準他們的心態，乾脆她自己擬寫了一份硃諭，交給大學士們辦理。大家看了慈禧的手詔，人人震驚，誰能想到這位皇太后也能撰寫公文呢？事實上，在咸豐末年，皇帝身心兩疲或臥病之時，慈禧就常被命令「代筆批答章奏」了，對中央文書形式她已有了相當的了解。這次她親擬的硃諭，雖有不少錯別字及辭句不通處，但仍值得一讀，現錄全文如下：

諭在廷王大臣等同看：朕奉兩宮皇太后懿旨，本月初五日據蔡壽祺奏，恭親王辦事徇情、貪墨、驕盈、攬權，多招物議，種種情形等弊，嗣（似）此重（劣）情，何以能辦公事？查辦雖無實據，是（事）出有因，究屬曖昧知（之）事，難以懸揣。恭親王從議政以來，妄自尊大，諸多狂敖（傲），以（依）仗爵高權重，目無君上，看朕沖齡，諸多挾致（制），往往諳（暗）始（使）離間，不可細問。每日召見，趾高氣揚，言語之間，許多取巧，滿是胡談亂道，嗣（似）此情形，以後何以能辦國事？若不即（及）早宣示，朕歸政之時，何以能用人行正（政）？嗣（似）此種種重大情形，姑免深究，方知朕寬大之恩。恭親王著毋庸在軍機處議政，革去一切差使，不准干預公事，方是朕保全之至意。特諭。

周祖培等後來把慈禧假皇帝之名起草的諭旨加以潤飾，交給內閣頒降。不料這份革去恭王一切差使的上諭發布後，引起了清廷的鬥爭風波。首先當上諭公布後，上自宗室貴族、部院大臣，下至地方督撫，有不少人都對慈禧的做法表示反對，因為蔡壽祺的指控幾乎全無實據，皇帝竟然容許以如此「莫須有」的罪名參劾一位有功的親王，而慈禧也竟以此罷黜奕訢，實屬欲加之罪，不能令大家信服。其次慈禧為了怕軍機處是奕訢的地盤，這道上諭讓內閣而不是軍機處發出，這是違反祖宗制度的作為，清朝統治者最重「敬天法祖」，慈禧不能法祖，遭到群臣反對是必然的。慈禧見到各方的反彈，壓力很大，在此後召見兩批大臣時竟作出了兩種不同的回應，三月初九日她會見倭仁、周祖培等人還堅定地說對奕訢的處分不能更改，但前一天召見文祥等軍機大臣，卻說大家向她請求再任用奕訢的事，她會照辦的。兩次談話可謂南轅北轍，都有帶領引見的鍾郡王奕詥可以做證，難怪後來兩派大臣爭論時，大家都震驚得「相顧色然」。

慈禧畢竟是一個陰險而有機智的女人，她意識到徹底剷除奕訢權勢的時機還未成熟，而她想羞辱奕訢的目的已經達成，因而她便採取妥協的做法了。四月十四日她召見了奕訢，後來用諭旨告訴天下臣民：恭王曾伏地痛哭，無以自容，經面加訓誡後，既然悔悟，改過自新，所以改令他「仍在軍機大臣上行走」，但議政王的名號革去，「以示裁抑」。

慈禧與奕訢之間的第一次鬥爭就此落幕了，奕訢的氣勢大受打擊，從此對慈禧「事無巨細，愈加夤畏小心，深自歛抑」，讓慈禧在邁向最高權位的道路上又跨出了一大步。

20 重用漢人

清朝以「異族入主」統治漢人，而漢人又特重夷夏之防，所以自清初以來，歷代君主都怕漢人反側，推翻他們的政權，因而在用人方面「首崇滿洲」，對漢人加以提防。嘉慶以後，國勢日衰，有識之士如龔自珍等即大聲疾呼朝廷應破格用人，不分滿漢，但嘉道時代仍重滿輕漢，心態難改。咸豐年間，內憂外患更形嚴重。大學士文慶曾密請皇帝破除滿漢藩籬，「欲辦天下事，當重用漢人。」後來肅順更大聲地說：「國家大事，非重用漢人不可。」可是咸豐帝對漢人的觀感想法仍然保守，不敢違反祖宗舊制。以曾國藩為例，就可以看出當時清政府用人政策的一斑了。

曾國藩是湖南湘鄉人，道光十八年（一八三八）中舉，後來考取進士，點了翰林，並任官至禮部的侍郎。咸豐二年（一八五二）為母親守喪回到家鄉，這時太平軍的動亂延伸到了湖南，曾國藩奉命組織湘軍，迎戰太平兵眾，頗收牽制的效果。咸豐帝雖然利用曾國藩，但他不敢給曾國藩以更大的事權。如咸豐四年九月，曾國藩攻下了武昌，皇帝不得不給予獎賞，原先發表的要曾國藩代理湖北巡撫任命，很快改為「賞給兵部侍郎銜」了，就是說把有實權的巡撫要職改為一個沒有兵權的侍郎空白頭銜了。直到咸豐十年，看到曾國藩忠心不貳，而且建立大功，才實授兩江總督。然而真正給予曾國藩軍政大權的是慈禧，自她垂簾聽政以後，曾國藩的權位日隆一日，如下略述可以窺知：

慈禧執政後不久，就對曾國藩加太子少保銜，命令他統轄江蘇、安徽、浙江、江西四省軍務，而且將以上地區的巡撫、提督等文武官員全由他節制。曾國藩是位理學家，熟知中國歷史上威權太重大臣多有不好的下場，乃力辭不就職，慈禧不允，並且說：「我兩宮皇太后孜孜求治，南望增憂，若非曾國藩之悃忱真摯，亦豈能輕假事權？」充分顯示了慈禧對他的信任。慈禧又依據曾國藩的建議，在咸豐十一年底調整了新的人事布局：「以太常寺卿左宗棠為浙江巡撫，改安徽巡撫彭玉麟為水師提督，調湖北巡撫李續宜為安徽巡撫、河南巡撫嚴樹森為湖北巡撫，以河南布政使鄭元善為巡撫，擢候補道張曜為布政使。」慈禧對曾國藩像似言聽計從的。其實沈葆楨出任江西巡撫、李鴻章為江蘇巡撫、劉長佑為廣西巡撫、毛鴻賓為湖南巡撫、江忠義為貴州巡撫，劉蓉、李桓、蔣益澧、韓超等人為布政使或其他地方高官，也都是與曾國藩有關的。在同治四年（

一八六五）五月時，全國十名總督，除湖廣總督官文一人外，其餘九位都是漢人。又十五名巡撫中，清一色的全是漢人。且九名漢人總督中，曾國藩的同鄉湖南人竟佔了五名，他們是直隸總督劉長佑、兩江總督曾國藩、雲貴總督勞崇光、閩浙總督左宗棠、陝甘總督楊岳斌。各省巡撫中，湘軍將領也佔大半。總之，當時各省的封疆大吏多是漢人，而且湖南籍的尤多，或者可以說西至四川、東至海邊以及西南內地一帶的土地全掌控於曾國藩之手，曾國藩如有「叛逆」之心，豈不又變成了洪秀全第二，而且會得到大多數漢族人民的認同，清朝真是太危險了，慈禧的這一賭注也真是下得太大了。因此當時有很多高官，特別是滿洲親貴，上疏提醒慈禧要提防曾國藩，也有人建議裁其軍、削其權的。慈禧為挽救清朝的危亡，為提升個人權勢，為打擊恭親王奕訢，她不惜一切地從事了這一冒險之舉。不過曾國藩沒有令慈禧失望，一旦獲致信任、取得軍政大權後，便在長江流域作了新的戰略部署，他自己坐鎮安慶，命曾國荃攻天京（南京）、左宗棠攻杭州、李鴻章攻蘇州、彭玉麟攻長江下游、李續宜等援潁州，進圖江北，鮑超等攻安徽寧國，宰制江南。結果一舉攻陷了天京，打敗了太平軍，建立了不世的功勞。慈禧立即降旨：「曾國藩著加太子太保銜，賜封一等侯爵，世襲罔替，並賞戴雙眼花翎。浙江巡撫曾國荃加太子少保銜，賜封一等伯爵，並賞戴雙眼花翎。」慈禧與曾國藩「君臣」之間可謂皆大歡喜。

不僅如此，曾國藩後來又受慈禧之命去追剿捻軍，捻亂也是清朝內憂之一，名將僧格林沁都因追殺捻軍而戰死於曹州，勢力不可小看。曾國藩不用僧格林沁的戰略，他向慈禧說：「扼要駐軍臨海關、周家口、濟寧、徐州，為四鎮。一處有急，三處往援。今賊已成流寇，若賊流而我與之俱流，必致疲於奔命。故臣堅持初議，以有定之兵，制無定之寇，重迎剿，不重尾追。」終於平定了捻亂。同治六年六月，慈禧又授他為大學士，仍任兩江總督。七月，授體仁閣大學士。七年四月，授武英殿大學士，七月調任直隸總督。十二月特賜入覲，賜紫禁城騎馬。曾國藩的聲望與權勢之高，可謂位極人臣了。

印鸞章的《清鑒》書中曾說：「聽政之初，軍事方亟。兩宮仍師用肅順等專任漢人策。內則以文祥、倭仁、沈桂芬等為相，外則以曾國藩、左宗堂、李鴻章等為將。自軍政吏治，黜陟賞罰，無不諮詢，故卒能削平大亂，開一代中興之局。」可見慈禧重用漢人收到了一定的效果，也為同治朝開創了所謂的「同治中興」新局面。

21 同治中興

清朝同治年間，慈禧太后等中央領導人，重用漢人文武大臣，消滅了太平軍、捻軍等反清勢力，恢復了國內的秩序，再次鞏固了清朝的統治權，而當時的中外滿漢人士又合力展開了引進西方的軍事裝備、機器生產和科學技術等運動，以圖自強。這種洋務運動以自強為主，以振興國勢為目標，不少同治時代的以及日後的人，稱之為或自詡為「同治中興」。

清朝要「自強」，在鴉片戰爭時代就有人呼籲了。林則徐、魏源等人早就提出「師夷之長以制夷」的主張，可是由於清朝帝王與一般大臣的守舊，始終沒有被官方重視。即使到了咸豐時代，英法聯軍打到了北京，洋人的「船堅炮利」已經再度被證實確是優長於中國的軍備武器，但仍然不為君主與中央公開承認其有「可師之處」。正如大陸學者茅海建說的，「（咸豐）他直身躺在時代的分界線上，手和腳都已進入了新時代，但指揮手腳的頭腦卻留在舊時代」呢！兩宮太后垂簾以後，情形有些改變了。慈禧相當程度地支持奕訢的洋務運動，大陸學者徐徹說過：「慈禧是清帝國的乾綱獨攬的最高決策者，沒有她的支持，一切關係國家的重大舉措都是不能實行的。洋務事業之得以開展，除中央的奕訢、文祥等人及地方的曾、左、李外，根本上是慈禧在起作用，這是人們長期忽略了的。」他曾以同治五年（一八六六）奕訢上奏請在同文館內添設一館專門學習天文、算學事為例來作說明，其間經歷的辯論與守舊派的反對過程，證明慈禧是自始至終贊成奕訢的主張並給予支持的。如山東道監察御史張盛藻認為國家強與不強，不在天文、算學等「機巧之事」，而在「臣民之氣節」，有了氣節，「以之禦災而災可平，以之禦寇而寇可滅」。慈禧則降旨申斥張盛藻，說他的奏摺不值得討論。可惜奕訢得到慈禧的支持，卻沒有得到一般臣民的支持，據說京城裡有人作了一副對聯諷罵奕訢：「鬼計本多端，使小朝廷設同文之館；軍機無遠略，誘佳子弟拜異類為師。」這些文字既誣蔑了奕訢及其主政的軍機處與總理衙門，同時又挑撥了慈禧與奕訢的關係。但慈禧也不以為意。

張盛藻失敗後，守舊派大領導倭仁跟著出馬了。他說：「竊聞立國之道，尚禮義不尚權謀；根本之圖，在人心不在技藝。」又說：「天下之大，不患無才，如以天文、算學必須講習，博採旁求，必有精其術者，何必夷人？何必師事夷人？」他主張天文算學館不能設立，以免「上虧國體，下失人心」。慈禧對倭仁的對策實在高明之極，她說倭仁既認為「天下之大，不患無才」，那就請你倭仁「在總理各國事務衙門行走」，就是到這個衙門去工作，酌量保舉合格的人來學習，「另行擇地設館，由倭仁督飭講求」，訓練一批「尚禮義」、「具人心」的專才救國看看。倭仁一再辭職，慈禧不准，結果使倭仁痛苦不堪，因為「禮義」、「人心」怎能對付西洋的「船堅炮利」呢？其後又有候選直隸州知州楊廷熙上奏，以久旱不雨、大風晝晦等災異現象為由，大談「天人感應」之學，指出「同文館之設，有十不可解」，希望朝廷「撤銷同文館，以弭天變而順人心，杜亂萌而端風教」。慈禧下令軍機處起草駁斥楊的上諭，措辭嚴厲，說這奏摺「呶呶數千言，甚屬荒謬」，「所陳十條，不過摭拾陳言，希圖自炫」，「楊廷熙草莽無知，當此求言之際，朝廷寬大，姑不深責」。最後慈禧又降一道諭旨，說因倭仁託病請辭，「倭仁不必給假，一俟氣體可支，即以大學士在弘德殿行走，其餘一切差使，均著毋庸管理」。從此倭仁只能當小皇帝的老師，不得過問其他政事了。這次爭論從同治五年十一月開始到六年六月結束，慈禧顯然是支持洋務運動的。

大陸另外一位學者隋麗娟基本上同意徐徹的看法，也相信慈禧的一切決策以大清統治與她個人利益為先。她說：「慈禧痛恨外來侵略，她希望清政府能夠擁有有效的抵抗外侮的手段。……慈禧對於能夠穩固統治的富國強兵措施，是來者不拒並積極支持的。」而洋務運動正是當時富國強兵、抵禦外侮的有效工具。不過，她也舉兩個例子說明了慈禧推行洋務運動時的問題。一個是選派人員出國留學的事：洋務派人士知道要學習西方科技文化，除了請洋人來中國教學是一條途徑，最直接有效的還是派中國年輕人出洋，徹底地學習精髓文化，因而在當時就有了一項一百二十名幼童分四批留學美國的計畫。同治十一年七月初八日，三十名首批出洋，其後又逐年分批送到美國。這些留學生年紀不大，傳統中國文化對他們的影響不深，他們到了美國之後，一切都美國化了。慈禧不斷地接到有關的報告，非常擔憂，她怕留學生都會變成「洋鬼子」，將來回國後，成為大清王朝的「掘墓人」，花大錢培養了一批「叛逆」，實在不合算。因此慈禧為了保衛清朝，保衛她的統治地位，在光緒七年（一八八一）五月十二日毅然地中止了留學計畫，招回所有的留學生。據日後的統計，當時許多人還是中學生，六十多人中斷了大學的學業，真正獲得大學學士學位的只有兩人。

另一件是開發開平煤礦修建鐵路的事：李鴻章建議修築從唐山至胥各莊的鐵路，以便運煤，既快速又低成本。慈禧迷信風水，認為火車的運行一定會使葬於遵化東陵「萬年吉地」裡的皇家祖先不安，影響到清朝未來的運勢，所以傳出慈禧主張「馬拉火車」的可笑說法。事實上，這條鐵路在最初運行的時候，確實部分是用馬拉的，時人稱之為「馬車鐵路」，後來經唐廷樞等努力爭取，才恢復以機車行駛。總之，隋教授批評說：「慈禧缺乏做為一個新時代最高統治者應有的知識和思想，……她將一己的權力看得比國家、民族的利益和未來的發展還重，頑固地堅持已經過時了的東西，沒有把中國帶入近代化的門檻。」

在洋務運動期間，中國境內確實出現了不少具有近代意義的新生事物，如軍械所、同文館、江南製造局、福州船政局、船政學堂、築鐵路、開煤礦、架電報、練新軍、購船艦、遣使出洋、派人留學等等，一時確實呈顯了「中興」氣象，也為中國造就了不少外交、海關、鐵路、礦業、電訊、新聞等方面的專門人才。但是江南製造局只有規模不大的船塢，兵船壞了還得去上海耶穌會船塢修理。該局所造的雲炮，一小時只能發射七、八發炮彈，被人形容為「太平年月無用，戰爭起時是廢物」。金陵機器局出品的大炮，品質也很低劣，經常「自我爆炸」。英國駐華參贊參觀旗兵學用洋槍時，說射擊員「好像十八歲的姑娘，真叫我們國內射擊俱樂部會員羞於看見」，可見西化的成效不好。更可怕的是清末小說《官場現形記》與《二十年目睹之怪現狀》等書中揭露的洋務巨額經費流入貪官口袋的情形。總之，「同治中興」實在「興」得可憐！

近代美國史家說：在中國儒家的國度裡，沒有適合當時洋務運動的土壤，所以西化無法茁壯成長，更談不上開花結果了。

22 望子成龍？

中國在帝制時代，凡是結了婚的婦女，都希望為夫家早生貴子，而且期待親生兒子能成為有用的、有名的人物，慈禧應該也不例外。

慈禧望子成龍的心確實是非常殷切的，現在我們就來看看她的心路歷程吧！

當她被選上秀女入宮、封為蘭貴人之後，她必然希望得到咸豐帝的寵愛，為皇帝生個龍子。這個心願終於達到了，在咸豐六年（一八五六）三月二十三日她生下了載淳，這是皇帝後宮誕生的第一個皇子，慈禧也因此由懿嬪晉升為懿妃，繼而賜封懿貴妃，地位大為提高。但是當時的皇后比她還年輕，其他的妃嬪也都有可能為皇帝生子，慈禧為這些事擔心煩憂著。所幸皇后鈕祜祿氏不能生育，而麗嬪他他拉氏雖早慈禧一年懷了孕，但產下的是一位小公主，這讓慈禧鬆了一口氣。咸豐八年十二月初五日，玫貴人徐佳氏為皇帝生下一男，只不過這位皇子出世後數小時就夭折了。慈禧在皇室生產皇子的競爭中，她又取得了一次勝利。其後一直到咸豐帝病逝，宮中后妃再沒有人生男育女的，慈禧的兒子載淳乃成為咸豐帝的唯一子嗣，由他繼承皇位是肯定的了，慈禧的望子成龍心願，至此總算順利地達成。

然而，慈禧也想把她的兒子培養成為一代明君英主，而這種望子成龍的心願，決不是得皇帝寵愛或壓倒後宮后妃們的競爭所能實現的。她知道後天的教育最為重要。在咸豐帝還在世的時候，就已經聘請了名儒李鴻藻當載淳的啟蒙老師。慈禧垂簾聽政之後，為加強對兒子的教育，又延聘三位知名學者大臣加入師傅的隊伍，希望把同治帝教成一代傑出君主，像皇家祖先康熙帝一樣，文武雙全，再為大清朝開創一個盛世。

當時的四位帝師，可謂一時之選。李鴻藻生於官宦世家，學歷資歷都很完整，他精通百家要旨，才華更是著名。祁寯藻曾任體仁閣大學士、首席軍機大臣，也曾當過道光與咸豐二帝的老師，書法特別有名，被譽為「一時之最，人共寶之」。翁心存也當過大學士，被慈禧選上當載淳的老師，只是時間不長，死後由他兒子翁同龢繼續擔起教授同治帝的責任。倭仁雖是滿族，但他的學問很好，而且是時人公認的理學大師，也歷官至文淵閣大學士。除此之外，還請了專門教滿文、蒙文、騎馬、射箭的專業人士作指導的老師，希望把載淳教成一位全知全能的大皇帝。

據說當時恭親王奕訢還受命為同治帝製作一份課程表，每天的作息情形是這樣的：

一、每日皇帝至書房，先拉弓，次習蒙古文，次讀滿文，最後讀漢文。

二、皇帝上課時間，在每日臨朝召見、引見臣僚之後，開始時只讀半天書，八歲之後延長為全天。

三、誦讀與討論，二者不可偏廢。皇帝讀書之暇，應時時與師傅討論問題，以求得深入了解文中經義。

四、拉弓而至步射，步射而至打槍，隨年齡增長調整學習進度。

五、自幼即須騎馬，入學後每隔五日，即於下書房後在宮中長弄學習騎馬，由當日教讀滿文之御前大臣壓馬，大臣三四人進內教習。

六、學習步射與打槍時，由御前大臣及乾清門侍衛數人隨同校射，以資觀摩。

七、為重功課計，擬請懿旨嚴飭皇帝於駕幸紫光閣習打槍時，不得各處遊覽，打槍畢，稍坐即還宮。

從以上老師人選與課業安排來看，確實是希望能把小皇帝造就成一個允文允武的英主。但是人有個性的不同與才智的差異，同治帝能否接受這樣的調教，勤學苦練，將來成大器呢？我們知道：康熙帝也是沖齡即位的，他在太皇太后孝莊的「鞠養教誨」下長成。康熙帝從小就對讀書學習有興趣，「早夜讀誦，無間寒暑，至忘寢食」，祖母對他的「矢志讀書」，曾經打趣地說過：哪有這樣人，貴為天子，卻像書生趕考一樣苦讀？康熙帝平日雖手不釋卷，但是不是死讀書，他「間有一字未明，必加尋繹，務至明愜於心而後已」。康熙帝也聽從祖母的教誨，知道人間事物習慣的好壞，祖母勸他不吸烟、不喝酒，他立即戒烟戒酒，而且終身知所節制。他的言行舉止，也養成不喧譁、坐端正的良好習慣。堪稱「帝王教育」最成功的實踐者。

同治帝能與他的這位祖先比美嗎？實在差得遠呢！現在我們可以從他老師的記述文字中，略窺一二。如咸豐十一年四月即擔任載淳老師的李鴻藻，他就說過皇子「資性平常，亦不樂攻苦」。又說有一次因督課甚嚴，載淳想要請假入內逃課，老師不允，小皇子就把書本怒擲於地，表示抗議。李師傅為了維護師道尊嚴，不稍讓步，最後載淳才勉強將書拾起。翁同龢自同治四年末加入老師行列之後，他在日記裡經常提到這位皇帝學生，負面的文字不少，例如說「讀甚倦，仍如去年也」、「看摺時精神極散，雖竭力鼓舞，終倦於思索，奈何！」、「讀生書猶可，餘則倦不可支，且有嬉笑，……滿（文）書極吃力。……講摺（講解奏摺之意）尤不著力，真無可如何也！」、「數日來，無精神時則倦，有精神時則嬉笑，難於著力，奈何！」、「文思極澀，初稿幾無一字可留，……詩亦不佳。如此光景，奈何，奈何！」、「晨讀極澀，總振不起，不過對付時刻而已，……毫無神采，且多嘻笑，直是無可如何！」、「嬉笑意氣皆全，功課如此，至難著手」

、「神思不屬，每講論如未聞」等等，可見同治帝讀書時沒精打采、喜歡嬉笑、無法專心、敷衍了事，作文很糟，更談不上寫詩，使得老師們充滿了無力感，暗暗叫苦不迭！清末名人趙烈文還在同治六年六月二十日的日記寫道：「是日聞竹莊（按：湘軍名將吳坤修）言：今上聰慧而不喜讀。一日，與師傅執拗，師傅無可如何，涕下以諫，時御書適讀至『君子不器』，上以手掩『器』下二『口』，招之曰：『師傅看此句何解？』蓋以為『君子不哭』也。其敏如此。又讀『曰若稽古帝堯，曰若稽古帝舜』。『帝』字皆讀『屁』字。」當皇帝了還如此頑皮，真非可造之材。慈禧在這方面對兒子的高度期望，當然不能達成了。

平心而論，載淳年紀不大，六歲開始就學習滿蒙漢三種語文，接受高深儒家學術經典的教育，並參與騎射等武藝的訓練，實在壓力不小。何況當時他已登基做了皇帝，每天須摸黑早起到養心殿聽政，召見軍機大臣、內閣閣員並引見官員等等，儘管他只是兩宮垂簾前的傀儡，但還得端正地坐著，體力的負荷實在不輕，對一個貪玩的兒童來說，不「倦」也很難的。長此以往，自然視讀書習藝為畏途。而且他又不如康熙帝那樣的有天賦異秉，或者可以說他根本不是再造中興的明君材料，慈禧望子成龍，心願最後還是落空了。再說慈禧栽培載淳之所以失敗，她自己也應該負很大的責任，這事容在下面一節再談吧！

23 權位至上

同治帝沒有能成為明君，實在使慈禧有恨鐵不成鋼的痛苦。其實她並未付出應付的母愛，怎能享受母愛成功的喜悅呢？自從她發跡以後，就從來沒有像一個自然女人那樣有著想生兒育女的心情。她是為自己政治地位與前途而拚命設法生子的，所以在載淳出世之後，她的時間與精力都是花費在以下的這些事務上的：

第一、忙於得寵：從入宮以後，她了解得皇帝專寵是很重要的，她的工作顯然做得很好，她懷了胎，生了龍子，宮中地位也由貴人升嬪，再由嬪升成妃，可謂連升三級。載淳生了以後，她怕其他后妃也誕育龍種，因此她還得專心地在爭寵、固寵上下工夫，當然就談不上對兒子的母愛了。加上清宮裡皇子由別人撫養的特殊制度，慈禧與載淳的關係不如一般親生母子那樣親密是顯然的。

第二、忙於鬥爭：慈禧生下龍子，她又粗通漢文，在咸豐末年她就介入宮中與朝廷的鬥爭。不談她與皇后（慈安）、麗嬪等人的後宮爭寵，在朝廷上她與載垣、肅順、端華等人的明爭暗鬥早就發生了。咸豐帝死後，又發動辛酉政變，消滅了八大臣的勢力，這是一場慘烈的、你死我活的大鬥爭。接著又安排垂簾聽政，設計打壓恭親王奕訢，件件都是腦力與體力的拚戰，不專心投入是不會成功的。她勝任了政治鬥爭大事，當然不大可能又是位稱職的好母親。

第三、忙於權位：慈禧為了維護她的垂簾聽政地位，打擊異己固然是必要手段。可是慈安仍在，恭王也還有他的軍政特權，而自己的皇帝兒子又不成器，學業不長進，到十六歲時看大臣的奏章仍然「讀摺不成句」，別說成為博學睿智的英主，就是當個一般的皇帝，顯然也不能勝任。慈禧已做清廷領導十來年了，嘗到了掌握皇權的美好滋味，喜愛上了駕馭權力的勝利快感，讓她輕易放棄是很難的，即使是把大位讓給自己的親生兒子。況且載淳脾氣倔強，又有叛逆性，與慈安的關係遠比生母還好，這使慈禧格外傷心，也把兒子看成了假想的「異己」，皇權怎麼能隨便交給他呢？權力的誘惑有時是甚過親情的！

由於以上這些客觀的條件以及慈禧個人的權力欲望，她對載淳的教育實在關心得不夠，最多對弘德殿的師傅們說些「設法勸講，不可再耽擱」一類的空話，而沒有想出治本的方法。也許慈禧還有更可怕的想法，載淳既有不成材的藉口，她就可以多得到一些垂簾的歲月，何樂不為呢？

另有一些更離奇的說法，可能也與慈禧不願早日交棒給同治帝有關的。《清稗類鈔》中記：「穆宗（按：指同治帝）為孝欽后（按：指慈禧）所出，世皆知之。或曰：實文宗（按：指咸豐帝）後宮某氏產，時孝欽無子，乃育之，潛使人酖其母，而語文宗以產子月餘矣。文宗聞之大喜，因命名曰載淳，封孝欽為貴妃。」這是說載淳根本不是慈禧親生，而是後宮某氏所生的，後來慈禧又毒害這位宮女把皇子佔為己有。載淳既不是慈禧所生，當然不能得到慈禧的母愛，皇位該不該交給他還何必要問呢？

還有《慈禧外傳》一書又提出另一種說法：慈禧當時生的是個女兒，不是龍子。總管太監安得海得訊之後，便勾結老太監汪昌，買通盲人穩婆劉姥姥，從宮外民間偷偷抱來一個男嬰掉包，這男嬰就是日後的同治帝。這幕以鳳換龍的戲劇是得慈禧專寵的太監頭子安得海一手導演的，咸豐帝不知道，慈禧也被瞞了，到後來才了解真相。慈禧遲遲不讓同治帝親政也可能與此有關。

以上兩種同治非慈禧親生之說當然只是傳說，不是真實的史事。因為北京一檔館現在存有很多宮中檔案，包括慈禧從懷孕到生產的御醫診斷資料，太監報告的「轉胎」、「分娩」，以及小皇子以「福壽丹」開口的處方等等，這些在本書前面已作敘述了，這裡不再贅舉。總之，同治帝是其他後宮人所生與抱自宮外民間之說，應該是小說家言而已，於史無據。

然而，慈禧自入宮之後，嗜權位如命是眾人皆知的，也是大家公認的。不管是肅順等「三奸」、八大臣，還是她的小叔子奕訢，凡是與她爭權位的，或者阻礙她控制權位的，她都不能讓他們存在，必對他們施以無情的打擊。同治帝長大後對她叛逆，又不學無術，行為不檢，慈禧能不拖延他的大婚慶典？能不阻擋他早日親政嗎？

24 同治大婚與親政

滿洲人有早婚的習俗，當皇帝的更不能例外，因為皇位不能沒有繼承人。以康熙帝為例，他也是年幼時登基的，康熙四年九月他就稟照祖母慈諭，舉行大婚典禮，當時他才十二歲。大婚之後算是成人了，所以他在兩年之後，即康熙六年七月「躬親大政」，就是自己親政，不再由輔政大臣們管控朝政。同治帝在咸豐十一年七月繼承大統，當年虛歲六歲，經過兩宮太后十年的垂簾聽政，小皇帝已進入青少年期了，慈禧雖戀棧手中的權力，但傳統制度是無情的，現實輿論也是無情的，她不能不考慮兒子的婚事與親政問題了。

皇帝大婚最重要的是選個好皇后，這件事慈禧當然很關注。可是同治帝卻「叛逆」生母，反而跟慈安站在一邊。慈禧看上了刑部員外郎鳳秀家的女兒富察氏，這位閨女十四歲，比同治帝小三歲，家庭背景很好，祖先世代出將入相，屬正黃旗滿洲，是滿洲「八大家」之一。可是慈安與同治帝本人喜歡一位蒙古狀元崇綺家的女兒阿魯特氏。據說這位女子「美而有德」，「雍容端雅」，自幼即知書達禮，文才出眾。阿魯特氏曾與同治帝在宮內談論過中國唐詩，她竟能背誦如流，充分表現她的文學素養極佳，這對不愛讀書的同治帝來說，可能就因此而愛慕了她。

慈禧對選后之事相當不滿，但也無可如何，只得依從慈安與同治帝的意見。同治十一年二月初三日，兩宮太后發布懿旨，選翰林院侍講崇綺之女阿魯特氏為皇后，刑部江西司員外郎鳳秀之女富察氏為慧妃，知府崇齡之女赫舍里氏為瑜嬪，前任副都統賽尚阿之女阿魯特氏為珣嬪等等，並決定在同年九月十五日舉行與皇后阿魯特氏的大婚典禮。

載淳大婚之後，慈禧與皇后之間婆媳不和。一方面皇后阿魯特氏不是慈禧的意屬人選，而兒子載淳又不支持生母的建議，慈禧的失落與嫉妒是可想而知的，這些不滿與怨恨也必然轉嫁到皇后身上。另一方面阿魯特氏不知逢迎、諂媚婆婆慈禧，在宮中經常特立獨行，爽直個性有時變得孤傲，這更令慈禧不能忍受。野史中還記述過這樣一個故事，說宮女們見到慈禧常擺臉色給皇后阿魯特氏看，就勸皇后應學學慧妃富察氏等人一樣，多作恭敬逢迎狀以討得皇太后歡心。阿魯特氏卻說：我是從大清門抬進來的皇后，不能隨波逐流。這話傳到慈禧耳中，更不是滋味，因為慈禧是被選秀女入宮的，沒有資格享受乘鳳輿從大清門入宮的隆重而尊貴的待遇。以慈禧爭強好勝的性格來看，以她當了十來年獨尊女主的地分來說，兒媳婦竟敢如此發言，確是她不能忍受的，當然對阿魯特氏的懷恨更深了。加上同治帝在大婚之後，專寵皇后，對慈禧喜歡的慧妃富察氏卻非常冷漠，於是慈禧的怒火不能壓制了，她採取了干預的行動，有人這樣寫道：因阿魯特氏「體微豐，趨蹡弗便」，「乃故令奔走以勞苦之。復以其不嫺儀節責讓之。尤異者，謂帝行將親政，國事頻頤，宜節欲，勿時宿內寢。」同治帝本來就對慈禧有反感，因而做出反抗的行動，不但時常一人獨住乾清宮，甚至找機會走出紫禁城，到不受宮廷戒律管轄的民間去尋找冒險和刺激了。

載淳的貪玩胡鬧從入學讀書時就出名了。同治元年五月，前太常寺卿李棠階已經奏請「於師傅匡弼之餘，預杜左右近習之漸」。同治二年十月，祁寯藻、倭仁、李鴻藻等又奏請「黜浮靡以固聖德」。慈安、慈禧也為此下詔說：「屏斥玩好、遊觀、興作諸務，祁寯藻等其各朝夕納誨，養成令德，以端治本而懋躬行。」同治四年六月，又有御史穆緝香阿奏：「請慎選侍御僕從。」兩宮隨即「諭內務府稽查有便辟側媚者，舉實嚴懲」。同治八年六月，武英殿發生火災，倭仁、徐桐、翁同龢等再奏請「勤修聖德，以弭災變」。可見多年以來，同治帝的行為舉止一直存在著問題，大臣們才提出這些建言。同治帝究竟有哪些行為上的偏差呢？說出來真教人可怕。《十葉野聞》這部書裡說：「時穆宗……與貝勒載澂尤善，二人皆好著黑衣，倡（娼）寮、酒館暨攤肆之有女子者，偏游之。」載澂不是別人，他是恭親王奕訢的長子，生活也是放蕩不羈的，經慈禧挑選為同治帝的「伴讀」，結果變成引導同治帝到花街柳巷作冶遊的「玩伴」了。

另外《清朝野史大觀・清宮遺聞》中記：「日者，有一內監見帝與王（慶祺）狎坐一榻，共低頭閱一小冊。太監偽為進茶者，逼視之，則祕戲圖（按：指春宮圖），即豐潤縣所售之工細者。兩人閱之，津津有味，旁有人亦不覺。」王慶祺是世家子弟，「工度曲，擅諂媚之術，初直南書房，帝愛之，至以五品官加二品銜，毓慶宮（按：應是弘德殿）行走。寵冠同儕，無與倫比。」據說王慶祺還是一位「美丰儀」的俊男，小皇帝竟與他「同臥起」，當然更令人引起曖昧遐想了。

還有費行簡（沃丘仲子）的《慈禧傳信錄》中又記：「有奄（太監）杜之錫者，狀若少女，帝幸之。之錫有姊，固金魚池倡（娼）也，更引帝與之狎，由是溺於色，漸致忘返，兩后弗知也。」同治帝在京城的這些敗德下流行事，曾經被倭仁撞見於什剎海，被愛仁撞見於崇效寺，被廣壽撞見於大宛試館。最令人可笑的是皇叔奕訢勸同治帝要謹慎行為，小皇帝大怒，痛斥奕訢造謠，並要他提出證據。奕訢無奈，最後表明是他兒子載澂向他說的，此言一出，小皇帝立即啞口無言，深深感到被人出賣的痛苦。總之，慈禧不讓兒子早婚也好，大婚後干預他與皇后的恩愛親暱也好，這對同治帝都是不重要的，因為他自有解決性生活的方法，而且他是樂此不疲的。

無論載淳的品行私德有多壞，無論慈禧貪戀權位的欲望有多強，皇帝大婚之後必須歸政給他的，載淳終究能當上清朝入關後的第八代皇帝了。同治十二年正月二十五日，兩宮太后降下懿旨，勉勵載淳，要他「祇承家法，講求用人行政，毋荒典學」；並要求廷臣及中外臣工「公忠盡職，宏濟艱難」。載淳於次日正式親政，也立即降諭，表示「恪遵慈訓，敬天法祖，勤政愛民」。這一天，紫禁城裡舉行了隆重熱鬧的歸政大典，北京城中充滿著歡愉的氣氛，各口岸的中國船隻上也懸掛了龍旗，以示慶祝，只有慈禧感到退居幕後的空寂與落寞。

25 外使入覲

自從中國大門被西洋人敲開之後，外使駐京、使臣入覲皇帝一直就被提出來交涉。咸豐帝不惜以放棄上海關稅等等利益換取外使不駐北京，在當時人心目中，夷夏之防仍然牢不可破，京城天子腳下，怎麼能令外使留住？「夷性犬羊」怎麼能覲見「天朝」大皇帝？咸豐帝被「犬羊」大軍逼得北走熱河，並在熱河死去了，奕訢雖在北京與外國簽約，使清朝苟活了下來，但外使覲見的事仍未解決。

辛酉政變之後，兩宮回京了，同治帝也登上了皇位，外國使臣以朝賀小皇帝為由，要求覲見，奕訢等以兩宮皇太后垂簾，見外國人不合國情為藉口，多次推遲覲見。同治六年（一八六七）九月，距離中英《天津條約》十年修約的期限只有兩年了，奕訢建議慈禧下詔，要各省大吏，對覲見事各抒己見，以作為修約談判時參考。奕訢當時的奏文中有一項說：「昔韓昌黎〈原道〉曰，孔子之作《春秋》也，諸侯用夷禮則夷之，夷而進於中國則中國之。今夷並未進於中國，而必以中國之禮繩之，其勢有所不能。若權其適中者而用之，未卜彼之能否聽從，而本衙門亦不敢主持獨創此議。第不許入覲，我實無辭，究應如何，惟希公同商酌。」文中所說的「衙門」是總理各國事務衙門，奕訢憑多年交涉的經驗知道，以傳統的「中華儀節」如三跪九叩首等應用在外使入覲儀注上是不可能的，他只好求助大家，幫他出出主意了。

沒有想到各省封疆大吏的想法不一，如左宗棠時任陝甘總督，他說：「竊思彼族以見其國主之禮入覲，在彼所爭者，中外均敵，不甘以屬國自居，非有他也，似不妨允其（按：指外使）所請。……此體限於呈遞國書。」兩江總督曾國藩則以康熙帝對待俄國與朝鮮使臣的不同，主張「既為敵國使臣，不必強以所難」，具體儀節可「臨時酌定」。他雖不如左宗棠那麼爽直，但不贊成非行三跪九叩禮不可也是顯然的。湖廣總督李鴻章更是滑頭，說：「不得已權其適中，將來或遇皇上升殿御門各大典，准（外使）在行儀御史侍班文武之列，亦可不拜不跪，隨眾俯仰，庶幾內不失己，外不失人。」可見他根本沒有針對主題發言，而說了一些敷衍話而已。倒是直隸總督官文表示跪拜之禮一定要遵行，還強調：「覲者，諸侯見天子之禮，所以考禮正刑一德，以尊於天子也。」總理船政大臣沈葆楨雖是推動洋務的先鋒，但他也堅持行跪拜禮一事毫無通融餘地，甚至還說：「接以溫言，厚其賜予可也；廢我典章不可也。」一定要讓列強「洗心革面，就我範圍」，「倘倔強猶昔，終為自大之夜郎，則天心人心所不容，安能逃塗山之顯戮哉？」其他地方官員大多從儒家經典立論，反對改制。

同治十二年正月，載淳親政了，英、法、美、俄、德五國公使聯合照會總理衙門，要求覲見。由於太后垂簾、皇帝幼小這些理由全都不能用作藉口了，奕訢實在找不出新的推延辦法，只好硬著頭皮與外使談判。起初大臣文祥與各國公使面談時，仍堅持見皇帝必行跪拜禮。五公使則以狠話回覆，說：「若失好外國，則內地之難，當心加倍！」簡直是威脅清廷了。同治帝也曾命李鴻章妥議覲見之禮，李鴻章最後認為各國使臣覲見應寬其小節，示以大度。實際上是經過幾個月的談判，辯論數十次，面折口爭不下數千言，外使不為所動，堅持不跪拜，而讓退改三鞠躬為免冠五鞠躬禮。天朝的面子算是挽回了一點點，外使覲見勢在必行了。

同年六月初五日是西洋人的禮拜日，外使們一齊來「禮拜」中國皇帝了。當天早晨五點半使臣們在「北堂」會合，六點正由清朝大臣崇厚引導前往皇城的福華門，在那裡先受到文祥的接待，款以茶點。八點半鐘，他們又被引領到一個行幄中，受到恭親王奕訢的接見。九點正，同治帝在紫光閣升上寶座，先單獨接見唯一的特派大使日本的副島種臣，然後各國全權公使一同進殿，按照各使節到達北京的日期為次序，先後代表各國政府致賀詞，並在同治帝面前呈遞國書。同治帝則通過奕訢向各國使臣表達對他們的國家元首的親睦之意，聯合覲見一共用了半個小時，可見行禮如儀、草草結束了。

這次外使覲見不單是清朝歷史上的第一次，也是中國有史以來的第一次。清朝皇帝與不少官員根本是不願舉行這種覲見儀式的，因而他們在暗地裡也做了一些手腳，如行禮安排在禮拜日這個拜神與不辦公的日子。地點安排在紫光閣，這裡原是接見藩屬的殿堂。行禮由三鞠躬改成五鞠躬。在當時守舊的官員心中，認為也是不同尋常了，「天朝」還是有了尊嚴與崇高的地位。

從外使覲見一事上看來，不論是慈禧、同治帝，或是奕訢、文祥，他們的對外知識都是落後的，「貢使」的觀念還深植在他們的腦海。晚清近代化的步伐，實在走得慢了一些。

26 重修圓明園

同治十二年正月二十六日（西曆一八七三年二月二十三日），皇帝舉行親政大典，九月二十八日載淳就頒降了一道諭旨：

朕念兩宮皇太后垂簾聽政十一年以來，朝乾夕惕，倍極勤勞，勵精以綜萬幾，虛懷以納輿論，聖德聰明，光被四表，遂致海宇昇平之盛世。自本年正月二十六日，朕親理朝政以來，無日不以感戴慈恩為念。朕嘗觀養心殿書籍之中，有世宗憲皇帝（按：即雍正帝）御製圓明園四十景詩集一部，因念及圓明園本為列祖列宗臨幸駐蹕聽政之地，自御極以來，未奉兩宮皇太后在園居住，於心實有未安，日以復回舊制為念。但現當庫款支絀之時，若遽照舊修理，動用部儲之款，誠恐不敷。朕再四思維，惟有將安佑宮供奉列聖聖容之所，及兩宮皇太后所居之殿，並朕駐蹕聽政之處，擇要興修，其餘遊觀之所，概不修復。即著王公以下京外大小官員量力報效捐修。著總管內務府大臣於收捐後，隨時請奬。並著該大臣等核實辦理，庶上可娛兩宮皇太后之聖心，下可盡朕心之微忱也。特諭。

圓明園是康熙時代興建的皇家園林，經雍正、乾隆、嘉慶、道光各朝增建維修，成為世界知名的「萬園之園」，咸豐末年因英法聯軍攻打北京，城郊的圓明園遭到報復性的焚燬。同治帝親政以後，想把毀壞園區中的重點名建築「擇要興修」，供兩宮太后安養之所，並可作他自己辦公之用。他也知道國家府庫存銀不多，無力支付工程費用，所以他要求王公與全國大小官員「量力報効捐修」，共襄盛舉。從以上諭旨，顯然皇帝重修圓明園確實是為感戴兩宮太后的慈恩，希望在她們離開垂簾聽政生涯之後，有一個好的養老處所。同治帝的「欲盡孝思」是無可厚非的。

不過，他在親政後半年多就緊急地降諭要重修圓明園可能還有其他動機存在。例如：

第一、慈禧聽政了十多年，她對朝政事務關心似乎已經習慣了，她的獨生子又是學業無成、性喜遊樂，太后一時實在放心不下。因此她雖身居內宮，但對過問政治與關注皇帝的生活起居、讀書進修等事，興致不減，仍然像以往一樣，時刻會對皇帝作叮嚀指導。這令同治帝相當煩心。想擺脫慈禧，獨攬皇權，過自在的生活必然是皇帝的一大心願。重修圓明園正好讓慈禧遠離紫禁城，皇帝也就可以解放了。

第二、重修圓明園是一大工程，費用是相當可觀的，經手的官員可以從中獲得巨利，因而不少相關人士都慫恿同治帝修園。《春明夢錄》中稱：「內務府之職，如衙門之有庶務，即俗所謂賬房也。賬房有折扣，有花賬，已處處有弊，而內務府更有百倍於此者。」內務府為專門服務皇家的機關，對於修建園林當然極為歡迎，事實證明內務府郎中貴寶、文錫等係力勸同治帝大興土木的人士。另外還有太監以及受皇帝寵幸的貴冑、官員為取悅龍心，或為中飽貪污也支持修園計畫。

第三、同治帝自己也主張修園，因為他一直有一顆童稚而不懂事又不負責任的心，他貪玩、他好色，他不喜學問、他不重國事。修建園林正可以造成藉口，好讓他隨時去「監工」，乘便到娼寮、酒館、攤肆狂歡作樂。據當時人記述，自同治十三年正月十九日修園工程正式開工之後，載淳幾乎每個月都到工地視察，並藉機遊山玩水，通宵在外勾留，不回皇宮，可見修園也有他自己的目的。

當然朝廷裡還有一些忠心正直的大臣，他們反對修園。早在同治七年秋天，慈禧自己就想修復圓明園了，經諸王大臣力阻，沒有能實現。同治帝大婚之後，又提修園之事，大學士李鴻藻力勸皇帝「不宜以有用之財，置無用之地」，而作罷。親政以後，載淳以盡孝心為名再倡修園，在「以孝治天下」的當時，大臣們一時無法進諫，只有戶部侍郎桂清以主管國家財務的官員身分，上奏力陳不可。同治帝大怒，嚴斥了桂清，並將他革職。同治十二年十月初一日，即皇帝頒降上引的諭旨之後第三天，御史沈淮也忍不住上疏，請皇帝暫緩修繕，但也遭到嚴厲的斥責，顯然皇帝已橫了心，一定要修園。十月初八日，內務府即動員了大量民工，將「天地一家春」、「正大光明殿」、「安佑宮」等處屋宇一千四百多間的斷垣殘基拆除清理了，大臣們見工程勢在必行，大家也為迎合上意紛紛捐錢。沒有想到的是奕訢竟帶頭捐了工銀二萬兩，特別引人注意，因而也招來另一位御史游百川的上書諫阻，同治帝當然不快，立即痛斥他並撤除他的職務，而且再降諭旨，說游百川「阻朕盡孝之心」，「天良安在」，該當革職，「為滿漢各御史所警戒，俟後再有奏請暫緩者，朕自有懲辦」。

同治帝如此瘋狂地要重修圓明園，慈禧為什麼不置一辭呢？原來她根本就是幕後的主持人之一。前面已經提到在同治七年她還垂簾聽政時就有修園之意了，後經王公大臣出面力阻才作罷。同治帝親政後再提修園之事，她不但不予反對，反而幫忙設計工程。在現存的內務府樣式房雷氏《旨意檔》中就有「同治十二年十一月……十九日，天地一家春四捲殿裝修樣，並各座紙片畫樣，均留中，皇太后自畫，再聽旨意。同年十二月二十二日，天地一家春明間西縫碧紗櫥單扇大樣，皇太后親畫，瓶式如意上梅花要疊落散枝，下絲環人物，另畫呈覽」等等文字紀錄，可見慈禧是參與並決定若干工程細節的人。「天下一家春」是咸豐帝在位時慈禧的住所，對她而言自然有一份特殊的感情，這是可以理解的。李慈銘在《越縵堂日記》裡也說：「聞修理園籞，出西朝之意。」「西朝」當然是慈禧了。

同治十三年三月至五月間，皇帝經常以看視園工為名，「盤桓整日，不以為倦」，有時還駐蹕京城之外，這樣當然就影響了政務。醇親王奕譞等人因而聯名上奏，請求皇帝等工程告竣後再「安輿臨幸」，根本不敢提停工的問題。即使如此，同治帝仍不予理睬，照舊去園中「監工」。後來師傅李鴻藻再上疏勸諫，皇帝哪管什麼學業荒疏、政務鬆懈，他對遊樂與工程的興趣比讀書理政要高，老學究的話是聽不進的。

六月初有翰林院官員李文田上疏，指明「此（按：指修園）皆內務府諸臣及左右宵人，熒惑聖聽，導皇上以朘削窮民為其自利之計」，並且列陳今有三大害：民窮已極、伏莽遍天下、國家要害盡為西夷盤踞。請求皇帝考慮停工。皇帝正玩到興頭上呢，忠言是逆耳的。

正在此時，李光昭案發生了，這對同治帝與修建園林都有嚴重的打擊。李光昭是皇帝委以重任，採購木料的專使，他以五萬四千二百五十元洋銀向英、法商人買了修園需用的「木植」，結果他向內務府報價三十萬兩，此事後被李鴻章等查出，李光昭處斬，同治帝也顏面無光，氣勢大減。

七月中，奕訢、奕譞等王公大臣等聯合上奏，明白指陳同治帝親政甫一年，「漸有懈弛情形，推原其故，總由視朝太晏、工作太煩、諫諍建白未蒙討論施行、度支告匱，猶復傳用不已」，其中「工作太煩」當然是指修園一事。奕訢等也語氣嚴重地說，「懈弛」的結果會令「鯁直者志氣沮喪，庸懦者尸位保榮，頹靡之風日甚一日」，希望同治帝能夠「畏天命、遵祖制、慎言動、納諫章、勤學問、重庫款」。奕訢不但照一般程序進呈了奏章，另外為防止同治帝根本不看奏章，甚至將奏章丟去，因此安排了當面將全文誦讀一遍給皇帝聽聽。同治帝拿起摺子草草看了幾行字，便口氣很衝地對奕訢等說：「我停工何如？爾等尚有何嘵舌？」奕訢連忙表示不只停工一事，所奏尚有戒微行、遠宦寺、絕小人、警晏朝、開言路、懲夷患、去玩好等等，乃逐條詳加講述，皇帝一下子被惹惱了，竟氣急敗壞地說：「此位讓爾何如？」叔姪二人針鋒相對的情景，可謂躍然紙上。後來奕訢顯然也動了肝火，一一指出皇帝「微行」的不當，並表明「臣子載澂」是提供消息的人。

同治帝把此次會面視為奇恥大辱，更痛恨奕訢贊助在前，反對在後，言行不一。七月二十九日晨，乃以「恭親王無人臣禮，當重處」為由，盡革其所兼軍機大臣及一切差使，降為不入八分輔國公，交宗人府嚴議。午後福建方面有急奏至，皇帝只好「加恩」恢復奕訢的軍機大臣職務，但他似乎餘怒未消，又在第二天頒布上諭，削去奕訢世襲罔替的親王爵位，降為郡王，而罪名是「每逢召對恭親王時，語言之間，諸多失儀」。同時革去載澂貝勒郡王銜，作為報復。八月初一日，同治帝又下令革惇親王奕誴、醇親王奕譞，御前大臣伯彥訥謨祜、景壽、奕劻，軍機大臣文祥、寶鋆、沈桂芬、李鴻藻等十人的官職，認為他們「朋比謀為不軌」。朝廷重臣幾乎全被革職了，慈禧這才擔心朝政不能正常運作，終於出面干涉，偕慈安急赴弘德殿。據吳汝綸《桐城吳先生日記》記：「兩宮垂涕於上，皇上長跪於下，（太后）謂十年已來，無恭邸何以有今日？皇上少未更事，昨諭著即撤銷云云。」由於慈禧如此訴說恭王的有功有恩，同治帝不得不收回成命，讓十大臣官復原職，並賞還恭王父子一切爵秩。

政治風暴化解了，那麼圓明園呢？當奕訢、奕譞等王公大臣面奏請求停工時，同治帝仍堅持立場，「惟園工一事，未能遽止，為承太后歡，故不敢自擅，允為轉奏也」。但是到了七月二十九日，方從南方回京的翁同龢向皇帝反映輿情，說江南民間議論洶洶，有許多不利的傳言，人心渙散。同治帝迫於現實，考慮中止修園計畫，最後以酌修三海（南海、中海、北海）作為交換條件，與大臣達成了協議，即日降諭停工。這齣喧騰近一年的鬧劇，就此落幕了。視國事如兒戲的同治帝當然更被日後史家判定了其歷史地位。

同治帝親政一年中，他母親慈禧不願舉行的外使覲見禮，在大環境的改變下，他只能接受了。重修圓明園是他母親很盼望實現的事，他卻因手法拙劣，不善設計而以失敗收場。這都是慈禧心頭重新燃起執政掌權的欲望的一些原因吧！

27 同治之死

平心而論，重修圓明園一事，載淳確實是為盡孝心好讓慈禧歸政後有個安適所在生活的，慈禧也熱心贊成此事。然而修園計畫受阻、引起朝廷大政爭時，生母慈禧竟以事不關己、一心為國的姿態出現，把一切責任都推給了兒子，這使載淳感到十分悲傷，心情鬱抑與痛苦是可以想見的。

從同治十三年七月二十九日下詔停止所有圓明園一切工程，到同年十月二十一日皇帝駕幸西苑，其間歷時不到三個月，載淳就病倒了。起初只是著涼，身體微恙，十天後病情加重，延至十二月初五日，載淳終於敵不過病魔，與世長辭了。

同治帝死時年僅十九歲，一個年輕的人怎麼會在三十六天的病痛折磨後就離開人世呢？由於載淳的生活不知檢點、慈禧的權力慾過強、清末的黨爭激烈、滿漢的關係不和等種種因素，從同治帝死亡後，一直到今天，大家對這位頗多爭議的君主的死因解讀各異，有人說是他死於天花，也有人說是他死於梅毒，說者似乎都有理由，但都不能令人完全信服，「同治之死」乃與「太后下嫁」、「順治出家」、「雍正繼統」並列為清朝的四大疑案。

在晚清的公私書檔中就存在同治帝死於天花之說。清朝當時宮廷裡有御醫為載淳看病、用藥以及診斷紀錄的一批檔案，稱為《萬歲爺天花喜進藥用藥底簿》，現存北京一檔館。其中登錄了同治帝患病三十六天之間的脈案、處方以及服用一百零六帖藥材的情況，可謂是有關載淳最後時日的完整記事。另外，帝師翁同龢的日記中也每天寫下了不少病狀以及用藥等實況見聞，也是非常具有價值的史料。上個世紀七十年代，一檔館故館長徐藝圃與北京中醫學界共同利用原始檔案與翁氏日記等資料，研究出一個結論，寫成〈同治帝之死〉一文，他認為：「載淳之死於天花，是確鑿無疑的。……這份系統而詳細的脈案，以鐵的事實證明，載淳絕非是因患梅毒而死的。」

細心的隋麗娟教授，在她的《說慈禧》一書中，提到同治十三年十月三十日後據清宮檔案與翁氏日記可以看出皇帝患病症狀是發燒出疹，起先是「皮膚發出疹形未透」，繼而「疹形透出，挾雜瘟痘」，然後「頭面周身疹中挾雜之痘顆粒透出」，由此可判定同治帝是得了天花。再就當時宮中上下從事的活動來看，如慈禧、慈安到景山壽皇殿祭祀，祈求祖先保佑載淳。宮中各處鋪紅地毯、貼紅對聯，營造一片喜氣，希望痘神娘娘早日將撒下的天花收回。又在大清門外，用紙紮的龍船盛著金銀玉帛，舉火焚燒，使痘神娘娘早日升天，這一切顯然與同治帝得天花有關。不過，十一月二十日以後，痘痂漸落，載淳的病情卻惡化了，身上出現了毒瘡，而且毒瘡在腰部、臀部潰爛如洞，流膿不斷，疼痛不止，臉頰也變得腫硬，牙齦發黑，口中噴出臭氣。其後病入膏肓，藥石罔效，到十二月初五日酉刻（五點左右），皇帝駕崩了。至於不少人以為同治帝死於梅毒的說法，隋教授說可能性不太大，因為梅毒感染十分緩慢，須經過三個發展期，達到全身潰爛致死，至少要五年或更長的時間。載淳顯然沒有那麼長的病史，又沒有確切的史料證實，梅毒致死說應該再研究才好。隋教授又從清宮醫療檔案的記事，推論同治帝的病狀是天花，而不是梅毒的「斑疹大小如蠶豆，形狀為圓形或略帶不規則形」。她以為真正的死因應該是「同治在天花的後期不幸皮膚感染，……這種併發性的皮膚感染愈來愈重，使病人逐漸喪失了抵抗力，最後，皮膚感染發展到發生『走馬牙疳』（即壞疽性口炎）的地步」，導致多重器官衰竭。至於清宮原始檔案與《翁同龢日記》記事大體相同會不會是日後竄改的緣故，她相信不可能。總之，「同治帝死於天花更接近歷史的真實」是她的結論。

另外，大陸學者賈熟村雖然提到「同治帝的死因，有不少人認為『實則為淫創耳。太后不知惡疾，強以天花治之，愈治愈重』。」但是他仍相信《萬歲爺進藥用藥底簿》與現代中醫專家的鑒定，「同治帝係患天花而死」的。

認定同治帝死於梅毒的說法早就有人提到了。如《十葉野聞》一書中說：「時穆宗……與貝勒載澂尤善，二人皆好著黑衣，倡（娼）寮、酒館暨攤肆之有女子者，偏游之。後忽病發，實染梅毒，故死時頭髮盡落也。」《清朝野史大觀．清宮遺聞》中也記：「慈禧又強其愛所不愛之妃，帝遂於家庭無樂趣矣。乃出而縱淫，又不敢至外城著名之妓寮，恐為臣下所睹，遂專覓內城之私賣淫者取樂焉。……久之毒發，始猶不覺，繼而見於面，盎於背，傳太醫院治之。太醫院一見大驚，知為淫毒，而不敢言，反請命慈禧，是何病症。慈禧傳旨曰：『恐天花耳。』遂以治痘藥治之，不效。帝躁怒，罵曰：『我非患天花，何得以天花治！』太醫奏曰：『太后命也。』帝乃不言，恨恨而已。將死之前數日，下部潰爛，臭不可聞，至洞見腰腎而死。」

大陸學者徐徹等人相信以上二說應該有其可信性，同時還舉出二事作為佐證，一是翰林院侍講王慶祺在同治帝死後九天就被御史陳彝上奏參劾，說他「素非立品自愛之人，行止之間，頗多物議」，尤其同治十二年他到河南去任考官時，「撤棘（按：放榜）之後，公然微服冶遊」，引起不少「街談巷議」。王慶祺是被人指為引導皇帝走上邪淫之途的敗壞官員之一，甚至他還是與皇帝發生不正常同性戀關係的人。慈禧接到陳彝參奏之後，隨即革了王慶祺的職務，並且下令「永不敘用，以肅官方」。同治帝如果不是因梅毒致死，慈禧何以會嚴懲王慶祺呢？另一事例是同治帝死後二十天，慈禧又先後將太監總管張得喜與其他太監多人充軍到黑龍江為奴，革去內務府大臣文錫、貴寶二人職務，這些人也都是與皇帝治遊事有關的。

另外，彼時為同治帝治病的御醫之一李德立，在他的脈案等資料中已經隱約地透露一些非天花症狀的消息。其曾孫李鎮在讀了徐藝圃與北京中醫學界合作所寫的論文〈同治帝之死〉後，也發表一篇題為〈同治究竟死於何病〉的文章，文中強調祖父（也就是李德立的長公子）曾經在一九三八年告訴他「同治確是死於梅毒」，並說：「同治梅毒潰爛後，流膿不止，奇臭難聞，曾祖父（李德立）每日必須親自為他清洗敷藥，一個多月來受到強烈惡臭刺激，從此失去了嗅覺。」李鎮的堂兄弟李志綏，曾經是毛澤東的私人醫生，他也說過他家一直口傳同治帝死於梅毒。李氏兄弟「異口同聲」說梅毒致死，而且消息來自給同治帝看病的祖先，此乃親身經歷，雖係口述資料，似乎應有參考的價值。

徐徹除舉出同治死因有梅毒、天花二說外，他還說有人又曾提出疥瘡說與梅毒加天花說，不過他自己「認為同治帝應是死於梅毒」。

在臺灣也有專家們對同治帝之死作過深入的研究。皮國立教授著有〈對同治皇帝死因的一些商榷〉一文，談到滿洲人傳統觀念中視出痘（天花）之可怕甚於猛獸毒蛇，為什麼十一月初八日同治帝「天花九朝」時，「兩宮太后俱在御榻上持燭令諸臣上前瞻仰」呢？這是違反常情的。而且御醫用藥，涼熱雜投，毫無章法可言，醫案是怎麼寫出來的，可信度有多高，不無疑點。不過，懷疑歸懷疑，皮氏在文章的結論中卻說：「關於同治帝之死因一案，就現有資料來看，我認為還是持『天花說』較為妥當。……今天我們只能說同治皇帝『可能』死於梅毒，而很難去否定同治皇帝死於天花的觀察角度與論述。」

倒是歷史小說名家故高陽先生早年在《慈禧全傳・玉座珠簾》中認為同治帝死於梅毒加天花，不同意單純的天花之說。近年丁燕石先生在臺北遠流出版公司刊行的《這一朝，興也太后 亡也太后〔亡・慈禧〕》一書中也斷言：「同治皇帝之死，起因天花，終於梅毒！」他首先整理史料，把《萬歲爺天花喜進藥用藥底簿》、《翁同龢日記》等逐日作了對比，可以看出皇帝的病從證實感染天花到「症界於險」、「症勢重險」、「諸症皆減」、「諸症皆退」、「頂陷漸起，已有放白之勢」、「漿汁已行」，顯然天花已近尾聲，只有「腎虛陰虧」、「咽痛音啞、嗆欬堵脹、腰疼腿痠」等症「未能驟減」，像似病後需要補養恢復的情形，而在此時翁氏日記寫道：慈禧突然找王公大臣們商議皇帝病中「一切章奏及必應請旨之事，擬請兩宮太后權時訓諭」，慈禧又想掌權理政的態勢，已經昭然若揭。然而從十一月十九日起，皇帝的病勢大有轉變。起先是「濕毒乘虛流聚，腰間紅腫潰破，浸流膿水，腿痛筋攣」，後來又發現「臀肉左右潰孔二處流汁」，「外口小而內潰大」。再過幾天，「腰臀瘡口微大，漿汁未減，……每拭膿則欲溺。」到十二月初，竟變得「面頰硬腫，牙齦黑糜，口臭」，「上唇連左腮頰紫黑硬腫，勢欲作膿」，翁同龢記為有形成「走馬牙疳」之勢。加以「大便頻數，所下粘臭黑紅糟粕之物」，「小便短赤」，這已是大小便都出血，病情已經是嚴重而可怕了。延至十二月初五日下午，「皇上六脈散微無根」，不久即「六脈已絕」，灌急救湯藥「生脈飲」也不能下咽，終於酉時去世賓天了。

從以上病情的變化，丁先生以為由「痘疹」、「痘癰」進而為「癰毒」，可能是出現了「併發症」，只是當時御醫也好、大臣也好，甚至慈安、慈禧兩位太后也好，大家都不願提到「梅毒」或「楊梅大瘡」這個不名譽、不光彩的病名，遂以「天花」是同治帝的大病了。丁先生還請教了臺北的著名中醫朱樺，朱大夫說：「痘疹之疹其形如豆，發漿時形如繁星，遍布周身；楊梅之潰口，形如楊梅，色紅暈，瘡口大者如桃李，小者亦如桂圓，膿汁腥臭量多，呈重點發作。」由此可見，同治帝先因天花病倒，其後引起併發梅毒，軀體局部潰爛而死亡。

以上是臺海兩岸學者專家中部分人的看法，各有見地。不過，畢竟沒有絕對可靠的資料，證明哪一說法是歷史實情，希望宮中檔案裡能有更直接的文字出現，為大家說清這一百多年前疑案的謎團。

我個人在此附筆談一下一己的淺見：人的死因除意外猝死之外，一般病死、老死多與以下的一些原因有關：一是身體的遺傳基因。同治帝的父親咸豐帝活了三十一歲，算是短命，同治帝想得到高壽似乎不容易。二是體能的訓練。同治帝對這方面顯然不講究。本來在課業上安排了騎馬、射箭等強化體力的運動，但這位皇帝不喜上課。加上每天要悶坐在養心殿裡「聽政」，以及參加其他政府、宮廷活動等等，同治帝在長大成人的過程中，體能訓練是不夠理想的。三是生活的正常。同治帝的日常飲食，目前沒有完整資料，因而我們不能確知。不過，他的不檢點冶遊行為，應該是事實，這對身體的健康影響很大，甚至染上「淫毒」大病也並非不可能。四是當年醫學知識、醫療設備、醫藥用品都是與今天不能相比的，重病的醫治當然比較困難。同治帝先天的遺傳基因不好，後天的體能訓練又少，加上冶遊損害身體健康，他的免疫力必然很差，加上醫療上的不足，在他多日患病體力耗損之後，任何併發症都可能奪去他的生命，梅毒當然更是有併發的可能。

28 談孝哲皇后之死

孝哲皇后是誰？孝哲皇后就是同治帝的嫡后阿魯特氏，載淳大婚時的首選。同治十三年十二月初五日皇帝駕崩，二十多天後新君載湉即位，改元光緒，兩宮太后頒降懿旨，封阿魯特氏為嘉順皇后。不過這位被新封的皇后在光緒元年二月二十日（西曆一八七五年三月二十七日），也就是她的夫君同治帝死亡不到百日時，突然傳出辭世的消息。宣統年間又給她加謚「孝哲」二字。由於同治帝的謚號是「毅」字，所以有的史書中也稱阿魯特氏為孝哲嘉順毅皇后。

阿魯特氏新寡七十五天，何以就突然死亡呢？清代官方書檔裡都沒有記載。不過，因為她與慈禧的關係不好，日後便產生了不少的傳說。例如《清朝野史大觀・清宮遺聞》裡就有如下的一些說法：

穆宗（按：指同治帝）之喪未百日，孝哲毅皇后亦薨，有謂毅皇后自傷侍疾之無狀，願一死以殉者，故當時曾降諭旨曰：上年十二月，痛經大行皇帝龍馭上賓，毀傷過甚，遂抱沉疴，以表其烈。或曰：是特掩飾天下耳目之言，非實錄也。蓋穆宗疾篤時，慈禧后已訓責毅皇后備至，及上崩，德宗（按：指光緒帝）立，毅皇后以與所草之遺詔不符，劇悲痛，事為那拉氏（按：指慈禧）所知，亟召至，遽批其頰曰：「爾既害吾子，尚思作皇太后耶？」毅皇后跪於地，泣不止，久之，始還宮，益痛不欲生，旦夕悲啼，目盡腫。一日崇綺（按：指皇后生父）入視，知其狀，奏聞。慈禧后曰：「皇后如此悲痛，即可隨大行皇帝去罷。」崇綺出，未移晷，而毅皇后忽薨。……

同書又有一段記事是這樣寫的：

……及帝彌留之際，后不待召，哭而往，問有遺旨否，且手為拭膿血，帝力疾書一紙與之。尚未閱竟，忽慈禧至，見后悲慘，手拭帝穢，大罵曰：「妖婢，此時爾猶狐媚，必死爾夫耶？皇帝與爾何物？可與我。」后不敢匿。慈禧閱迄，冷笑曰：「爾竟敢如此大膽。」立焚之。或曰言繼續事也。順手批其頰無數。慈禧手戴金指甲，致后面血痕縷縷，帝為緩頰，慈禧乃斥令退，不使之送終也。須臾帝崩，故后以片紙請命於父崇綺，父批一「死」字，殉節之志遂決。慈禧之殘忍淫凶無人理如此。

以上記事大概說明：㈠阿魯特氏因喪夫而哀痛過甚得病死亡之事「非實錄也」。㈡慈禧對這位媳婦動輒打罵，甚至打到阿魯特氏臉上「血痕縷縷」。㈢光緒帝繼承大位不是同治帝的心願，阿魯特氏知其事，乃為慈禧所不容。㈣阿魯特氏以身殉夫，是慈禧逼死她的。慈禧為什麼一定要讓阿魯特氏死呢？除了上列文中的遺詔問題之外，還有以下的一些原因。例如：

第一、在同治十一年皇帝大婚選后時，慈禧本來挑中了刑部江西司員外郎鳳秀的女兒富察氏，但是同治帝卻站在嫡母慈安一邊，主張選蒙古狀元出身、後任職尚書的崇綺家的女兒阿魯特氏。選后當然以皇帝之意為主，慈禧無法專權，心中頗為不快，種下日後婆媳不和的根源。

第二、阿魯特氏從小受過良好教育，知書達禮，文才極佳，據說她對唐詩能背誦如流，又雍容端雅，使慈禧由嫉生恨。《清朝野史大觀・清宮遺聞》裡又記：「慈禧好觀劇，毅皇后每陪侍，見演淫穢戲劇，則回首面壁不欲觀。慈禧累諭之，不從，已恨之，謂有意形己之短。」阿魯特氏表現自己高尚，當然就愈顯得婆婆慈禧的俗氣下流了，要慈禧不恨她也難。

第三、婆媳間有了如此的不和，就有宮女好意規勸阿魯特氏，要她對婆婆慈禧多逢迎，別要個性，「否則恐有不利」。阿魯特氏回答：「敬則可，暱則不可。我乃奉天地祖宗之命，由大清門迎入者，非輕易能動搖也。」有人把這些話傳到慈禧耳中，難怪慈禧「更切齒痛恨」她了。

第四、同治帝既然喜歡阿魯特氏，他們婚後的生活必然甜蜜愉快，皇帝顯然對其他妃子冷落了。慈禧看不慣此事，於是下令叫同治帝不該專溺皇后一人，應該與她屬意的慧妃富察氏多培養感情，可以說直接干預了同治帝的新婚生活。叛逆的皇帝心生不滿，促使他更遠離慧妃，甚至獨自搬到乾清宮過夜。慈禧當然大怒，把這筆帳也一併算到阿魯特氏的頭上。

如果上面的傳聞都是事實，單純耿直的阿魯特氏與心狠手辣的慈禧必將發生婆媳大戰。阿魯特氏當然不是對手！慈禧終於對皇后的父親崇綺說出：「皇后如此悲痛，即可隨大行皇帝去罷。」這些文字就相當於阿魯特氏的死刑判決書。

阿魯特氏死後不久，有位御史竟出面為她說話，請求清廷表彰其節義，《清史稿．后妃列傳》裡記：

> （光緒）二年五月，御史潘敦儼因歲旱上言，請更定謚號，謂：「后（按：指阿魯特氏）崩在穆宗升遐百日內，道路傳聞，或稱傷悲致疾，或云絕粒實生，奇節不彰，何以慰在天之靈？何以副兆民之望？」

這位潘御史也真大膽，如此行文，豈不是在攻擊慈禧？當時慈禧已再度垂簾，重掌大權，於是「太后以其言無據，斥為謬妄，奪官」。可見「道路傳聞」阿魯特氏並非善終，而是因悲成病致死，或是絕食而亡。同書〈潘敦儼傳〉則說阿魯特氏「仰藥殉」。

潘御史的話應該不是空穴來風，信口揑膿，當時的著名人士也有談到阿魯特氏意圖尋短，是死於自殺的，如李慈銘《越縵堂日記》稱：「上崩，后即服金屑，欲自殺以殉，救之而解。」同治帝的老師留下資料編成的《李鴻藻先生年譜》則記：「其後之崩，蓋絕食也。」

也有人以為阿魯特氏之死與慈禧堅決不為同治帝立嗣有關，因為同治帝如有後嗣繼承為君，則阿魯特氏是名正言順的皇太后，慈禧則變為太皇太后了。新皇帝如因年幼而實行「垂簾聽政」，則坐在黃色紗屏之後的應屬阿魯特氏，決不能再是慈禧。政治鬥爭向來是殘酷的事，慈禧能不逼死阿魯特氏嗎!?

總之，阿魯特氏是位悲劇性人物，她的死應該是與慈禧有關的。

29 兄終弟及

清朝皇位繼承制度可以從兩方面去看：一是父死子繼制。從清太祖努爾哈齊一直到同治帝載淳，都是父子相承的。另一是儲位由誰指定，或者說是如何指定繼承人。在康熙以前是採行「世選」制，在部族或國家領導人去世後，由親貴王公與元老重臣一同開會推舉，清太宗皇太極、順治帝福臨、康熙帝玄燁都是這樣成為皇帝的。康熙執政之後，仿效漢人的「世襲」制度，以嫡長子為當然的繼承人，這是農耕社會的傳統，比游牧社會「世選」制要安定不易發生爭執。可是當時守舊勢力仍很大，以致造成康熙末年廢儲的不幸事件，直到雍正繼統，爭繼餘波依然存在，皇家骨肉相殘了很多年才告平息。雍正帝是康熙晚年爭奪皇位的過來人，所以他發明了一套「儲位密建法」，這方法是借用他父親康熙帝的部分設計而發明的，就是在皇帝活著的時候，先祕密地指定一個繼統人選，但這位繼承人不限於嫡長子，而是父皇認為是最合適而有才有德的人。這種密建儲位的方法可以說兼採了「世襲」與「世選」之長，使國家領導能在和平安定中傳承下去。從乾隆到道光三代，清朝都是用「儲位密建法」決定皇位繼承的。咸豐帝只生了載淳一個兒子，當然也不需要「密建」，載淳就是當然繼承人。可是同治帝沒有子嗣，他死後皇位繼承發生問題了，誰來繼承呢？如何選定繼承人呢？

可能是自清末以來，大家對慈禧印象不好，小則看她是個自私守舊的婦人，大則說她是貪權誤國的禍首，因此在同治帝死後皇位繼承的大事件上，有關她的傳說也最多。

《清朝野史大觀．清宮遺聞》中有這麼一種說法：

> 孝欽后（按：指慈禧）泣語諸王曰：「帝疾不可為，繼統未定，誰其可者？」或言溥倫長當立。惇親王言溥倫疏屬不可。后曰：「溥字輩無當立者，奕譞長子今四歲矣，且至親，予欲使之繼統。」……

清朝皇家子孫命名的輩分（排行）用字，自康熙年間接受漢人的文化傳統以來，已預定了「胤」、「弘」、「永」為三代用字，而人名的下一字也規定了「示」、「日」、「玉」三種偏旁，以示與皇室的親疏程度。如雍正一輩，兄弟們的人名有胤礽、胤祉、胤禛……胤祕等等，「胤」字是輩分用字，「示」字偏旁則表示是不是康熙的嫡系皇子。胤禎登基後，為伸張皇權，表示唯我獨尊，讓其他兄弟輩分用字改「胤」字為「允」字，那是特例。乾隆一輩，皇帝叫弘曆，其他兄弟有弘時、弘晝、弘瞻等等。嘉慶帝本名是永琰，其他兄弟有永璜、永珹、永璘……等等。乾隆帝在位時曾預定子孫輩分用字，延續康熙帝所定的，在「永」字輩下加了「綿」、「奕」、「載」三字；道光帝又「豫擒吉語」，在「載」字輩下增添了「溥、毓、恆、啟」四字，不過清朝在「溥」字輩一代——宣統皇帝溥儀為君時就遜位亡國了。

咸豐帝名奕詝，同治帝名載淳。同治帝死後因無子而發生了無直系血親繼承的問題，「儲位密建法」當然無法實行，父死子繼的傳統也無法實現。慈禧與王公大臣們集合討論此一重大事件時，有人認為「溥」字輩的溥倫因年長可以繼承，但惇親王奕誴卻以為「溥倫疏屬不可」。原來溥倫的祖父是道光帝的長子奕緯，從「緯」就可以知道他與奕詝、奕訢、奕誴、奕譞這些「言」字偏旁的兄弟有著親疏的不同，而且溥倫的生父載治又是過繼給奕緯當兒子，因此從血統上來說，溥倫確實疏遠了一些。

另外，《清鑒》一書中記：同治帝在死亡之前曾口授遺詔，命令他的老師李鴻藻代為書寫，凡千餘言，不過最重要的內容是：「國賴長君，當令貝勒載澍入承大統。」於是，「鴻藻奉詔，馳赴儲秀宮中，請急對，出袖中詔以進。西太后大怒，碎其詔，叱鴻藻出宮，移時帝駕崩。」載澍原是奕瞻的兒子，後來過繼給了道光帝第九子奕譓為子，襲貝勒爵位。載澍和同治帝載淳同輩，而且也是血統較疏的人選。

還有《異辭錄》中有另一種說法：

……兩宮召見內廷行走、御前、軍機、內務府王公大臣，弘德殿行走、南書房行走諸臣與焉。慈禧皇太后問曰：「皇帝賓天，天下不可無君，孰為宜？」皆伏泣，不知所對。慈禧皇太后目視恭邸而言曰：「奕訢其為之？」恭邸悲痛絕於地。慈禧皇太后復徐言曰：「汝不欲任天下之重耶？其令奕譞之子入嗣。」醇邸亦昏絕於地。惇邸進言曰：「然則今上不為立後耶？」兩宮如弗聞焉而入內。……

這是試探恭親王奕訢當皇帝的一說。

其他如《慈禧外紀》一書中也有記慈安有意讓奕訢之子載澂繼位的，並說「恭王在下聞之，叩頭言不敢」。

以上各書所記，有的全不可信，有的似是而非，例如慈禧要恭王繼統，這簡直近乎笑話，恭王是同治帝的親叔，哪有姪子死後由叔叔繼承的，顯然是不合情理了。載澍與同治帝同輩，但他的生父是奕瞻，不是咸豐、同治二帝的直系血親，慈禧與王公大臣們都不贊成。至於溥倫確是同治帝的晚一輩，符合父子相承的原則，但如果由他繼統，且不說親疏的問題，慈禧是他的祖母一輩身分，他登基後，慈禧就立刻成為太皇太后了，那也就注定慈禧不能再垂簾聽政了，貪權而對政治有野心的慈禧願意嗎？所以我們還是來看看當時參與繼位國君人選討論的翁同龢的親身見聞吧。《翁同龢日記》對當時情形作了如下的紀錄：

……戌正（晚間八時），太后召諸臣入，諭云：「此後垂簾如何？」樞臣中有言宗社為重，請擇賢而立，然後懇乞垂簾。諭曰：「文宗（按：指咸豐帝）無次子，今遭此變，若承嗣年長者實不願，須幼者乃可教育。現在一語即定，永無更移，我二人（按：指慈安、慈禧）同一心，汝等敬聽。」則即宣曰：「某。」維時醇郡王驚遽敬唯，碰頭痛哭，昏迷伏地，掖之不能起。諸臣承懿旨後，即下至軍機處擬旨。……

醇親王奕譞為什麼「碰頭痛哭，昏迷伏地」？原來慈禧當眾指定的這位「某」（為避諱，不書名），正是奕譞的兒子載湉，醇王聽到這項宣布，他是真嚇壞了，或是演戲裝的，我們不得而知。不過慈禧明快專斷地以載湉為皇位繼承人，則是把她的私心、戀權表露無遺了。因為載湉當時才四歲，生母是慈禧的胞妹，這樣的關係是夠親的了，而且符合「須幼者乃可教育」這一條件。尤其載湉與同治帝是堂兄弟，他當皇帝，慈禧還是皇太后，垂簾聽政就是合制度的。

慈禧指定載湉繼統，是兄終弟及，不是父子相承，因而有人批評慈禧破壞了清朝皇位繼承的制度，引起什麼是清朝繼統「家法」的爭論。

30 光緒繼統餘波

從清朝建立政權以來，皇位與皇權幾乎是同義詞，誰當了皇帝，誰就執掌皇權。可是同治登基之後，他雖居九五之位，但治國大權卻操在垂簾聽政的兩宮太后之手。甚至到他親政之後，也還不能完全得到皇權，這是清初以來不見的事。另外在「儲位密建法」原始設計中，皇位繼承人的指定是皇帝的特權，其他皇室成員或王公大臣是不能過問的。然而慈禧垂簾之後，淫威樹立了，光緒的繼統完全是她一人專斷決定，而且改變父子相承為兄終弟及，在在都說明了慈禧破壞「家法」。

載湉繼承大統已成定局，在慈禧的命令下，一部分大臣帶領著儀仗隊伍去迎接新皇帝入宮了。據《慈禧外紀》說：「此時已過九鐘，狂風怒號，沙土飛揚，夜間極冷。但慈禧於此緊要時機，不肯片刻耽延，立即派兵一隊，往西城醇王府，隨以黃轎一乘，用八人抬之，迎接幼帝入宮。」《翁同龢日記》載：「遣御前大臣及孚郡王等以暖輿往迎，寅正一刻（凌晨四時十五分）聞呼門，則籠燭數支入自門矣。余等通夜不臥，五鼓出。」《述庵祕錄》記：當夜小皇帝被迎入養心殿時，「輿中猶酣睡矣」。第二天，慈禧就命令六部、九卿等衙門官員妥議垂簾章程，十二月初九日宣布以明年為光緒元年，光緒者，「纘道光之緒也」，也就是繼承道光傳下來的皇位之意。光緒元年正月二十日（西曆一八七五年二月二十五日）在太和殿為載湉舉行登基典禮，接受百官朝賀，至此，由光緒小皇帝入承大統，兩宮太后二次垂簾聽政的局面，正式宣告形成。

慈禧在這段期間的作為，充分暴露她「利幼君可專政」的野心，王公大臣們雖心知肚明，但懼畏她的淫威，大家都不敢有強烈的反應，只有少數官階不高的人做了一些抗議，而且還是在婉轉不高調的情形下進行。例如內閣侍讀學士廣安就是首先發難的人。他對慈禧宣稱的「醇親王奕譞之子載湉，著承繼文宗顯皇帝為子，入承大統，為嗣皇帝。俟嗣皇帝生有皇子，即承繼大行皇帝（按：指同治帝）為嗣」一事，表示質疑，認為「今日之舉，太后不立孫而立子，實開愛新覺羅氏未有之奇，此後必有變局」。他又以宋初太祖、太宗、真宗的繼承糾紛為例，奏請朝廷鑄鐵券為憑，謂：「我皇上（按：指光緒帝）將來生有皇子，自必承繼大行皇帝為嗣，接承統緒。第恐事久年湮，……請飭下王公、大學士、六部、九卿會議，頒立鐵券，用作奕世良謨。」慈禧看到廣安的奏疏之後，非常氣憤，但在國喪期間，她不能過分嚴處廣安，只「傳旨申飭」。不久御史潘敦儼又藉同治皇后阿魯特氏的慘死之事，上奏要求慈禧賜以美謚，「表揚穆后，以光潛德」，實際上這又是暗諷慈禧的專權與殘忍。結果潘御史得到「褫職」的處分。

比起廣安、潘敦儼二人以隱約與委婉的上書來表示不滿，吏部一位官員叫吳可讀，他的行動，真可稱為驚天地泣鬼神了，因為他以「尸諫」的激烈做法，給慈禧一大痛擊。吳可讀是甘肅蘭州人，道光三十年（一八五〇）進士，後任御史，因個性耿直，不附權貴，上書言事，在同治十二年（一八七三）遭降調為吏部主事。光緒五年（一八七九）初，同治帝奉安惠陵，吳可讀藉恭送梓宮安葬的機會，在完成典禮之後，返回京城途中，於薊州旅次，服毒自殺。他留下遺書，公開指責慈禧強立載湉為帝是「一誤再誤」，揭露慈禧所謂「俟嗣皇帝生有皇子，即承繼大行皇帝為嗣」完全是個騙局。要求兩宮太后「再行明白降一諭旨，將來大統仍歸承繼大行皇帝嗣子」，以使清朝「以父傳子」的祖宗家法不致「移易」。吳可讀的「昧死具摺」其用意非常明顯，就是批判慈禧破壞了清朝祖制，而找來一個她的姨姪當繼承大位的人。

「尸諫」的例子在清朝歷史上從未發生過，因此這件事在當時引起「朝野驚愕」。慈禧畢竟在第一次垂簾時得到了不少經驗，她這一回表現得相當鎮定，她沒有像對廣安、潘敦儼上書事件那樣處理，反而以退為進，承認吳可讀的建議是很好的，也是值得大家討論的，以此先安定公眾情緒。她命令有關官員到內閣看看吳的奏摺，並各抒己見。逢迎慈禧的王公大臣們於是紛紛上奏表示了意見，如禮親王世鐸說：吳可讀「未能深知」我朝家法，「亦尚未能細心仰體」皇太后的懿旨本意，事實上所提的看法與兩宮太后的沒有不同，對於這種純屬妄議的奏章，可以「毋庸置議」。

大學士徐桐、翁同龢、潘祖蔭等則奏稱：「我朝家法，不建儲貳，此萬世當敬守者也。」吳可讀要預定繼統人選，反而是破壞祖訓了，極為不是。

國子監司業張之洞也上奏批評吳可讀堅持皇上生子即定為先帝子嗣是「將類建儲」，立儲是家法不許可的，是「大戒」，決不可行。

另外，寶廷、黃體芳等人也不顧「死者為大」的中國仁厚傳統，有的罵吳可讀「神智昏亂」，有的嚴辭批判其行為，顯見大臣一面倒地支持慈禧，吳可讀變成白死了。慈禧見到有利的輿論已經形成，她開始發言了，她說：「吳可讀所請預定大統之歸，實於本朝家法不合。皇帝……將來誕生皇子，自能慎選元良，纘承統緒。」她沒有太嚴厲地斥責吳可讀，反而認為他「以死建言，孤忠可憫」，「著交部照五品官例議恤」。吳可讀原本是七品小官，慈禧現在給他加了兩級，也算是增添他身後的哀榮了。同情吳可讀的人也因此稍得安慰。

慈禧如此結束這次「尸諫」案，表現了她的應變能力極佳，而且得到雙贏的效果，因為她不單是為自己立光緒帝的私心製造了理論根據，同時也打壓了大家對她不滿的情緒，化危機為轉機。

慈禧的政治智慧與手段真是不可小看的！

31 二次垂簾

同治帝是在同治十三年十月三十日得天花的，當時他親政還不到兩年。七、八天之後，經過御醫的悉心醫療護理，皇帝的病情有了所謂「由險漸化為平之象」，十一月初八、初九日，慈禧連著兩次在御榻旁召見軍機大臣、御前大臣等，授意他們請求「兩宮太后權時訓諭」。「權時訓諭」的意思，簡單地說就是請兩宮太后暫理政務，即變相的垂簾聽政。為時僅三個月，至明年二月十一日止。想不到慈禧在兒子偶爾染疾且病情轉佳時，竟然耍此手段，再自導自演地「俯允權宜辦理」。這比乘「屍骨未寒」奪權還要殘忍，還要顯得情何以堪，她對權力的貪婪形象實在太醜惡了，同治帝還在病中，她就迫不及待要先抓權。

同治帝病危時，她又在決定皇位繼承人一事上暴露了她的真正政治野心。皇太后「披覽裁定」一切摺件的大權雖已獲得，但未來皇帝是誰呢？如果是年長的繼任，垂簾的事便不可行了。如果新的國君有重量級大臣支持，或是出自皇室中一派有實力的家族，兩宮太后垂簾也必不能長久，無法實際掌權。慈禧在這些方面必然苦心思索、苦心籌畫。

十二月初五日晚，同治帝歸天，慈禧立即召開御前會議，並在會上提議：「此後垂簾如何？」這比「權時訓諭」更一步地名正言順執政，她以此來試探大臣們的意向。結果大臣中有人說：「宗社為重，請擇賢而立，然後懇乞垂簾。」說實在的，這些大臣並沒有反對太后垂簾，只是希望「擇賢而立」。可是慈禧連這也聽不進，因為擇賢必然找一位年長懂事的，而且是賢能的人來繼承皇位，這是犯了慈禧大忌的，是她萬萬不能同意的，因此她毫不猶豫也毫不理會他人建議地說：「文宗（按：指咸豐帝）無次子，今遭此變，若承嗣年長者實不願。須幼者乃可教育。現在一語即定，永無更移，我二人同一心，汝等敬聽。」她就隨即宣布了皇位繼承人為載湉。

載湉繼統已成定局之後，慈禧便下令六部、九卿等衙門官員妥議垂簾章程，接著宣布改元光緒，並在光緒元年正月二十日為小皇帝舉行登基典禮，兩宮太后的二次垂簾聽政當然也合法上場了。

據上可知：慈禧從她兒子生病到病危，到死亡，短短三十幾天當中，一氣呵成地安排了「權宜辦理」政務，進而確定二次垂簾，再獨斷指定皇位繼承人，可謂有效率的精心設計工程，她的智慧、能力與膽識也從而得到明顯的證實。比起第一次垂簾時不太諳習朝政、不完全了解官場情形來說，這一次的手段與政權運作確是熟練多了，高明多了，真是教人讚賞。尤其她「一語即定」載湉為皇位繼承人，更是凶辣之極。她明知這是違反祖宗制度的，但她為了一己的私利，獨斷獨行地做了，因為她認清載湉入繼咸豐帝為子，她還是身居母后地位，還能聽政，還能掌握皇權，她把皇位與皇權作了切割。同時載湉是她胞妹所生的兒子，關係密切。載湉的生父醇親王奕譞對她一直俯首聽命，比奕訢恭順很多，未來問題不大。還有載湉年僅四歲，距離親政的時間還早，至少有十多年的歲月可以垂簾聽政。慈禧的想法是有前瞻性的，做法是現實功利的，她真是可以視為一位凶狠成功的政客。

慈禧的厲害其實還可以在她二次垂簾後的一些行事上看得出來。且不說她對廣安、潘敦儼、吳可讀這些人的不滿、反抗行動處理得相當得當，她對朝廷重要官員的態度更是值得一述。我們知道在同治帝未親政前，中央位高權重的軍機大臣最初是奕訢、桂良、寶鋆、沈兆霖、曹毓英、文祥六人。後來桂良、沈、曹三人相繼過世，其間又增補了三人，但也有任職不久即辭世的，所以換人是自然更迭，不是犯罪或其他原因而失職免任、罷革的。從同治七年（一八六八）開始，出任軍機大臣的是奕訢、文祥、寶鋆、沈桂芬、李鴻藻等五人，到同治帝駕崩時都沒有變化過。

慈禧二度垂簾後，沒有像一般政府機構，為了氣象一新，重組中央核心組織，她仍然由原班人馬掌管軍機處，處理國家大政。一方面因為這批人多是元老重臣，在朝野都很有威望，而且他們歷練夠，能力也強，對政府運作有利。另一方面，不改組政府班底，必然比較安定，人事糾紛與官位爭奪之事也不會發生，對兩宮也有利。

不幸的是光緒二年（一八七六）五月文祥病故，奕訢一時失去了重要幫手，從此他更依賴寶鋆一人了。寶鋆的政治經驗豐富，對西洋事務也有相當了解，而為人開明有涵養，與奕訢相處融洽，所以能愉快地在一起工作。倒是漢人軍機中沈桂芬與李鴻藻互有芥蒂，而各執己見，時常發生矛盾。

慈禧看見中樞這個治國班子「卒至群而有黨，未克協恭」，當然有些憂心。不過她知道二次垂簾伊始最需要的是政局穩定，因此她對大家採取若無其事的態度，裝著對奕訢等滿人軍機有感恩「畏懼」之意，對漢人軍機也不會「頤指而器使之」。一般說來，她信任大家、尊重大家，這確是明智之舉。當然她也是有條件的，那就是任何人都不能侵犯她的「皇權」。

32 南、北黨爭與清流

二次垂簾後慈禧對軍機大臣雖採取忍讓態度，力求政局穩定，但是她卻在大臣間製造矛盾來鞏固她的地位與特權。

早在同治年間，軍機大臣、內閣大學士以及六部重要官員之間，就已經出現政見不同的現象。奕訢、文祥等人雖強調以禮立國，卻又主張效法西洋，常有一些突破儒家傳統的政策提出；而朝中大臣守舊的仍然很多，特別是作為帝師的李鴻藻、倭仁、翁心存等人，他們則「好談(朱子)語錄」，對倡導以練兵製器為主的洋務運動甚為不滿，認為是擅改祖制。雙方想法大不相同，因而成見日深。

還有文祥等引薦沈桂芬入軍機處，也使得兩派關係變得更壞，因為沈桂芬追隨奕訢，又「諳究外情」，是個十足的洋務派，他晚進軍機處，竟成為草擬諭旨、批答奏章的「主筆」，這令李鴻藻更為不服，大家凡事「均不肯符合」，乃成為經常的現象了。

李鴻藻與慈禧關係較近，但在軍機處顯得勢單力薄，可能是在慈禧的默許下，他多方推薦有品德的「端士」，因而有一批新進的御史、翰林與他結成一幫，尤其對他的直隸同鄉張之洞、張佩綸給予提攜，確實壯大了他的勢力。由於被引拔的人中多是北方人，時人稱為「北黨」。「北黨」人士時常進呈奏章，攻擊沈桂芬「既無公事之法，又不實修戰備」，甚至說「（沈）勢燄愈強，中國危端立至」。李鴻藻還進一步請他的盟兄內務府大臣榮祿，向慈禧請求將沈桂芬趕出軍機處，黨派之爭已經顯得相當嚴重了。

沈桂芬也不甘示弱，他也設法讓他的學生湖南巡撫王文韶當上軍機重臣，以增強自己的實力。沈、王二人籍貫中國南方，因此被人目為「南黨」。從此南、北兩派勢力就在軍機處與中央政壇上互鬥了起來，而實際上他們各有靠山，那就是奕訢與慈禧在幕後操控。

光緒六年（一八八〇），沈桂芬病逝，李鴻藻在軍機處的地位上升了。「北黨」人士藉當時雲南軍費報銷不實案，對任職戶部尚書的王文韶作了無情的攻擊，說他「賦性貪邪」，「才不足以濟奸，而貪可以污國」，結果把王文韶拉下了臺，黯然地回了老家。不久李鴻藻又指使張之洞對奕訢的另一大助手董恂，進行批判，董恂等人也被罷革了。奕訢大傷元氣，也顯示了奕訢在軍機處裡的人事被慈禧打垮。

與此同時，在晚清政壇上又出現了一批敢於講話，敢於抨擊時政的文人學士型官員，他們的官位不高，權力不大，但是他們以提倡氣節、清高自負聞名。對於當時國家事務，「上自朝政之闕，下至官方之邪，微及閭閻之困，無不朝聞事目，夕達封章。」這些人很快地出了名，形成一股政治力量，時人稱為「清流黨」。

清流的力量在當時怎麼能夠形成呢？原來在辛酉政變以後，兩宮太后垂簾是清朝從來不見的政體，對傳統儒家社會而言，也是不易為大家所接受的。奕訢為爭取更多人的支持，有心聯絡中外，以塑造良好形象。叔嫂們都同意讓關心國事的人有討論時政的機會，於是「申諭中外大小臣工，嗣後於朝廷用人行政，各有所見，務當切實直陳」，以備中央施政參考。如此一來，官員言論的尺度放寬了，言路變得通暢了，執政者的利用工具又更有效了。慈禧利用蔡壽祺的上奏而參劾奕訢，免其議政王之銜，就是早期明顯的一例。

慈禧嘗到甜頭之後，當然把握機會，對清流人士假以顏色，有意籠絡，以樹立自己的絕對權威。有時候對清流彈劾的人與事，尚未獲得真相，慈禧即下詔處置，所以一時言路生風，無所顧忌地論人論事，當然這批清流人士也大多能了解一件事是，論事應有立場，最好從改革弊政、整飭紀綱上著眼，否則也會傷害自己的。不過，慈禧慫恿他們卻不在乎正義公利與否，她關心的是政權的問題，因此她不但利用清流打擊奕訢，她也利用清流翦除地方上的實力派，如曾國藩、李鴻章等等，曾、李二人都嘗到清流人士「無根浮言」的「挑剔細故」，不得不把湘軍與淮軍的力量減弱，使之不致形成對朝廷的威脅。如此收拾將帥疆吏的大權，當然可解除慈禧與中央親貴的憂慮。清流勢力愈大，好像朝廷愈感安全，但是此風一盛，慈禧也難免惹火燒身。例如同治帝親政後不久，下令重修圓明園，清流黨就出面連章諫阻，逼得皇帝與慈禧都得臨時下令停止工程。其後皇后阿魯特氏的死亡以及光緒的繼統等大事件，清流人士都表示了關心，甚至有吳可讀激烈的「尸諫」行動，清流黨的氣節風骨與不畏強權，確是教人欽佩，但是被野心的政客利用那就應受歷史批判了。

誠如張之洞說的：「自咸豐以來，無年不辦洋務，無日不講自強。……事閱三朝，積弱如故。」這當然給了「年少喜言事」的人有評論之資。尤其到光緒時代，講洋務的人不但要「強」，還又求「富」，結果卻是「求強不強，求富不富」，而外來侵略使中國不是增開商埠，就是割地賠錢。「清流橫甚」是必然的了，政局也更為不安了，慈禧與奕訢的鬥爭益形白熱化地搬上了檯面。

33 慈安之死

可能是慈禧的利己心重、貪權慾強，以及先後兩次垂簾期間不顧國家利益的種種表現給大家的印象太差，所以清末很多大事的爛帳都算到她身上了，慈安太后之死就是一例。

從同治登基到光緒繼統，兩宮太后垂簾聽政時，表面上看二人相當合作，似乎沒有什麼大的衝突事件，當然若說完全融洽、從無齟齬也是不可能的，至少我們可以看到以下一些事件是她們兩人有歧見的，甚至可以說是發生過鬥爭的。一是安得海被殺事（詳見本書第四十九節）。安得海是咸同時代的太監，頗得慈禧賞識，當上了總管太監。有人說慈禧殺肅順、貶奕訢等大事，安得海都曾參與，並為慈禧的得力幫手。這個太監又在宮中培植黨羽，氣燄高張。同治八年（一八六九）七月，他在慈禧的默許下，竟乘船離京去江南「採辦龍袍」，一路招搖，抓差納賄，結果在山東被巡撫丁寶楨查拿。因為清朝自順治朝就訂定法條，明文禁止太監私自出皇城，安得海確實犯了大禁令。消息傳到京城，慈安與奕訢乘慈禧生病之時，下令將安得海在山東就地正法。另一件事是同治大婚選后時，慈安推薦的人選勝出，這也是令慈禧耿耿於懷、對慈安不滿的。因為這些矛盾，加上慈安死得太突然，不少人就懷疑慈安之死必與慈禧有關，甚至有人以為慈禧謀殺了慈安。例如惲毓鼎的《崇陵傳信錄》中記：

> 十一日（按：應為初十日），慈安閒立庭中，倚缸玩金魚，西宮太監捧盒至，跪陳曰：「外舍頃進克食（滿洲語牛奶餅之類），西佛爺（按：指慈禧）食之甚美，不肯獨用，特分呈東佛爺（按：指慈安）。」慈安甚喜，啟盒，拈一餅對使者嘗之，以示感意。旋即傳太醫，謂東聖驟痰厥，醫未入宮，而鳳馭上昇矣。

慈禧為什麼送「克食」（按：滿洲語Kesi，意為點心）毒害慈安呢？照惲毓鼎的說法，不是因為安得海被殺或是同治大婚選后的事，他暴露了另一樁天大的祕密事件：

> 相傳兩太后一日聽政之暇，偶話咸豐末舊事，慈安忽語慈禧曰：「我有一事，久思為妹言之。今請妹觀一物。」在篋中取卷紙出，乃顯廟（按：指咸豐帝）手敕也，略謂：

葉赫氏祖制不得備椒房，今既生皇子，異日母以子貴，自不能不尊為太后，惟朕實不能深信其人，此後如能安分守法則已，否則汝可出此詔，命廷臣傳遺命除之。慈安持示慈禧，且笑曰：「吾姊妹相處久，無間言，何必留此詔乎？」立取火焚之。慈禧面發赤，雖申謝，意怏怏不自得，旋辭去。

這是說咸豐帝生前知道慈禧「不能深信」，遂預留遺詔給慈安，當慈禧不「安分守法」時，可以傳遺命於廷臣，殺掉慈禧。老實忠厚的慈安後來把此事告訴了慈禧，並當面燒燬了這件遺詔，由是觸動慈禧的殺機。

惲毓鼎是光緒帝的日講起居注官，經常在皇帝身邊與宮中行走，他的記述應該有些真實性。加上其他的傳聞，慈禧害死慈安的說法就流傳起來了，而且被一般人所接受，甚至直到今天，不少人還相信慈安之死是與慈禧有關的。像《清朝野史大觀》這部書就是與惲毓鼎的說法大致相似。還有《述庵祕錄》、《十葉野聞》二書，也都寫了慈安吃下慈禧贈送的「糕餅」、「點心」、「小食」後「逾數時薨」。至於慈禧為何要毒害慈安，二書中則提出：㈠兩宮太后為東陵祭祀位置先後的問題，引起不快；㈡慈安幾次痛責慈禧與金姓伶人過從親密，令慈禧不樂，因而萌發了殺機；以及㈢兩位太后為李蓮英事鬧翻，不久就有「慈安暴崩之事」等不同的原因。與上述諸書稍異的是《清稗類鈔》，其中記：「或曰：孝欽（慈禧）實誣以賄賣囑託，干預朝政，語頗激。孝貞（慈安）不能忍，又以木訥不能與之辯，大恚，吞鼻咽壺自盡。」這是吞物自殺說。祕錄、野聞這類隨筆文章當然不能盡信。官書《清實錄》記：「（光緒七年三月）初九日慈躬（按：指慈安）偶爾違和，當進湯藥調治，以為即可就安。不意初十日病勢陡重，痰湧氣塞，遂致大漸，遽於戌時仙馭升遐。」這些文字顯然在當時與日後也不能讓大家完全信服。那麼，慈安薨逝的事我們應如何看待呢？我想還是先讓我們看看當時人的親身見聞吧！

翁同龢當時是光緒帝的老師，任書房毓慶宮行走，且參與國家大事，有關慈安的死，在他的日記中也有不少記載。他說光緒七年三月初十日（西曆一八八一年四月八日）晨，「慈安太后感寒停飲，偶爾違和，未見軍機」。不過當天夜間有人送信來，「云聞東聖上賓」，可見慈安的死可以謂為「暴斃」，不到一天就過世了。翁同龢又記下他凌晨入宮後看到御醫為慈安開的五次藥方：「待至丑正三刻開乾清門，急入，到奏事處，則昨日五方皆在，晨方天麻、膽星，按云類風癇甚重。午刻一方按無藥，云神識不清牙緊。未刻兩方雖可灌，究不妥云云，則已有遺尿情形，痰壅氣閉如舊。酉刻一方云六脈將脫，藥不能下。戌刻仙逝云云。」從上開藥方來看，御醫為慈安治病應該說沒有延誤，只是病發得突然，惡化得也快，更不見有被毒死的跡象。翁同龢後來奉命為慈安治喪，所以他的日記裡還紀錄了兩件值得大家注意的事：一是慈安死後，王公大臣們到了慈安的寢宮鍾粹宮，慈禧不但在場，還命令太監揭去了「面冪」，讓大家「瞻仰」慈安的遺容。當時有惇親王奕誴、醇親王奕譞、惠親王綿愉三王，公伯彥納謨祜、御前大臣、軍機大臣、毓慶宮行走、南書房行走、內務府大臣等人「哭臨」行禮。翁同龢是「毓慶宮行走」，他親自看了遺容，但沒有紀錄任何身體上有中毒的痕跡。二是翁同龢是治喪人員之一，他看到了慈安的棺木「金匱」，形容「甚大」。這與野史裡說的「棺材甚小」是不一樣的。而且慈安在死後第二天大殮，是符合清宮禮制的，決不是如野史中說的草草入殮或提早入殮，以免被人看到慈安中毒「面色發紫」、「七孔流血」的慘狀。總之，從當事人翁同龢的文字記事，我們似乎可以了解：慈安突然生病死亡，治療沒有耽誤，治喪也是按照清宮制度處理。慈禧因對慈安有仇恨，下手毒殺，乃至不予厚葬等等小說家言，顯然都是無稽之談。

惲毓鼎《崇陵傳信錄》的克食致死說與咸豐遺詔說，實在衍生出不少問題。惲氏雖任職宮中，言論或可有據；但是他畢竟是日後保皇黨的一員，十分同情光緒帝與康梁集團，他的言論帶有帝后黨爭一邊的色彩也是大有可能。況且《翁同龢日記》中還有一些記事是一直被人忽略的。如同治二年二月初九日條云：「慈安皇太后自正月十五日起聖躬違豫，有類肝厥，不能言語，至是始大安。」又如同治八年十二月初四日條又記：「昨日慈安太后舊疾作，厥逆半時許。傳醫進枳實、萊菔子等。」文中「肝厥」、「不能言語」、「厥逆」等詞，都是說明慈安有突然昏倒、失語的老毛病。現代中醫都認為慈安當時確患了腦血管疾病，病發中風昏厥死亡是極為可能的。

除了病情分析之外，我們若從政治觀點上來看，慈禧似乎也沒有必要害死慈安，因為慈安根本不具政治野心，論才智學識以及理政的手段，慈安無一能與慈禧相比。見過慈安的人常說她「吶吶如無語者」。由於才學、經驗不足，慈安對大臣奏章「或竟月不決一事」。這樣一個毫無威脅的人，而且自共同聽政以來，兩宮從未發生過大衝突，如此夥伴，慈禧有必要殺害她嗎？當然這是我個人的想法，深宮之事，諱莫如深，誰也不能絕對保證此事與慈禧無關，但願將來有可信的史料出現，解決這一謎案。

34 甲申易樞

光緒十年，西元一八八四年，以中國傳統干支計，歲次甲申。這一年，清朝中央發生了人事大變動，軍機處的所有重要樞臣全都換了人，史稱「甲申易樞」。

說起這次軍機處人事改組，應該從以下幾方面來作觀察：首先是中央政府當時存在黨派鬥爭的問題。上面已經談到有北黨、南黨，還有一些「年少喜言事」的清流，鬧得政壇上很不安寧。實際上，這些黨派背後是由慈禧與奕訢操縱的。他們叔嫂自辛酉政變後，表面上是合作理政，但奕訢始終被慈禧視為眼中釘。而奕訢確實不是庸碌之輩，他有幹才、有能力、有眼光、有聲望，尤其對洋人辦外交是一位能手，慈禧雖忌諱他，打擊他，仍然需要他作幫手。奕訢對慈禧這位嫂嫂當然也心存不滿，但垂簾聽政已正式實行，君臣名分不能不顧，所以只好容忍從事工作，也正為如此，這叔嫂二人就在既要合作又有矛盾的情形下一同主持大政十幾年，可謂尚能相安無大事。光緒七年（一八八一）三月，慈安突然病逝，奕訢像似失去了一座靠山。因為多年以來，慈安雖對政事不甚關心，也無野心，奕訢卻常以「嫡庶之分」與慈安接近，並獲得她支持來壓制慈禧的囂張氣燄，奕訢與這位嫂嫂彷彿結了同盟，形成一種牽制慈禧的力量。慈安死後，情勢大為改變了，慈禧不再受嫡庶的約束，而她自己的黨羽勢力也大增，所以對奕訢不再多所顧忌。加上小皇帝光緒一天天長大，歸政的壓力日益加強，慈禧惟恐在自己隱退後奕訢仍掌握政權，將對自己不利，因而想盡早先把奕訢等人趕出軍機處，以除後患。

其次是清朝對外交涉事務上出了大問題，那是光緒九年中法之間發生戰爭，而清軍敗績，當然引發了政爭。其實早在同治年間，法國人就處心積慮地從事侵略越南了。越南政府也曾請清廷派兵協助。作為宗主國的清朝，乃派劉永福在同治十二年（一八七三）帶領黑旗軍去援越抗法。黑旗軍初期常敗法軍。光緒九年（一八八三），法國強迫越南政府與他們訂立《順化條約》，使越南變成法國的保護國。同年法軍向派駐越南的清軍發動進攻，挑起中法戰爭。這時進入越南的清軍有兩路，一是廣西巡撫徐延旭統領的粵西防軍約六千人，另一路是雲南布政使唐炯統領的滇省防軍約八千人，而這兩支大軍在光緒十年初連連傳來打敗仗的壞消息，京城裡的清流御史等官員們便紛紛上疏參劾。慈禧正好抓到這個機會，利用日講起居注官盛昱的一份奏摺做起文章來了，盛昱的〈疆事敗壞諸將軍機大臣交部嚴議摺〉中特別提到軍機大臣李鴻藻曾舉薦唐炯、徐延旭出任雲南布政使、廣西巡撫，率領清軍助越南抗法國，唐、徐二人竟不戰而潰，應予推薦人李鴻藻以濫保處分，同時「恭親王、寶鋆久直樞廷，更事不少，非無知人之明，與景廉、翁同龢之才識凡下者不同，乃亦俯仰徘徊，坐觀成敗，其咎實與李鴻藻同科」。其實盛昱的奏摺是在慈禧的鼓動下進呈的，因為垂簾聽政的慈禧先召見了軍機大臣，並對他們作了因循不力的批判。《翁同龢日記》就記了當日的情形說：「今日（按：光緒十年三月初八日）入對時，諭及邊防不靖、疆臣因循、國用空虛、海防粉飾，不可以對祖宗。」既然「不可以對祖宗」，罪名顯然很大了，加上盛昱的一一點名要很多軍機大臣負責，包括首席的奕訢，慈禧不久就以皇帝名義頒降了上諭，其中稱：

……軍機處實為內外用人行政之樞紐，恭親王奕訢等，始尚小心匡弼，繼則委蛇保榮，近年爵祿日崇，因循日甚，每於朝廷振作求治之意，謬執成見，不肯實力奉行。屢經言者論列，或目為壅蔽，或劾其委靡，或謂簠簋不飭，或謂昧於知人。本朝家法甚嚴，……奕訢著加恩留世襲罔替親王，賞食親王全俸，開去一切差使，並撤去恩加雙俸，家居養疾。……

這是對奕訢的處分。至於其他大臣，寶鋆「原品休致」；李鴻藻、景廉「開去一切差使，降二級調用」；翁同龢則「加恩革職留任，退出軍機處，仍在毓慶宮行走」，再當光緒帝的老師。由此可見：舊有的治國班子，全部被拉下臺了，一個也不留。

舊人剛被撤下，新名單就出爐了：首席領班軍機大臣是禮親王世鐸，其他出任軍機大臣的還有戶部尚書額勒和布、閻敬銘，刑部尚書張之萬，以及工部左侍郎孫毓汶等人。這次中樞要員的大換血，使朝廷執政的人都聽命於慈禧了，也顯示了慈禧的智慧與能力，她行動之快、安排之好、藉口之正、換人之多，在在都出人意外，用心之囟，可謂少見。

新軍機大臣們是不是能把當時外務，或者單是中法戰爭善後辦好呢？四月中果然在天津簽訂《中法會訂越南條約》（即《中法新法》）了，像似解決了問題，其實前線戰事後來並未失利，結果卻在「法國不勝而勝，中國不敗而敗」的情形下訂約結束了戰爭，法國不僅把越南變成了他們的殖民地，而且也打開了中國西南的大門。

李慈銘在光緒十年三月十七日的日記寫道：「晨泊天津北關，……趙桐孫同年以輿來迎，上午卸裝其寓，始知十三日朝廷有大處分，樞府五公悉從貶黜，而易中駟以駑產，代蘆菔以柴胡，所不解也。」顯見當時人對中樞人事大更動是不看好的，因為新人中多是「昏庸貪卑之徒」，其行政能力遠不如恭親王奕訢一組的人馬。

在慈安未死、奕訢仍掌控軍機處與總理衙門大權時，慈禧實際上並非國家的主宰。到「甲申易樞」以後，情勢大為改變，她能為所欲為，可以說是「唯己獨尊，以專執國政」的女主了。

35 奕譞「商辦」政務

奕譞是奕訢的同父異母弟，慈禧的妹夫，光緒帝的生父，他是皇室的至親，也是對慈禧一直表現得忠誠與敬畏的人。

慈禧喜歡奕譞還有一些其他的原因，例如奕譞與六哥奕訢的關係不很好。從辛酉政變起，奕譞就在捕捉肅順等人的事件上有功，而在同治時代，他們兄弟始終相處不融洽，尤其奕訢主張開放學習西洋，而奕譞則趨於保守，反對違反傳統。兩兄弟間還有許多理念不合，因而一直有矛盾鬥爭。僅以同治九年五月「天津教案」一事為例，即可看出端倪。自英法聯軍攻陷北京簽訂《北京條約》後，法國天主教士便在天津建立教堂，因強佔民地，激起民憤。後來該教堂附設的育嬰堂又虐死兒童三、四十人，民眾遂焚燬教堂、打死教士、毆斃法國領事，造成嚴重的外交事件。

奕訢當時主持總理衙門，認為國家軍力不足，不能應付對法戰爭，乃決定向法國妥協，以賠款、派專人到法國道歉了事，並對國內肇事分子判處死刑，流刑二十多人。奕譞對如此結案大為不滿，他基本上認為人民應該加以撫卹而不可判刑的，否則就不能鼓舞國人的忠義之氣了。他甚至還當面質問過奕訢「素日無備，故臨事以『無可如何』四字塞責，自庚申（按：指咸豐十年）至今十年，試問所備何事？」奕譞甚至還辭去御前大臣等職務，以示抗議，到第二年在慈禧再三溫諭勸說後才恢復請假上朝。奕譞儘管「疾其兄之專權，久有眈眈之意」，但奕訢位高權重，他也無可奈何。直到他兒子載湉繼統為君，即光緒帝，他的權勢增強了，還「挾太上之尊」，有資本與奕訢決鬥了。慈禧與奕訢多年來一直處於鬥爭狀態，當然極力支持奕譞，聯合實力共同對付強敵奕訢。

慈禧樂於與奕譞聯盟的原因除了是嫂叔暨大姨與妹夫的雙重關係之外，奕譞對她的態度也是令她激賞的。當載湉被指定為皇位繼承人後，作為生父的奕譞立即意識到他的言行舉止必須有所規範，因此他首先就主動提出辭掉所有一切官職。他以「觸犯舊有肝疾等症，委頓成廢」為藉口，懇請「太后恩施格外」，准他退休。慈禧對他的表態十分欣慰，姑且暫准他不管一切政務，但卻賞了他「親王世襲罔替」與凡遇「皇帝升殿」、「皇帝萬壽」典禮上可以「毋庸隨班行禮」。「隨班行禮」就是行君臣之禮，做父親的也得向小皇帝兒子叩頭，這是很難讓人忍受的。奕譞也知道這是慈禧對他的優異照顧，也就益發對慈禧表示忠心了。還有為了牽制奕訢，慈禧雖免除了奕譞的差使，卻又降諭：「如遇朝廷大政，仍宜時備顧問，倘有條奏事件，亦可於兩宮前呈遞。」明顯地又讓奕譞具有與會議事之權，這可以說是在軍機處裡安排了一個反奕訢的暗樁。

「甲申易樞」之後，奕訢及其黨羽全退出了軍機處，但奕譞因自己兒子當了皇帝，迴避入軍機，他大力推薦禮親王世鐸任首席軍機，因為世鐸為人「懦腐無能」，奕譞可以在幕後操縱。慈禧完全支持，並頒發上諭說：「軍機處遇有緊要事件，著會同醇親王奕譞商辦，俟皇帝親政後再降懿旨。」奕譞有「商辦」之權，實際上就是具有真正參政的身分。

奕譞當了軍機處的「太上大臣」之後，因為不便到處裡辦公，每天由專人將重要公文送到他家，請他閱讀裁決，當時人稱為「過府」，而傳達公文的則是另一位軍機大臣孫毓汶。奕譞與孫毓汶相處投緣，所以他們二人成為軍機處的實際掌權者。

奕譞「商辦」國家政務之後，對法國交涉事務方面採取妥協的方式，簽訂讓步的條約結束戰爭；在內政方面也沒有重大的建樹。不過他對慈禧卻做一些曲意逢迎的工作，以取得她的歡心，其中最大的一件就是提出「訓政」的主張，好讓慈禧在光緒帝親政後還能繼續掌握政權。

光緒十二年（一八八六），載湉年屆十六歲，按照清朝祖制，他早就可以親政了。慈禧雖然不願交出政權，但不得不表態，在六月初十日，她與光緒帝召見了奕譞、世鐸等大臣，並降下一道懿旨，「諭以自本年冬至大祀圜丘為始，皇帝親詣行禮，並著欽天監選擇吉期，於明年舉行親政典禮。」好像慈禧真有心要在明年歸政光緒了。

奕譞、世鐸等大臣都知道慈禧是個貪戀權位甚於一切的人，怎麼會輕易放棄垂簾聽政呢？大家都相信這是慈禧放出的試探性訊息，看看大家對她的忠誠度。了解慈禧心理的奕譞很快上疏反應，他說：

……王大臣等審時度勢，合詞籲懇皇太后訓政。敬祈體念時艱，俯允所請，俾皇帝有所稟承。日就月將，見聞密邇，俟及二旬，再議親理庶務。……臣愚以為歸政後，必須永照見在規制，一切事件，先請懿旨，再於皇帝前奏聞，俾皇帝專心大政，博覽群書，上承聖母之歡顏，內免宮闈之劇務。此則非如臣生長深宮者不能知，亦不敢言也。

奕譞的意思是皇帝不必太早親政，即使過了二十歲親政，也得按目前的規制，凡事「先請懿旨」，再向皇帝奏聞。這根本談不上什麼親政了。在奕譞的引導下，世鐸等軍機大臣也紛紛上奏請求太后「再行訓政數年」，「於明年皇上親政後，仍每日召見臣工，披覽奏章，俾皇上隨時隨事親承指示」。

慈禧看到這樣的結果，當然十分欣喜，做出「從善如流」的樣子，接受了大臣們的建議，並下令要世鐸等起草一份《訓政細則》，以使訓政制度化、合法化。不久，世鐸等人擬定的《細則》完成了，其中強調的都是大權歸於慈禧，例如處理政務須尊重慈禧的意見、召見引見臣工由慈禧主持、用人大權由慈禧裁奪、批答奏章須經慈禧閱核後才能下發等等，可見皇帝只能坐上虛位，沒有皇權。慈禧經由她的精心設計，又一次地可以操縱國家執政大權了，又一次地可以過著她為所欲為的日子了。

奕譞為了取得慈禧的信任與歡心，還倡議大修三海與頤和園的工程，這件事也是慈禧生命史上的重要一頁，讓我們在下一節裡詳述吧！

36 整修三海與頤和園

在慈禧的心中，第一重要的事是權力，第二重要的事是享樂，當然兩者兼有之更好。同治六年（一八六七），她曾授意太監安得海，指使一位滿洲御史德泰公開奏請修復圓明園，以供太后逸樂生活之用，結果被奕訢等人駁回。同治帝親政後，皇帝自己倡議重修圓明園，讓皇母歸政後有個安養之處，結果又招來內外大臣的反對，致使皇帝收回成命，修園之事又未能順利進行。光緒帝繼統後，慈禧成功地取得了政權，可是政局仍呈現著不安，如光緒元年嘉順皇后阿魯特氏的死亡、五年吳可讀的「尸諫」、六年她自己的重病、七年慈安的猝死以及十年的「甲申易樞」等幾大事件，引起不少政壇上的風波，但也經過她小心處理而能安全地度過了危機。光緒十一年（一八八五），局勢穩定一些了，她也意識到小皇帝應該是親政的年紀了，她為歸政後有個頤養天年的好場所，自己下令要奕譞負責，為她整修離內廷不遠的西苑一帶三海地區的老舊殿宇，以及被英法聯軍破壞了的包括宮殿、房屋、道路、河池、假山、堤泊等等的設施。三海工程雖名氣不如圓明園響亮，也不會引起太多人的注意，但是規模仍是十分宏大的。據現存的清宮檔案所記，這一地區的整建歷時六年，動用人員約在六百萬人以上，工程費用至少五百九十萬兩白銀（有人說高達二千多萬兩的）。

就在三海工程開動後不久，奕譞又策畫大修頤和園的工程了。頤和園原名清漪園，位於圓明園之西，是乾隆帝為慶祝他母親鈕祜祿氏六十大壽而興建的一片皇家園林，歷時十五年，耗銀四、五百萬兩。英法聯軍焚燒圓明園時，該園也遭到劫難，此後一直未被修理，到咸同時代已經是殘破不堪了。奕譞親身看到慈禧想修圓明園，又修三海各殿房，他知道慈禧的貪喜遊樂的心理。為了他自己兒子光緒在未來不受「老佛爺」的控制，因而在大修三海的同時，他又借興辦海軍為名，上了一份奏章建議修建頤和園。他說：「……因見沿湖一帶殿宇亭臺半就頹圮，若不稍加修葺，誠恐恭備閱操時難昭敬謹，……擬將萬壽山暨廣潤靈雨祠舊有殿宇臺榭並沿湖各橋座、牌樓，酌加保護修補，以供臨幸。」奕譞的這番話完全假公濟私，用練海軍供閱操當名義，實際上是為慈禧興建歸政後的遊逸場所。慈禧沒有反對，工程當然就在光緒十二年底逐漸展開了。

由於頤和園的工程就像三海工程一樣，在一般人的觀念裡比圓明園的要小得多，因而朝臣諫阻的人也較少。不過工程費用仍是極為巨大的，而當時國庫空虛，各地災變又頻傳，政府的用度確實拮据萬分。奕譞既以籌建海軍為名，顯然挪用到了海軍的經費。這也是日後有人批評慈禧修頤和園是不當的原因。如梁啟超曾說：「當海軍初興，未及兩年，而頤和園之工程大起，舉所籌之款，盡數以充土木之用，此後名為海軍捐者，實則皆頤和園工程捐也。……括全國之膏血以修國防，而其實乃消磨於園林土木之用而莫之或知。」清史前輩名家蕭一山也說：「總之，海軍衙門所用於頤和園工程之費，大約為三千萬兩，係時人所周知者，必非捕風捉影之談也。……慈禧之窮奢極欲，已盡括府庫所有，而尚言無傷國計，真不知其是何居心？」從以上兩家敘述，給人的印象是海軍經費全數被挪用於修園了，而且直接影響到了北洋海軍日後的失敗，因此慈禧應付最大的責任。

然而，不論修三海也好、修頤和園也好，究竟各花了多少錢？錢的來源又是從何而出呢？三海的興工比較簡單，因為所有工程與花費還都有紀錄，而且紀錄大多尚存，從中我們可以看到當年工程共約一百多處，數百個項目，負責的廠家見紀錄的有十六家之多，每日工作人員平均四、五千人，有時超過萬人。至於從光緒十一年至十七年間所費總金額，據〈收放錢糧總單〉及承辦大臣的奏摺所言，全部費用約在五百九十萬兩之譜，比世傳的二千萬兩少得多。又有關經費的來源大致有四個方面：㈠官員的捐修銀兩；㈡動支戶部國庫及宮中內庫銀兩；㈢各海關直接撥解的稅銀；㈣海軍衙門的借撥銀兩。因此海軍經費只是其中之一，而且是「借撥」的，並不是「無償佔用」的。「借」的當然該還，從史料上看以乎後來是逐漸還清了。

頤和園的工程與所花費的銀兩，因為資料不全，部分也毀失了，無法計算出正確的數字，評論此事顯然困難。不過，工程的總主持負責人還是奕譞，相信他的籌款方法應該與三海的差不多。支出的金錢總額，雖不可考，但頤和園的工程從光緒十二年底開始，到十四年底因宮中貞度門大火，慈禧認為「不祥」，應該「修省」而大致停工了，因此時間不長，花費必然不會太多。有人說「估計是很難達到三海工程五百九十萬兩這個水平的」，但也有人說「頤和園工程不會大於一千萬兩」。

我們知道：頤和園的工程自貞度門火災後是叫停了，但不是完全停工，陸續到甲午戰爭前後仍有些修補之事。另外，從海軍衙門經費中挪借的部分是否真的全用海關稅銀、土藥、釐金等還完，還應該作深入的探究。因此我個人認為中日甲午戰爭中，清朝海軍大失敗，雖然不能說是為修頤和園等工程而挪借海軍經費所導致，但經費被挪借而多少影響練兵、購船應該還是有的。加上當時社會大背景如統治者的戰略決策等主觀因素，以及國家財力、軍事裝備、人員素質等客觀因素，可以說戰敗是有多方面複雜原因的。慈禧、奕譞二人是該受後人批判，我個人也很同意。不過我倒有一個想法，想在這裡提出，作為大家的參考。慈禧主動要修三海工程，奕譞隨後主張修頤和園，表面上都是為皇太后歸政後有一「頤養天年」之所，但是各有深一層的私心。慈禧的修三海是想在離內廷不遠的地方營造另一個辦公區，從修建儀鸞殿以外的設施便可以看出，如在東朝房後建軍機聽起值房六間，中海西苑門沿北地區建軍機處三所，西苑門外沿南地方添蓋領侍衛大臣值班公所，還有內務府大臣值班公所、侍衛房屋等等。這些建設，哪一樣屬於遊逸場所？完全是慈禧想在歸政之後還有她的一套辦公用地。奕譞想要慈禧遠離皇宮，遠離政權，到頤和園真正地養老。可見他們二人的想法是有天壤之別的，而結果是葉赫那拉氏打敗了愛新覺羅皇室，光緒帝可以說始終在慈禧的控制下生活，沒有做到真正唯我獨尊的國君。

如果我們再深入地去看看，慈禧主動修建的三海工程，確實發揮了很大的作用，日後影響清朝命運的不少大事是在這裡發生的，如光緒二十年嚴懲珍妃、貶斥帝黨志銳等事；二十四年的戊戌政變，慈禧扼殺變法維新、囚光緒帝於瀛臺、捕殺六君子、廢除全部新政等事，都是在西苑儀鸞殿中發生與決定的。光緒二十六年，慈禧對義和團的開始鎮壓、後改為招撫的手段，也是在西苑中做出來的。後來八國聯軍由大沽口進兵北京時，清廷的對外〈宣戰詔書〉同樣地是慈禧在儀鸞殿中發布的。慈禧在西苑的活動還有很多，但就以上所述的幾件，相信已足以顯示這位皇太后修建三海的歷史意義了。

從以上光緒朝大修三海與頤和園的工程來看，慈禧的心態是非常清楚的，修整園林是為了享用、興建辦公區是為了掌權，也就是說她既要遊逸之地，也不放棄政權，她真是一個有著老謀深算頭腦的人，也是一個具有窮凶極惡心地的人。

37 光緒親政

光緒帝一天一天地長大了，慈禧心裡知道交出政權的日子也愈來愈近了，好在還有訓政的藉口，政權仍然可以掌握，這是讓她覺得寬慰的事。

光緒十四年（一八八八），載湉已經十八歲了，再不讓他這個當皇帝的結婚、親政實在說不過去，因此慈禧在這一年的六月十九日頒降了一道懿旨，其中有這些文字：

……兩年以來，皇帝幾餘典學，益臻精進，於軍國大小事務，均能隨時剖決，措置合宜，深宮甚為欣慰。明年正月大婚禮成，應即親裁大政，以慰天下臣民之望。著欽天監於明年二月內敬謹選擇歸政吉期具奏。

懿旨中說明得很清楚，慈禧要讓光緒帝在第二年的正月結婚，二月親政。皇帝等待這樣的事已經很久了，他迫不及待地也發出了一道上諭說：

……茲奉懿旨，於明年二月歸政，朕仰體慈躬敬慎謙抑之本懷，並敬念三十年來，我聖母為天下憂勞況瘁，幾無晷刻可以稍資休息，撫衷循省，感悚交深。茲復特沛溫綸，重申前命，朕敢不祇遵慈訓，於一切幾務，兢兢業業，盡心經理，以冀仰酬我聖母撫育教誨有加無已之深恩。……所有歸政屆期，一切應行典禮事宜，著各該衙門敬謹酌議具奏。欽此。

皇帝下令要有關衙門準備一切歸政事項，軍機處的大官們卻在十一月初十日進呈了一份〈酌擬歸政事宜摺〉，顯然是與光緒帝的心意不合的，該奏摺提出皇帝親政後，「在京各衙門每日具奏摺件，……皇上披閱傳旨後，發交軍機大臣另繕清單，恭呈皇太后慈覽；每日外省摺報，皇上硃批發下後，……由軍機大臣摘錄事由，及所奉批旨，另繕清單，恭呈皇太后慈覽」。對於各級官員的任命，也要經過皇太后同意，再行降旨宣布。奕譞與世鐸又擬定了一個辦事「條目」，指明光緒帝可以閱覽中外大臣的奏摺，但最後必得慈禧的同意，才能公開下詔決定實行。誠如梁啟超說的：「然皇上雖有親裁大政之名，而無其實。一切用人行政皆仍出西后之手。」奕譞為何進呈這樣一件奏章呢？還不是因為他了解慈禧根本無心隱退，他愛子心切，才無奈地又像當初擬定《訓政細則》一樣，這次又寫成了〈條目〉，給予慈禧操縱政權的依據。

慈禧確實是要掌控一切大權的，連光緒帝大婚的對象她也要干預。

據清末在宮中服務的太監唐冠卿後來回憶說：

光緒十三年冬（按：時間有誤），西后為德宗（按：指光緒帝）選后，在體和殿，召備選之各大臣小女進內，依次排立，與選者五人，首列那拉氏，都督（按：應是副都統）桂祥女，慈禧之姪女也（即隆裕）。次為江西巡撫德馨之二女，末列為禮部左侍郎長敘之二女（即珍妃姊妹）。當時太后上坐，德宗侍立，榮壽固倫公主及福晉命婦立於座後。前設小長棹一，上置鑲玉如意一柄，紅繡花荷包二對，為定選證物（清例，選后中者，以如意予之。選妃中者，以荷包予之）。西后手指諸女語德宗曰：「皇帝，誰堪中選？汝自裁之，合意者即授以如意可也。」言時，即將如意授與德宗，德宗對曰：「此大事當由皇爸爸主之，子臣不能自主。」太后堅令其自選。德宗乃持如意趨德馨女前，方欲授之，太后大聲曰：「皇帝。」並以口暗示其首列者（即慈禧姪女）。德宗愕然，既乃悟其意，不得已乃將如意授其姪女焉。太后以德宗意在德氏女，即選入妃嬪，亦必有奪寵之憂，遂不容其續選，匆匆命公主各授荷包一對與末列二女，此珍妃姊妹之所以獲選也。嗣後德宗偏寵珍妃，與隆裕感情日惡，其端實肇於此。

這位老太監的回憶未必完全可靠，但是在光緒十四年九月二十八日清宮選秀女後的第七天，即十月初五日，我們看到慈禧發出了兩道懿旨，內容和后妃人選有關，與老太監說的差不多。第一道懿旨是：「茲選得副都統桂祥之女葉赫那拉氏，端莊賢淑，著立為皇后。」第二道懿旨是：「原任侍郎長敘之十五歲女他他拉氏，著封為瑾嬪；原任侍郎長敘之十三歲女他他拉氏，著封為珍嬪。」

皇帝的大婚典禮是在光緒十五年正月二十七日（西曆一八八九年二月二十六日）舉行的，這一天光緒帝頭戴珠冠，身穿龍袍，升坐太和殿，受文武百官行大禮叩拜，禮部官員宣讀冊封皇后的詔書。奉迎正使大學士額勒和布、副使禮部尚書奎潤，持節到未來皇后家行奉迎禮，迎皇后鳳輿由太和門入宮。他他拉氏二姊妹也被迎由神武門入宮，光緒帝的大婚典禮就這樣熱鬧地完成了。

被選為皇后的慈禧姪女，據說性情溫和，為人機敏，受過良好教育。《清列朝后妃傳稿》中形容她：「后性純孝，賢明淑慎，工書繪，未嘗預外事。」在慈禧御前服務過的女官德齡也說她「總是那樣的和藹可親」，是一位「溫雅可親的皇后」。光緒帝死後，她在宣統帝繼位時晉封為皇太后，上徽號為「隆裕」。

瑾嬪是珍嬪的姊姊，光緒二十年正月，晉封為瑾妃。同年十月，與其妹珍妃一同貶為貴人。二十一年再升為瑾妃。她一生都在委屈求全中度過，因為皇帝、皇后，甚至她的妹妹都不喜歡她，她在做人方面可能大有問題。

珍嬪也在光緒二十年正月晉封為珍妃，頗得光緒帝的寵愛。據說她聰明有學問，有主見，這可能是她們姊妹一同降為貴人的原因。慈禧為了打擊皇帝身邊結黨的人，還特別發布懿旨，內有「皇后有統轄六宮之責，俟後妃嬪等如有不遵家法，在皇帝前干預國政，顛倒是非，皇后嚴加訪查，據實陳奏，從重懲辦，決不寬貸」等字樣，並命繕寫裱裝，掛在珍妃的住處景仁宮，以示警告。但是珍妃支持變法，後被圈禁，類似打入冷宮。光緒二十六年，八國聯軍入北京，慈禧太后出逃時，命太監將她推入井中溺死。

皇帝大婚以後，就表示他已真正地成人，可以親政了。光緒十五年二月初三日（西曆一八八九年三月四日）舉行親政大典。慈禧在慈寧宮接受皇帝率大臣們的三跪九叩首禮，然後皇帝回宮，隨即再去中和殿，接受百官朝拜。自此光緒帝開始正式親政了。

從以上光緒皇帝大婚與親政史事看，我們發現有幾點是值得深入作探究的：

第一、清朝皇帝的后妃向例由選秀女產生，而選秀女有一些行之多年的定制，其中有一項是年齡的問題。按規定秀女須是十三歲至十七歲之間的旗人家閨女，從清朝入關後每個朝代都是切實執行的，無一例外。可是光緒帝大婚時所選的秀女中，葉赫那拉氏竟然已屆二十二歲，比皇帝年長了三歲，一則女大於男，二則秀女超過十七歲年齡上限，可以說都是不合格而且違反祖制的。慈禧卻硬是選為皇后，主要原因在於她是弟弟的女兒，這麼做，使未來皇后是葉赫那拉氏家人，未來國君的血液裡含有更多葉赫那拉氏血液的成分。慈禧的私心不言可知。

第二、清朝自入關以後，有幾代皇帝是幼年登基的，在這些國君親政前都有親貴或重臣來攝政或輔政，如順治時代的多爾袞、康熙初年的四大輔臣鰲拜等即是。同治、光緒二帝繼位後，由母后垂簾聽政，已經就顯得特殊了，然而他們二人的親政都比清初的帝王為晚，比如順治帝六歲繼位，由多爾袞攝政，順治七年多爾袞打獵時猝死，於是順治帝親政，虛歲約十四歲。康熙帝八歲繼統，十六歲左右肅清鰲拜等黨羽勢力，隨即親政當了掌握實權的皇帝。同治帝六歲繼承大位，十二年後親政，年紀已屆十八歲。光緒帝四歲入宮繼皇位，但十五年後才親政，而且還沒有完全當上一位獨攬乾綱的國君。慈禧的貪戀政權是同、光二帝不能親政的真正的原因，慈禧的霸道、貪婪心態與行為由此也可窺見一斑。

38 帝后黨爭

光緒帝親政以後只是個有名無實的國君，他不能乾綱獨斷，像康、雍、乾那些祖先，心中當然有很多不滿。每月至少要兩三次去頤和園或三海向慈禧「請安」、「聽訓」，朝中重大事務，不論是人事任命，或是奏摺裁決，都需要先送「慈覽」，然後才能遵示降旨施行。這樣的皇帝實在像是傀儡，稍有自尊心與奮發心的人，一定都難忍受的。光緒帝身邊還有一些「忠臣」，他們也為皇帝氣憤，尤其是一批敢言的清流派，難免有人要替皇帝鳴不平。像御史安維峻就曾上疏指責過慈禧，說：「皇太后既歸政皇上矣，若猶遇事牽制，將何以上對祖宗，下對天下臣民？」這批擁護皇帝的人，漸漸多了，而且集合成了力量，被人稱為「帝黨」。

在帝黨中最有地位與權力的人首推翁同龢，他曾是同、光二帝的老師，尤其與光緒帝朝夕相處了二十年，皇帝對他的學問、清廉、負責各方面都很敬仰，也很信賴。親政後處理軍國大政時，「每事必問同龢，眷倚尤重」。翁同龢本來是慈禧手下的人馬，讓他去為光緒帝課讀當然是希望把小皇帝訓練成一個孝順、服從、絕對聽命於慈禧的人，結果光緒帝卻以他的老師為帝黨的主要領袖，對慈禧而言，實在是痛恨之極的。翁同龢也知道自己與光緒帝親近，將身陷這場政爭漩渦之中，這樣對本人不利，必招致慈禧的猜忌，也有礙於他為光緒帝運籌國家大事。他曾無奈地寫下這些文字：「講帷職事，僅有數刻。最難處者，於樞臣見起之先，往往使中官籠燭宣召。及見，則閒話數語而出。由是同官側目，臣亦無路可以釋疑，嘗叩頭奏：『昔聞和珅曾如此，皇上豈欲置臣於死地耶？』終不能回，亦奇事也。」不論翁同龢以和珅作比喻恰不恰當，但雖叩頭求免，終無法絕拒光緒帝的宣召，他們的過從甚密應該是事實。

除翁同龢外，軍機大臣李鴻藻、工部尚書汪鳴鑾、長麟、珍妃的堂兄志銳、珍妃的老師文廷式、經筵講官李文田、侍讀學士陸寶忠等人，都傾向皇帝，成了帝黨的重要成員。在這些人當中，可能是因為珍妃的關係，光緒帝很器重志銳與文廷式。不過總的說來，帝黨人士在當時多是無權的御史、翰林一類的中級官員，實力不算強大。

反觀慈禧太后的一邊，很多守舊大臣，不是懾於她的淫威，就是受利祿之誘，對她表示了徹底的効忠。這些所謂的「后黨」人中，有控制軍機處的大臣孫毓汶、徐用儀等等，有權重位高的北洋大臣李鴻章，如果再加上後來被慈禧任命的負責京城安全的九門提督榮祿，可見內外大權都被慈禧控制了。帝后黨爭的未來由此也早已注定了。

光緒與慈禧為爭奪政權而聚結、形成了帝后兩黨，在初期還只是就皇位、皇權等事作理論上的爭辯，等到現實問題發生時，如後宮珍妃「叛逆」、慈禧六旬慶典、中日甲午戰爭等等，帝后兩黨的鬥爭乃趨於白熱化了。

慈禧慶祝自己六十大壽，宮中人等也沾了光，瑾嬪、珍嬪姊妹二人也升級為妃。珍妃年輕活潑，思想不守舊，據說她在光緒帝退朝還宮時，常扮出男裝像似美少年差官，陪侍君側。她又工翰墨，會下棋，因而得到光緒帝的專寵。寵珍妃當然就冷落了皇后，慈禧聞訊後，當然對珍妃懷恨。正好珍妃為皇帝籌錢，讓太監與家人在宮外聯絡賣官，這又跟慈禧的利益有了衝突，因此在光緒二十年（一八九四）十月底，震驚朝廷的大事發生了。翁同龢在日記寫道：

> 皇太后召見樞臣於儀鑾殿，先問旅順事，次及宮闈事。謂瑾、珍二妃有祈請干預種種劣跡，即著繕旨降為貴人等因。臣再三請緩辦，聖意不謂然。是日，上未在坐，因請問上知之否？諭云：「皇帝意正爾！」命即退，前後不及一刻也。

不久，光緒帝也降了諭旨，文中有：

……本朝家法嚴明，凡在宮闈，從不准干預朝政。瑾妃、珍妃承侍掖廷，向稱淑慎，……乃近來習尚浮華，屢有乞請之事，……若不量予儆戒，恐左右近侍，藉為夤緣蒙蔽之階，患有不可勝防者。瑾妃、珍妃均著降為貴人，以示薄懲而肅內政。

瑾妃、珍妃封妃不到一年，又連降兩級為貴人，豈是「薄懲」？同時更可怕的是，據清宮現存的珍妃病案看來，她在降級的同時，似乎遭到了體罰「杖責」，太醫院御醫張仲元記珍妃最嚴重時，「六脈沉伏不見，……抽搐氣閉，牙關緊急，周身筋脈顫動」。第二天更一度「人事不省」。三天後還「胸膈煩悶，兩脅串痛」、「有時惡寒發燒，周身筋脈疼痛」。梁啟超所謂的「褫衣廷杖」像似可信了。前文我提到慈禧另繕寫裱裝懿旨，警告珍妃不得干預國政的事，禁牌就是在此時懸掛的。

光緒二十年，慈禧六十大壽，她想為自己辦一次風光、宏麗慶典，來滿足她的虛榮心。不料日本人就在這年發動了侵華戰爭。李鴻章心裡很清楚，「日知今年慈聖慶典，華必忍讓，倘見我將大舉，或易結束，否則非有所得，不能去也。」不過，為了討慈禧的歡心，他站在慈禧一邊主張和議。中日開戰以後，帝黨的成員，特別是文廷式，不避利害，不怕慈禧淫威，聯合了幾十人上書，力主對日作戰，並大膽地提出停辦慶祝六十大壽各項節目，希望把慶典點景經費，用作軍費來抵禦外侮，他們認為：「羽書旁午時，為此娛目騁懷，似與哀懼之意相背，將何以申警將士，振發庸愚？」這簡直是向慈禧宣戰了！

另外，中日甲午戰爭爆發後，帝黨官員想打垮軍機大臣中很得慈禧支持的孫毓汶。孫敏汶是慈禧一手提拔的，此人善於運用權術、善於鑽營。他看出慈禧想歡慶生日的心意，極力避免戰爭，讓國內有個安定的環境，有著歡愉的氣氛，因此對光緒帝主戰的主張，根本不理。志銳等人即發動嚴厲的糾參行動，上奏說：「方日人肇釁之時，天下皆知李鴻章措置之失，獨孫毓汶悍然不顧，力排眾議，迎合北洋；及皇上明詔下頒，赫然致討，天下皆聞風思奮，孫毓汶獨怏怏不樂，退後有言，若以皇上為少年喜事者。查該大臣於中外情形，華洋交涉，素不留心，而專愎成性，任意指揮，不顧後患。……應將孫毓汶罷斥，退出軍機，朝政必有起色，軍事必有轉機。」

文廷式、志銳等人對后黨攻擊，雖然一時獲得時人的讚賞，甚至也令慈禧在生日慶典籌辦事務上受到了限制。但是帝黨是否得到勝利呢？確實大有問題，因為文廷式後來還是遭到后黨官員的彈劾，革職永不敘用。志銳的下場是革職、充軍到邊疆烏里雅蘇臺，宣統後才重返政壇。

帝后黨爭並沒有就此停止，甚至後來也沒有隨著光緒與慈禧的辭世而走進歷史！

39 甲午戰爭

光緒二十年，歲次甲午，這一年是慈禧太后六十大壽的佳期，但是這一年也發生了中日甲午戰爭。

傳統中國人很重視慶祝整壽，尤其是盛世的明君，像康熙帝六十大壽時臣工們為他舉辦了盛大的慶賀活動。乾隆帝七十歲時也有規模宏大的慶典。慈禧自以為她對國家朝廷的功績不亞於康、乾那些祖先，理應大肆歡慶一下。再說二十年前她四十歲生日時，親生兒子同治帝死於天花，主客觀環境都不容許她辦慶賀的大典。十年前，五十歲生日，又碰上中法戰爭，加上與恭親王奕訢等人的鬥爭，實在無法快樂地來辦生日宴會與盛大的慶典活動。六十歲花甲大壽即將屆臨時，她自己與后黨人士都想要熱烈慶祝一番，卻沒有預料到小日本竟發動戰爭，又大殺了風景。

慈禧太后在中國掌權的時候，鄰邦日本也在東亞崛起。同治六年（一八六七）底，明治天皇下詔維新，廢藩置縣，結束割據局面，國力日見強大，也開始向外侵略了。同治十年，中日簽訂《天津修好條約》十八條、《通商章程》三十三款，中國沒有答應日本通商內地及享受最惠國待遇，日本深感不滿。同治十三年，日軍攻臺灣。光緒五年（一八七九），日本併吞琉球，助長了日本侵華的野心。光緒十一年，慈禧更批准了李鴻章與伊藤博文簽訂的《天津條約》，承認日本對中國屬邦朝鮮有了共管大權。光緒十九年，朝鮮全羅道農民發動民變，在東學黨人領導下提出「逐滅夷倭」、「盡滅權貴」等口號，他們的起事很快地波及到全國。朝鮮國王李熙（高宗）請宗主國中國出兵平亂，日本也乘機派兵登陸朝鮮。但是亂平之後，日本不僅不撤兵回國，反而增兵佔據漢城（現稱首爾）。中國領軍的直隸提督葉志超退駐牙山，請求北京增兵，李鴻章卻以「慈聖慶典」為由遲不出兵。駐朝鮮商務總辦袁世凱見事不妙，託病回國。日軍遂控制朝鮮王宮及政府，並向駐朝鮮清軍發動襲擊，擊沉中國運兵船「高陞」號，然後揮師北上，佔領平壤。戰火迅即燃燒到了中國的邊境。

消息傳到北京，帝黨官員紛紛疾呼抗日，翁同龢主張「大張撻伐」，文廷式喊出「有爭無恥」，張謇高喊「進兵」，志銳強調「一誤再誤，則中國從此無安枕之日」。慈禧在戰爭初起之時，以為日本是個蕞爾小國，不足畏懼，同意光緒帝的主戰說法，因而清廷在七月初一日對日宣戰。隨著前線敗訊的不斷傳來，慈禧又想到自己生日慶典的籌備，她轉而支持李鴻章等人的避戰求和策略了，從此在戰或和的問題上與光緒帝意見相左。她希望李鴻章盡快與列強聯絡，用「以夷制夷」的辦法結束戰爭，好讓慶典能照舊進行。慈禧態度的改變，也影響到了軍機處的大官們，孫毓汶、徐用儀一批人更強力推動早日結束戰爭，翁同龢、李鴻藻等支持光緒帝的則仍主張作持久戰鬥，雙方產生了嚴重的分歧，也加深了黨爭的力度。

到中日黃海大戰，北洋海軍慘遭敗績之時，朝野譁然，大臣們紛紛提出建言，大家都認為不能再忙慶典而不顧國家的利益，慈禧的壓力當然也隨之增加了，她雖不甘心，但也不得已作了以下幾項宣布：

八月二十二日懿旨：現當用兵之際，必應寬備餉需。除飭戶部隨時指撥外，著由宮中節省項下，發去內帑銀三百萬兩，交戶部陸續撥用，以收士飽馬騰之效。

八月二十六日懿旨：……茲者慶辰將屆，予亦何心侈耳目之觀，受臺萊之祝耶？所有慶辰典禮，著仍在宮中舉行，其頤和園受賀事宜，即行停辦。

八月二十九日懿旨：一切點景俱暫停辦，工程已立架油飾者不再添彩綢。

不僅如此，慈禧還表面像似順應帝黨的意思再度起用了恭親王奕訢，「著管理總理各國事務衙門事務，並添派總理海軍事務」，又命令他「在內廷行走」，「督辦軍務，所有各路統兵大員，均歸節制」。恭王被慈禧逐出政壇已十年了，大家都希望他東山再起後能有所作為，能影響牽制慈禧。但是奕訢畢竟老了，少年銳氣全沒有了，一切事務他都以慈禧之意為主，不敢越雷池一步，加上老弱多病，他隨著后黨，主張求和。有人說：「恭邸再起，依違兩可，無多建白。」這是事實。

同時慈禧的表現顯然是敷衍大臣與人民的，因為從九月下旬起，諸王大臣以及各省官員呈進的「聖壽節」賀禮貢物，便一車車、一箱箱地運到內宮來了。十月初一日開始，內外臣工「穿蟒袍補掛一月」，隆重地為皇太后賀壽。

十月初十日是慈禧的生日，她一早就去宮中各處拈香行禮，後來到皇極殿升寶座，禮部堂官引光緒帝到她面前跪進表文，然後率諸王大臣等行三跪九叩禮。行禮後慈禧還宮，接受皇后、瑾妃、珍妃等參拜大禮。接著，慈禧再乘坐八人花杆孔雀頂轎到閱是樓內，降輿，光緒帝率后妃等跪迎，進膳、進果桌、看戲。一切活動終了後，她坐著八人大轎回樂壽堂，度過快樂生日的時光。往後的幾天之內，宮中還有賀拜、大宴與演戲的節目，而此時也是遼東半島南部大連等地失陷的時候。

隨著北洋艦隊的覆滅，遼東半島、劉公島等地的陷落，慈禧不顧光緒帝的反對，命令已被「

拔去三眼花翎，褫去黃馬褂」的李鴻章再出，負責與日本議和。李鴻章在同年十一月下旬，賞給天津海關稅務司德國人德璀林（Gustav von Detring）頭品頂戴，派他為代表到日本談和，日本內閣總理大臣伊藤博文嫌他地位不高，拒不接見。十二月底，慈禧又命總理衙門大臣、戶部侍郎張蔭桓及兵部右侍郎、湖南巡撫邵友濂二人為專使，赴日本求和。伊藤還認為他們沒有全權，拒絕跟他們開議。日軍在此期間又加緊攻擊澎湖與威海衛。慈禧見情勢日趨險惡，最後命李鴻章為全權大臣赴日談判。李鴻章在日本馬關的春帆樓與伊藤以及日外相陸奧宗光談和約的事，前後經歷了近一個月的時間，才簽訂了喪權辱國的《馬關條約》。這個條約內容包括割讓遼東半島給日本；割讓臺灣及澎湖列島給日本；賠償軍費二萬萬兩；開長江內河沙市、重慶以及蘇州、杭州為商埠，日船可以在各埠間航行，日商可以在各商埠設工廠等等。還有一項也是很重要的，就是承認朝鮮「完全無缺的獨立自主」，從而斷絕了中韓五百年來的宗藩關係，更徹底地毀壞了中國的封貢制度。割讓臺灣、澎湖與遼東，助長了各列強進一步侵有中國領土的野心。賠償軍費二億兩，迫使中國大舉借貸外債，從此列強扼制了中國財經命脈。日本在中國各口岸從事各項工藝製造、進口機器，開啟了日後列強競相攫奪設廠權、採礦權、築路權的先聲，為列強對中國資本輸出提供了有利的與合法的條件。更可怕的也是更嚴重的是《馬關條約》為中國招來了瓜分之禍。

簽訂《馬關條約》的消息傳到北京，舉國為之震動。京城掀起抗議怒潮，大小臣工，「章疏條陳，流涕諫阻」；「市肆行人，聚談偶語，咸惴惴懼和議；臧獲僕隸，皆裂眥切齒」。光緒帝也萬分震怒，相當同情百姓們的「拒和遷都，毀約再戰」的心聲。據說孫毓汶等請他用印，以示同意批准條約時，他說：「條約要割臺灣，而臺灣一割，天下人心皆去，朕何以為天下主？」後來他提出了「應先請太后懿旨，再作定奪」的託辭。他想把球推到慈禧手裡，讓她負責。遂派軍機大臣偕慶親王奕劻求見慈禧。沒有想到老太后棋高一著，她命內監傳旨：「今日偶感冒，不能見，一切請皇帝旨辦理。」隔日再傳旨：「和戰重大，兩者皆有弊，不能斷。令樞臣妥商一策以聞。」球又回到光緒帝的手上了。幾天之後，慈禧與奕訢都已「意有所歸」，決意簽約，光緒帝也只好批准了。當天他召見軍機大臣後回到自己的書房毓慶宮，見到老師翁同龢時，師生二人彼此「戰慄哽咽」、「相顧揮涕」，有痛不欲生的感覺。

現代學者發現楊銳寫給沈曾植的一封密札，文中有：

> 今晨軍機散值，孫（毓汶）、徐（用儀）即呼章京之書法敏捷者，急繕電報，與伍廷芳（按：伍氏為清廷換約大使），一切照原議換約，並聞恭邸云：『三國來電，意見亦不同，將來恐生枝節，不如仍舊為便。』此大棧要人通內取長信之旨，脅為此言耳。……

文中「三國」指俄、德、法三國，清廷原想請他們出面對付日本，顯然不能做到「以夷制夷」了。於是「長信」有旨決定簽約了。「長信」一詞源於漢代的「長信宮」，為皇太后所居，這裡是隱指慈禧。可見在不少朝野人的反對聲中，在光緒帝不願批准條約時，慈禧做了最後決定，簽訂了《馬關條約》。

40 維新與政變

《馬關條約》簽訂後，翁同龢雖與皇帝「相顧揮涕」，但他仍振作精神，向皇帝推薦了陳熾的《庸書》和湯震的《危言》，希望藉此啟迪光緒帝的探求救亡之道，讓其感染更多的新思想。光緒帝也不負他的厚望，不久便下達了硃筆諭旨，讓所有內閣大學士、六部九卿翰詹科道等官閱看，文中有：

……茲當批准定約，特將前後辦理緣由，明白宣示。嗣後我君臣上下，惟當堅苦一心，痛除積弊。於練兵、籌餉兩大端，盡力研求，詳籌興革，勿存懈志、勿騖空名、勿忽遠圖、勿沿故習，務期事事覈實，以收自強之效，朕於中外臣工，有厚望焉。

當然在大敗之後，光緒帝強調的重點還只在「練兵、籌餉兩大端」，也就是增強戰鬥力方面。新思想、新認識等似乎還沒有在他的心中佔有什麼地位。

「自強」的問題其實早在鴉片戰爭之後就在清廷上下被討論了。中法戰爭結束，這種改良思想，更形成了一種思潮，主張變法自強的人愈來愈多。甲午戰後，大家「觸景傷時」，力主變法的人，便有出面推行這項運動的了。在朝廷中翁同龢可稱是重要的代表，在野的以康有為活動得最出力。康有為是廣東南海人，出身於一個小官僚家庭，但他的思想並不守舊，在光緒十四年（一八八八）他就上書主張變法，其後又寫成了《新學偽經考》、《孔子改制考》，宣傳變法主張。光緒二十一年，他在京城應試，正值《馬關條約》初簽之後，他組織了一千二、三百名舉人，聯合上書，即著名的〈公車上書〉事件，主張處分簽約的官僚，拒絕批准條約，遷都西安，「練兵強天下之勢，變法成天下之治」。

光緒二十三年十一月至二十四年春夏間，俄、德、法三國以干涉日本還遼「有功」，分別強佔了旅大港、膠州灣與廣州灣，英國又乘機強佔了威海衛和九龍，民情大憤。十二月，康有為於是第五次上書，呼籲變法，並指出光緒帝親定大政才是上策，顯有攻擊慈禧之意。

光緒帝得到這些信息之後，心中也非常激動，他「日夜憂憤，益明中國致敗之故，若不變法圖強，社稷難資保守，每以維新宗旨商詢於樞臣」，變法維新顯有推行之勢。

然而光緒帝不是一個能獨斷獨行的皇帝，他確實受制於慈禧，尤其是如此重大的事務。沒有想到他向皇太后請示時，慈禧竟表示了支持和了解，還說出「變法乃素志」，當年她不是也贊成曾國藩等派人留學、造船製械的富強改革新政嗎？不過她也明確地指出，變法不能違背祖宗大法，也不能不顧滿洲權益。當然這也表明了不能侵犯到她的權位與既得利益。

光緒二十四年正月初三日（西曆一八九八年一月二十四日），朝廷還在放年假期間，光緒帝就命總理各國事務衙門召見康有為，詢問變法之宜。康有為被請到總署西花廳去「問話」，在座的有翁同龢、李鴻章、榮祿、廖壽恆、張蔭桓五人。榮祿首先發難，說：「祖宗之法不能變。」康有為立即反駁說：「祖宗之法，以治祖宗之地也，今祖宗之地不能守，何有於祖宗之法乎？即如此地為外交之署，亦非祖宗之法所有也。因時制宜，誠非得已！」廖壽恆接著問：「宜如何變法？」康有為很有自信地回答：「宜變法律，官制為先。」李鴻章提出強烈質疑：「然則六部盡撤，則例盡棄乎？」康有為語氣堅定地說：「今為列國並立之時，非復一統之世，今之法律官制皆一統之法，弱亡中國，皆此物也，誠宜盡撤，即一時不能盡去，亦當斟酌改定，新政乃可推行。」翁同龢是戶部尚書，自然以籌款問題相詢。康有為樂觀以對：「日本之銀行紙幣，法國印花，印度田稅，以中國之大，若制度既變，可比今十倍。」另外針對政治、經濟、文化、軍事等方面，康有為也盡情闡述意見，將他醞釀已久的變法方案和盤托出。據說當天的談話直到天黑才結束。

由於翁同龢的大力再推薦，康有為在皇帝心中以及在朝廷的地位都更形重要了，而翁同龢也益發成為皇帝的依恃人物，推行新政的思想與實踐文本的〈明定國是詔〉，皇帝也是命令翁同龢撰寫。慈禧從后黨人士獲得了消息，特別是同年四月二十日慈禧召見奕劻、榮祿、剛毅等人時，三大臣伏地痛哭，並說「皇上天性，無人敢攔」。又說「一切只有翁同龢能承皇上意旨」。慈禧本來就覺得光緒帝「近日任性亂為」了，經三大臣的哭訴，對皇帝的不滿有增無減，對翁同龢也就更憎惡了。

四月二十三日（西曆六月十一日），皇帝頒降了〈明定國是詔〉，不久之後又聽從康有為的建議，賜梁啟超六品銜，主持辦大學堂和譯書等事。又賜譚嗣同、劉光第、楊銳、林旭四品卿銜，當軍機章京，批閱奏摺，擬寫諭旨，變法維新由此推向了高潮。從頒發〈明定國是詔〉到同年八月初六日，總計一百零三天當中，康有為、譚嗣同等幫皇帝下達了一百一十多道上諭，主要內容有：

㈠文化、教育和思想方面，宣布廢除八股，改革科舉制度；開設經濟特科，選拔科技人才；設立京師大學堂，各省書院改為中學與西學兼授的學堂，並在各地籌辦鐵路、礦務、農務、醫學等專門學堂，學習西洋先進科學，派人出國遊學、遊歷考察，獎勵發明等等。

㈡財政、經濟方面，宣布改革財政，編制預算，保護並獎勵工商業、築鐵路、開礦產、辦郵局、撤驛站等等。

㈢軍事方面，宣布精練陸海軍隊，採用新法，八旗軍一律改習洋槍，按照西洋兵制，更新章程，認真操演。槍彈炮彈統一規格，各省增加水師學堂招生名額。

㈣、政治方面，宣布改訂制度、精簡機構、裁汰冗員，裁撤皇家事務的機關詹事府、光祿寺、鴻臚寺、太常寺、太僕寺、大理寺及通政司等衙門。另外對於總督、巡撫及鹽道、水利等官也作了一些改革。

以上只是犖犖大者，顯然已經傷害到守舊人士、特別是后黨的利益，因此有人上書請求將康、梁等人立刻處死，也有人跪在慈禧面前，請求太后重新出來訓政。至於慈禧本人，動作就更激烈了，她在光緒帝下詔變法後的第四天，逼著皇帝下了三道硃諭：㈠革翁同龢戶部尚書職，說翁尚書「近來辦事，多未允協，以致眾論不服，屢經有人參奏」，而且「每於召對時，諮詢事件，任意可否，喜怒見於詞色，漸露攬權狂悖情狀，斷難勝樞機之任」，為了保全他，開缺後回老家。㈡新授二品大員，必須到太后那裡謝恩，實際上是必得太后批准才可。㈢授兵部尚書榮祿為直隸總督兼北洋大臣。透過這三道諭旨，可以說慈禧真正地並合法地取得了朝廷人事任免權、京城防衛權以及全國的兵權。

慈禧重用了榮祿，緊握兵權，並計畫在秋天帶皇帝去天津閱兵，屆時發動兵變，廢掉光緒帝。同時又調來聶士成的軍隊控制袁世凱的新軍。董福祥的軍隊進駐北京郊區的長辛店，加強京城軍力。光緒帝了解嚴重情勢後，給楊銳下了密詔，指出慈禧不願變法，並說「朕之權力，實有未足」，「朕位且不能保」，「爾等與林旭、譚嗣同、劉光第妥速籌商」，「設法營救」。又親書密詔一道給林旭轉給康有為，令「迅速出外，不可延遲」，以便「將來更效馳驅，共建大業」。譚嗣同等都是書生，捧詔相商毫無結果，因此譚嗣同便去找袁世凱協助，沒有想到袁世凱反出賣了他。為了討好，袁世凱還向榮祿告密，說帝黨要帶兵衝進頤和園，「在亂兵中結果太后的生命」。榮祿趕回頤和園報告慈禧，八月初六日乃有宮中政變。

慈禧當天即以皇帝名義下詔稱自己（光緒帝）生病，由她「臨朝聽政」。皇帝自此即成為瀛臺的「囚犯」，皇帝的愛妃珍妃則被禁錮在御花園東北角的一間小屋裡，過著打落冷宮的生活。慈禧又同時下令廢除新政，只保留了京師大學堂仍開門。對於變法的主要推動人，立即捕殺無赦。「百日維新」宣告失敗。

八月十三日，譚嗣同、劉光第、楊銳、林旭、楊深秀與康廣仁（康有為之弟）六人，被斬首於宣武門外的菜市口，史稱「六君子」。康有為先前逃到天津，搭英商輪船到上海，後由英國軍艦護送至香港。梁啟超則在日本人的掩護下，化裝逃往東瀛。他們二人算是幸運的了。

帝黨的人徹底地被擊敗了，翁同龢在家鄉江蘇常熟被管制，積極推行新政的湖南巡撫陳寶箴以及其他四十多位官員，都通通被革職，真可謂趕盡殺絕。反觀后黨的重要成員，榮祿升任「軍機大臣上行走」，裕祿當上了直隸總督，袁世凱從直隸按察使連升至護理直隸總督，李鴻章也重新起用為商務大臣、兩廣總督。甚至連太監李蓮英在政變後都「青雲得步樹」，他後來死亡時，有人說他的「慶典如同勳」，存留的財產有說竟達白銀三百餘萬兩之多的。

光緒二十四年，歲次戊戌，因此這一年清宮中的政變，史稱「戊戌政變」。變法失敗了，政變成功了，慈禧太后也成為唯我獨尊的女主了。

41 己亥建儲

戊戌政變之後，光緒帝就被慈禧囚禁在西苑的瀛臺了。瀛臺是一處四面環水的小島，只有一座木橋可以外出，慈禧命太監嚴密看守，皇帝根本無法離開。據內務府《記事檔》光緒二十四年十一月十九日條記：

瀛臺周圍沿邊河凷，現已凍冰，急派人趕緊打開一丈餘尺，務見亮水，並由明日起派撥人夫進入鑹打，不准凍上。

據說光緒帝曾想利用湖面結冰時逃跑，慈禧聞報後才命內務府派人破冰，使他無法履冰上岸。可憐的皇帝不僅失去了政權，也失去了人身的自由。

然而，慈禧仍不以此為滿足，她想到光緒帝存在一天，她就感到一天有壓力，因為皇帝畢竟是皇帝，而且皇帝還年輕，她自己年過花甲了，未來變化也多，很令她煩惱與擔憂。再說「訓政」不比「垂簾聽政」，而光緒帝已成年並親政了，當然不可能有再一次垂簾的可能。慈禧為處理光緒帝未來的事頗費思量，終於想出一個方法來，她在政變後第四天，即八月初十日，以皇帝名義發布了一道上諭說：

朕躬自四月以來，屢有不適，調治日久，尚無大效。京外如有精通醫理之人，即著內外臣工切實保薦候旨，其現在外省者，即日馳送來京，毋稍延緩。

發布這道上諭以後，宮中還不斷公布御醫們為皇帝看病的脈案與藥方，「傳示各衙門」，好像讓天下人都知道光緒帝確實病重，不久於人世了，慈禧實際上在製造皇帝將要歸天的氣氛，至少也足以為廢黜皇帝先作出輿論。這些消息傳布開來之後，由於不久前發生政變，又殺害了很多主張變法的帝黨成員，一時人心洶洶，大家都猜測皇上性命將不保，對慈禧如此狠毒地對待光緒帝，心有不平。這時有一位候選知府名叫經元善的商人，「在上海聯合海外僑民，公電西朝（按：指慈禧），請保護聖躬。」外國駐華使節也考慮到他們自身的利益，紛紛出面干涉了，因為他們覺得慈禧是保守排外的，不如開明想變法的光緒帝好，他們都向總理衙門提出了交涉。

這時慈禧正在製造皇帝病重的假象，又在大臣面前折殺皇帝的尊嚴，說他跟著康有為搞變法是「任意妄為」，還命令皇帝長跪，訓斥道：「汝何昏憒，不肖乃爾！」慈禧大擺威風之時，竟然有經元善的致電與外國列強干涉，很令她生氣，於是更加強了她廢黜光緒帝的決心。經元善雖被她下令捕拿，但外國使節不是那麼容易應付的。首先英法兩國使臣向總理衙門推薦他們的外國醫生為皇帝看病，慈禧兩度不准，後來洋人攤牌了，說道：

薦醫者非為治病吃藥，緣貴國此番舉動離奇，頗駭所聞，各國國家商定驗看大皇帝病症，為解釋群疑，已奉國家之電，不能不看。

慈禧不敢得罪外國，九月初四日，法國使館的醫官因而能到瀛臺為光緒帝診察病情。據現存的檔案可知：法國醫生名叫多德福（Claudius Detheve），他是由端郡王載漪、慶親王奕劻及軍機大臣等一同陪著去看診的，光緒帝先為醫生準備了一份〈病原說略〉，又簡單地提示自己有「身體虛弱，頗瘦，勞累，頭面皮白，飲食尚健，消化滯緩，大便微泄色白，內有未能全化之物，嘔吐無常，氣喘不調，胸間堵悶，氣怯時止時作」等症狀。根據這份自述，可以看出他可能有病，但絕非病入膏肓的情況。法國醫生為光緒帝聽診化驗後，也留下了當時他的判斷文字：

> 肺中氣音尚無異常見症，而運血較亂，脈息數而無力。頭痛，胸間虛火，耳鳴頭暈，似腳無根，加以惡寒，而腿膝尤甚。自覺指木，腿亦酸痛，體有作癢處，耳亦微聾，目視之力較減，腰疼。至於生行小水之功，其亂獨重。一看小水，其色淡白而少，迨用化學將小水分化，內中尚無蛋青一質，而分量減輕，時常小便，頻數而少，一日之內於小便相宜，似乎不足。

據法國醫生的說法，「腰敗」是光緒帝的百病之源，西醫稱為腰火長症（按：即腎炎），「至於施治之法，總宜不令腰過勞累，而能令渣滓合小水同出之」。養身最好的方法是多喝人奶或牛奶，每日攝取量約六斤左右，並在牛奶中加些許辣格多思——乳糖。若服藥，「則用外洋地黃末（按：即毛地黃，可利尿消腫），實屬有功」。遇腰疼時，「乾擦可安痛楚；西洋有吸氣罐（按：疑拔罐），用之成效亦然」。如此數月治療，「病身大愈」是可期的。

法國醫生為光緒帝看診之後，外國使團以及國內很多人知道了皇帝人還健在，雖有毛病，但不是不治之症。慈禧若想藉皇帝病死或病重為理由，找別人來當新君或廢黜他是很難做到了，因此有了為同治帝建立新儲君的想法，據惲毓鼎《崇陵傳信錄》中記：守舊大臣崇綺、徐桐等人草擬了奏摺，企圖邀得廢黜光緒帝的首功。榮祿聞訊後，在一次單獨與慈禧見面時，向慈禧報告了外間的觀感，以下是他們的對話內容：

榮相……問太后曰：「傳聞將有廢立事，信乎？」

太后曰：「無有也，事果可行乎？」

榮曰：「太后行之，誰敢謂其不可者！顧上（按：指光緒帝）罪不明，外國公使將起而干涉，此不可不慎也。」

太后曰：「事且露，奈何？」

榮曰：「無妨也。上春秋已盛，無皇子，不如擇宗室近支子，建為大阿哥，為上嗣，兼祧穆宗，育之宮中，徐篡大統，則此舉為有名矣。」

太后沉吟久之曰：「汝言是也。」

事實上，當時除列強出面干涉的壓力，地方大員也有不利於慈禧的聲音傳來。如兩廣總督李鴻章就說：「各國駐京使臣，首先抗議；各省疆臣，更有仗義聲討者。無端動天下之兵，為害曷可勝言。」兩江總督劉坤一也說：「君臣之義已定，中外之口難防。」根本就是警告慈禧不可輕舉妄動。不過慈禧也知道自己權力極大，「太后行之，誰敢謂其不可者」，她稍稍改變了原有的計畫，以光緒帝「身有痼疾，難於誕育」為辭，改立端郡王載漪之子溥儁為大阿哥，她可以說接受了榮祿的建議。這一年歲次己亥，史稱「己亥建儲」。

慈禧為什麼看上載漪的兒子溥儁呢？這其中也是有原因的。一是載漪係惇親王奕誴之子，奕誴與咸豐帝是兄弟，算是近支，奕誴又一直幫慈禧的忙，特別是辛酉政變時，「有隱德於太后」。二是載漪兄弟在戊戌政變中「告密於太后」，故「太后尤德之，使掌虎神營」。三是載漪的福晉（太太）是承恩公桂祥的女兒，亦即慈禧的姪女，與隆裕皇太后是姊妹。她聰明伶俐，「雅善詞令」，且日侍慈禧左右，與慈禧的關係很親。四是溥儁年僅十四歲，其他溥字輩的都在十八歲以上，以他們來當儲君，慈禧不能問政了。溥儁做繼承人，至少還有三、四年可以掌握政權。基於以上種種因素，慈禧迫令光緒帝頒下諭旨，文中有：

……且追維入繼之初，恭奉皇太后懿旨，俟朕生有皇子，即承繼穆宗毅皇帝為嗣。此天下臣民所共知者也。乃朕痼疾在躬，艱於誕育，以致穆宗毅皇帝嗣續無人。統系所關，至為重大，憂思及此，無地自容。諸病何能望愈，用是叩懇聖慈，於近支宗室中慎簡元良，為穆宗毅皇帝立嗣，以為將來大統之歸。再四懇求，始蒙俯允，以多羅郡王載漪之子溥儁承繼為穆宗毅皇帝之子。欽承懿旨，感幸莫名。謹當仰遵慈訓，封載漪之子溥儁為皇子，以綿統緒。將此通諭知之。

光緒二十五年十二月二十四日（西曆一九〇〇年一月二十四日），慈禧正式宣布溥儁為大阿哥，但是在北京的各國使臣都未來道賀，大家有意表示不承認溥儁繼承人的地位。

溥儁既然被清廷公開以盛大典禮立為大阿哥，他成了同治帝的皇子，與同治帝同一輩的光緒帝便變為多餘的了，光緒帝的地位搖搖欲墜。不過，溥儁「不樂讀書」，入宮後連太監都看不起他，「眾皆狎玩而厭惡之」。八國聯軍攻進北京時，慈禧也帶著他逃往西安，但在回鑾期間，於光緒二十七年十月二十日（西曆一九〇一年十一月三十日）途經開封時，慈禧發下了懿旨稱：「溥儁著撤去大阿哥名號，並即出宮，加恩賞給入八分公銜俸，毋庸當差。」

「己亥建儲」就這樣收場了。

42 義和團

光緒二十六年，西元一九〇〇年，中國發生了翻天覆地的義和團與八國聯軍的大事件。華北很多地區到處混亂，京城也被外國軍隊攻陷了，慈禧與光緒帝狼狽地西奔逃難。這些動亂造成了中國人民生命及財產的巨大損失，清朝也因此更進一步走向了覆亡。現在先來談談義和團事件。

為什麼會發生這樣的不幸事件呢？當時人惲毓鼎說：

> 甲午之喪師，戊戌之變政，己亥之建儲，庚子之義和團，名雖四事，實一貫相生，必知此而後可論十年之朝局。

由此可見，義和團不是偶然發生的，而是與中日戰爭、維新、政變、建儲等事有關的，或者可以說與慈禧仇恨洋人有關的。慈禧的仇外，可以從兩方面來看：一是她的自身遭遇。自從她入宮後，就碰上英法聯軍，她隨咸豐帝逃難到熱河，咸豐帝後來死在異鄉，對她來說真是家破人亡。其後她與恭親王奕訢鬥爭、廢黜光緒帝以及立溥儁為儲君等事都遇到列強的干預，使她不能如願成功。更令她不樂的是她想大辦慶典歡度花甲大壽時，竟爆發了甲午戰爭，正如五十大壽遇上中法戰爭一樣，真是掃興到極點。還有戊戌政變後外人又幫助康有為、梁啟超脫逃，並保護他們在海外對她口誅筆伐。這一切都令她想到洋人似乎是天生與她為敵的。另一方面她仇外是因為列強的侵華，不說鴉片戰爭與英法聯軍等役，從中國獲得很多權益，就是她聽政與訓政期間，也不斷地使中國喪權辱國。身為執政的人，當然會仇外的。

義和團事件還有別的原因，例如：多年以來，由於列強與他們的文化來到中國之後，中國農民受到的影響很大，加上工業化使中國農村社會轉型，使農民從自然經濟與宗法社會走向現代化。還有西洋傳教士與教民「嘲弄侮詈」傳統中國人的信仰崇拜。開礦築路驚擾人民的祖先與神明，農民對洋人的反感是可以想見的。五口通商與在內地設廠生產貨物，使中國商品與農村手工業品失去競爭能力。在大量洋貨傾銷下，本土商業幾乎要走上絕路，商人懷恨洋人是必然的。本來政府官員是應該保護人民的，但是洋教、洋商有他們的外交與軍事為靠山，使得中國官員懼畏三分，只能倒行逆施壓迫自己的同胞，這是人民既仇外又恨官的原因。從以上的簡單敘述，我們不難看出當時中國農民、商人、勞工以及一般平民中確有不少人都把國家受屈辱、生活不如前歸咎於洋人了，仇洋排外是自然的事。

中國華北農村，人民生活比較清苦，而民性又剛烈，地方不安的事就明顯突出了，山東一省更是可怕，人民在洋人與官員的雙重欺壓下，從光緒二十二年開始，在曹縣、鉅野、壽張等地，人民為了自救，就在地方性祕密結社的基礎上，發展成若干個設廠練拳的組織，這就是義和拳的由來。他們組織嚴密，有在上的老祖師，大師兄、二師兄，以及下設的總辦、統領、打探、巡營等等名目。戰時十人一班，設班長。十班為一大隊，設百長。又將婦女編成紅、藍、黑、青不同的「燈照」，因而不少男女都被這種組織吸引加入，「滅洋人，殺贓官」的動亂事件也就時有發生了。

義和拳的組織不僅在山東一帶存在，在當時的直隸、河南、山西、陝西，甚至黑龍江、蒙古等地也有人設廠練拳的。各地拳民發展的情形，與地方對付拳民的政策有關。以山東來說，從李秉衡、張汝梅到毓賢這幾位巡撫大吏，基本上是採時撫時剿的，只有當人民與教士有嚴重衝突時，他們才「認真彈壓」，因為他們不敢得罪洋人。他們也想過收編拳民，以寓兵於農，作為日後禦侮之用，但甄別工作不易。等到袁世凱調撫山東，他為討好洋人，認真地禁止拳民非法活動。當洋兵在大沽口登陸後，他更動員大軍，打擊拳民，僅在曹州府各屬，就有一千五百個拳民被殺或被捕，很多拳廠被毀平，山東拳民乃轉向了直隸。與山東類似的鎮壓拳民的地方還有陝西省，巡撫端方也如袁世凱一樣，得到洋人的讚揚。不過，也有很多省區的官員支持拳民，如直隸、蒙古、黑龍江、山西、河南等地，這些地方官有的想利用拳民來對付洋人洋教，也有純是為迎合慈禧而放任拳民的，尤以河南一省為最，巡撫裕長甚至還「親自檢閱」拳民，以致「省中習者已遍街衢」，在這些地區拳民乃迅速地得到發展。

光緒二十六年春天，山東的大股拳民進入了直隸，甚至到了京城的鄰近地方。五月間，拳民與官兵發生衝突，竟然殺死了副將楊福同。據說「自三、四月間，都城即有聚習拳棒之事，猶屬閭巷幼童」，可是六月以後，「外來拳民，居然結黨橫行」。軍機大臣趙舒翹等人向慈禧建議：「拳會蔓延，誅不勝誅，不如撫而用之，統以將帥，編入行伍。因其仇教之心，用作果敢之氣，化私忿而為公義，緩急可恃，似亦因勢利導之一法。」慈禧認為可行，無異認定了義和拳的合法地位。一時北京城裡貴冑兵民，積極入團，迅速發展為一股幾十萬人的力量，義和團終於控制了北京城。

義和團在直隸與北京城裡高呼「扶清滅洋」的口號，慈禧心中很樂，但是洋人在華的利益與生命安全卻受到了嚴重的威脅。英、美、法、德四國公使聯合照會清廷，限期剷除義和團，否則他們將派兵來「代為剷平」。清廷君臣集會，慈禧決定對外宣戰，因而爆發了八國聯軍之役。

平心而論，義和團是一批人為了生存、抵禦外侮而自發興起的組織，也是庶民百姓、官紳人士與朝廷權貴三種不同社會層次力量的匯流。他們有希望與憧憬、憤怒與沮喪、歡樂與痛苦。下層的命運是可悲的，而上層的企圖是可恥的。尤其慈禧對拳民的態度先由彈壓變寬容，再變招撫、變遺棄、變剿滅，實在現實卑鄙，實在不可取，實在令人憤恨。

此外還可以從另一個角度看，當時拳民的活動是反映了農民與小民工業生產者，在工業化、近代化與西洋武力侵凌下的一種反動、一種怨恨；體現了傳統中國宗法農民文化對西洋文化的抵制與對抗。拳民的心中認為西洋的一切都須破壞與銷毀，不能讓它們存在於中國，正如《天津一月記》上形容的：「團中云最惡洋貨，如洋燈、洋磁盂，見即怒不可遏，必毀而後快。於是閒遊市中，見有售洋貨者，或緊衣窄袖者，或物仿洋式，或上有洋字者，皆毀物殺人。」仇洋程度，十分可怕。由於仇恨洋人洋貨，甚至對洋人的制度也視為絕對不可行，當然對推行維新的人士也仇恨了。在拳民張貼的標語中有「賊子通洋保國會，不久落頭歸陰城」等的咒語。他們把光緒帝、李鴻章、奕劻等人目為「異類」。《庚子國變記》中還說：「義和團既藉仇教為名，指光緒帝為教主。蓋指戊戌變法，效法外洋，為帝之大罪也。……匪黨揚言欲得一龍二虎頭。一龍指帝，二虎指慶親王奕劻及李鴻章也。」更有激烈的拳民直呼光緒帝為「二毛子」的。由此可見，義和團與戊戌變法的一些因果關係了。

43 八國聯軍

自從慈禧改變對義和團的政策之後，由「剿」轉為「撫」，因此拳民來到直隸，進入了北京，當時「官兵任其猖獗，城門由其出入」，甚至連王府也有設立「壇口」來練拳的，宮中太監也趕時髦加入鍛練拳術，義和團與部分清軍開始攻擊使館與教堂，中外對立情勢形成，京城氣氛緊張。光緒二十六年五月十五日（西曆一九〇〇年六月十一日），日本使館書記官杉山彬在北京被拳民殺害，外國使館本來就紛紛請求本國派兵進京，此時中外矛盾變得更尖銳而嚴重。為了討論和戰與剿撫的問題，慈禧不願給人以一意孤行的形象，特別召開了四次「發揚公論」的御前會議，會議的時間是五月二十日至二十三日（西曆六月十六日至十九日），地點是在西苑儀鑾殿，參加人員除慈禧、光緒帝外，還有六部、九卿以及王公四十多人。與會的人分主和與主戰兩派，其中主和派的發言重點約有：

光緒帝認為：㈠亂民應彈壓。㈡人心未必足恃。㈢董福祥「驕而難馭」；洋人「器利而兵精」，非回民可比。

吏部侍郎許景澄則說「攻殺使臣，中外皆無成案」，東交民巷的外國使館若遭不測，「不知（中國）宗社生靈，置之何地？」

翰林院侍讀學士劉永亨奏稱「欲請上旨」，令董福祥「驅逐亂民」。

太常寺少卿張亨嘉「力言拳匪之當剿，但誅數人，大事即定」。

太常寺正卿袁昶更是主張：「拳實亂民，萬不可恃。就令有邪術，自古及今，斷無仗此成事者！」又謂：「釁不可開，縱容亂民，禍至不可收拾，他日內訌外患相隨而至，國何以堪？」據說袁昶發言時「慷慨欷歔，聲震殿瓦」。

翰林院侍講學士朱祖謀罵董福祥是個「無賴」，第一不可靠即此人，並說：「若必命將，則袁世凱可。拳匪亂民，必不可用。」

主戰派的人包括慈禧在內，似乎也有理由，如慈禧就強調：㈠「法術不足恃，豈人心亦不足恃？今日中國積弱已極，所仗者人心耳。若並人心而失之，何以立國？」㈡她認為董福祥可靠。㈢有官員問太后等是否有「西幸之說」，慈禧「力辯並無此說」。

載漪對於要彈壓義和團的說法，伸出大拇指，厲聲反諷道：「好！此即失人心第一法。」同時他又說：「董福祥善戰，剿回有功，以禦洋人，當無敵。」倉場侍郎長萃則誇讚拳民有保通州之功，謂：「此義民也。」第一天公開會議無結果，慈禧留下少數親信繼續會談，載漪、剛毅仍堅持「義民可恃，其術甚神，可以報仇雪恥」。載漪之兄載濂更上奏說：「時不可失，敢阻撓者，請斬之。」

最重要的，慈禧在這一天卻發出了兩道懿旨，一件給直隸總督裕祿，讓他有權向列強開戰。另一件是給剛毅的，命令他支持義和團，暗示可以向洋兵開戰。總之，從第一次會議與兩道懿旨，我們可以看出慈禧等人已決定對義和團改剿為撫、為用了，而對列強則改和為戰。

五月二十一日召開第二次會議，兵部尚書徐用儀說：「用兵非中國之利，且釁不可自我先。」戶部尚書立山也說拳民的法術「多不效」。載漪則在會中強調若殺拳民，「人心一解，國誰與圖存？」並指責立山「敢廷爭」，可能私通洋人，是個漢奸。慈禧卻乘機講出一段重要談話：

今日之事，諸大臣均聞之矣。我為江山社稷，不得已而宣戰。顧事未可知，有如戰之後，江山社稷仍不保，諸公今日皆在此，當知我苦心，勿歸咎予一人，謂皇太后送祖宗三百年天下。

談話之後，隨即命徐用儀、立山、禮部侍郎聯元三人到東交民巷使館區送照會，「諭以利害，（外使）若必欲開釁者，可即下旗歸國。」

五月二十二日，第三次會議歷時不長。對於仍反對派兵與外國一戰的聯元及協辦大學士王文韶，慈禧都表示大怒，甚至要聽從載瀾的建議，立斬聯元。光緒帝雖然請榮祿勸慈禧，不宜魯莽開戰，但榮祿未置可否。他知道慈禧的心意顯然已不能改變了，多說無益。

五月二十三日，第四次會議仍在儀鸞殿召開。慈禧開始就決定宣戰，命許景澄去通知外使，限二十四小時內出京。光緒帝、聯元等反對也無效。

四次御前會議，美其名「發揚公論」，實際上慈禧因仇恨洋人與皇位廢立問題，早已定下了她「招團禦侮」的決心，而她巧妙地在事前申明如果戰爭失敗，「勿歸咎予一人」（翻成白話就是「不能把錯全推我身上」），更顯示了她的政治智慧，她先找好代罪羔羊了。

五月三十日，德國公使克林德（Klemens Freiherr von Ketteler）在北京崇文門大街被殺，八國聯軍之役更不能避免發生了。

在召開御前會議前後，北京城內外發生的一些事也應該值得一述。先談宮中領導與王公大臣。慈禧在宣戰後除了以兩面政策來對付拳民、保護自己之外，她在紫禁城裡每天早晨念誦咒語七十遍，還下達過懿旨命五臺山南山極樂寺住持普濟「聯屬義和團民，設法禦擊剿辦，滅此凶夷（

按：指攻打天津的洋兵洋船）」等。鬼神迷信也隨著戰爭失利而彌漫於各王府官邸，載漪等人穿起義和團服裝、學念咒請神。也有親王扶乩問卜、問遷都、問何時洋夷能滅、問西什庫西洋教堂何時可攻破等等，他們都想從詭祕的亂語中尋求到精神的慰藉。河南巡撫裕長，則不做軍事上準備工作，只忙籌措巨金，供巡撫衙門「焚香焚表之用」。政壇人物中不少已是胡鬧不堪了。不僅如此，還有重臣如剛毅，他在天津失守後「放聲大哭」，大損官員形象。另外有官員聽到太后與皇帝要「遷都」、「西狩」的風聲，也紛紛外逃他鄉。直隸布政使廷雍率僚屬「歡迎」聯軍入城；盛京將軍增祺則與俄軍私訂奉天殖民地化的《暫且章程》；榮祿「於三省之讓毫不介意」；奕劻、王文韶等在和談時經常置身事外；尤有甚者，在國難當頭之際，北京城內大官「仍向西城妓館買妾」。還有更無恥的表現，在北京陷落於八國聯軍之後，竟有八旗子弟「得日本寵，直以日本之新民自居」、為子取號「東民」的，種種怪事，真是無奇不有。

　　在北京城外，應從聯軍攻打天津說起。慈禧頒布宣戰詔書之後，大沽口就被聯軍攻陷了。前線敗訊傳來，慈禧又緊張了起來，在榮祿的勸說下，她即刻改變了態度，命令榮祿派人在東交民巷使館區前樹立木牌，上書「欽奉懿旨，力護使館」等字樣，禁止拳民與清兵進入侵擾。又向洋人解釋：「中國即不自量，亦何至與各國同時開釁，並何至恃亂民以與各國開釁？此意當爲各國所深諒。」並不斷向外國使館與教堂運到瓜果蔬菜，以示慰問。然而這些示好的態度並不能阻止列強軍事行動，八國聯軍由大沽口登陸後不久便占領天津，慈禧驚慌失措，一面要各地將軍、督撫遵行詔書，與洋人作戰到底，一面又準備調李鴻章來北方任直隸總督，與洋人進行談判，而且幻想請俄國出面幫忙，解決問題。慈禧雖善權謀，這一次顯然不靈了。七月十八日聯軍佔領了通州，北京城已在兵荒馬亂之中，官員們紛紛逃跑，京師呈現一片混亂。使館區被拳民圍攻了五十六天，天主堂被進擊了六十三天，始終都不能得手。這其中原因除榮祿不斷派人送食物、禁止清兵參戰外，還據說清方暗中運送武器給洋人的。拳民只好以血肉之軀，憑著不可信的法術，迎向洋人的子彈，成了炮火下的亡魂。

清廷在北京發布了宣戰詔書，全國各地理應遵旨一致行動抗敵才對。可是兩江總督劉坤一、湖廣總督張之洞、兩廣總督李鴻章（後被調任直隸）等人為首，聯絡東南地方疆吏，採取了抵制的態度，他們認為宣戰詔書是「矯詔」，是「亂命」，斷不奉行。相反地，在他們管轄的省區內鎮壓拳民，保護洋人使館與教堂，而和洋人和睦相處，這一奇特局面，史稱「東南互保運動」。

八國聯軍侵華期間，東南地區雖然「互保」了，但東北各地卻深罹大難，人民被戮殺之多，土地被侵佔之廣，為禍程度之慘，比天津、北京有過之，無不及。沙皇俄國早就企圖把中國東北變成「黃俄羅斯」，八國聯軍之役正好給了他們千載難逢的機會，俄軍調動了十八萬人兵力，分七路挺進中國京津與東北地區。不但在海蘭泡與江東六十四屯等邊區有計畫地進行大屠殺華人，其罪行真令人髮指；而且在黑龍江、吉林、遼、瀋等地區也大作燒殺搶劫的壞事。他們定下了「解除滿洲軍隊及要塞的武裝」以及「將來滿洲必併入俄國」方針，逼迫盛京將軍增祺簽訂《奉天交地暫且章程》，甚至到《辛丑和約》簽訂後各國撤兵時，俄軍仍霸佔東北，終於使東北淪為俄、日競逐的戰場，幾達半個世紀之久。

總之，由於慈禧一派人的自私無知，招來了八國聯軍的慘禍，也加速了清朝的覆亡。

44 出奔、和約、回鑾

八國聯軍在光緒二十六年六月十八日（西曆一九〇〇年七月十四日）攻陷天津；七月十八日通州也被洋兵佔領，北京情勢危急，慈禧決定離宮逃難了。不過，她在出奔之前，還做了兩件報復的戮殺事件：一是在朝廷或御前會議上與她唱反調，認為拳民不可依靠、洋人不可傷害的五位主和派大臣──袁昶、許景澄、徐用儀、聯元、立山，在八國聯軍逼近北京前夕，未經審問，就被處斬了。直到《辛丑和約》訂立後，清政府才頒詔昭雪他們，給予旌表，史稱「五忠」。二是慈禧在倉皇逃出紫禁城前，命令太監把珍妃丟下井中溺斃。據《德宗遺事》等書說，光緒帝原不想與慈禧一起出奔，他願留在京中「親往東交民巷向各國使臣面談」，以求和議。慈禧堅決不同意而逼令光緒帝同行。《崇陵傳信錄》中記慈禧怕「帝留之不為己利」，因為留他在北京就有獨立發展的機會，太后的權位立刻會喪失的。不僅如此，光緒帝的寵妃珍妃留在北京也是問題，所以在出逃之前，必須解決。於是七月二十日下午，珍妃被太監推入景運門外的一口井中殺害了。慈禧決定處決異己人士時是從不手軟的！光緒二十七年十二月慈禧回鑾後，派人從井中打撈起珍妃的屍體，並給予安葬，以「隨扈不及，殉難宮中」為辭，追贈珍妃為貴妃，也算是一種補償。

七月二十一日凌晨六時，慈禧與光緒帝等人匆匆走出宮外，慈禧身穿藍布大褂，挽「旗頭座」式髮髻，坐上大鞍騾車。光緒帝穿青洋縐大褂，手攜一赤金水煙袋，神色沮喪地乘溥倫之車。皇后葉赫那拉氏（隆裕）與大阿哥溥儁則另乘馬車，其他各王公大臣騎馬或步行，約千餘人，直往頤和園方向而去。那天中午慈禧等在頤和園用餐，飯後再趕路，當晚在離京七十里的貫市駐蹕。其後繼續西行，連日奔走，極為狼狽，不得飲食，既冷且餓，與宮中奢豪生活，真有天壤之殊。三天之後從貫市到了懷來，這一路中，因農村貧窮，食宿兩難，帝后們吃了一些苦頭，隨行人員有就地過夜的，嘗到了餐風露宿的滋味。不過當一行人抵懷來縣榆林堡後，由於知縣吳永逢迎有術，「肆筵設席，供應自如」，慈禧的弟弟桂祥連鴉片煙都能抽上了。吳永也因此連升三級，後來由七品知縣變成了四品知府。懷來的下一站是宣化府，慈禧為了掩飾自己逃跑的可恥，以光緒帝的名義，頒發了〈罪己詔〉，責備自己對外國宣戰的錯誤，詔書裡特別提到知人不明是一大罪，讓全國無辜人民遭受苦難。她的認罪不但太晚，或者可以說口是心非，只是權術運用而已。

八月十七日到太原，勾留一個多月，閏八月中轉抵西安，慈禧與光緒帝即以陝甘總督衙門為「行宮」，不少太監與大臣也從北京趕來，每日上朝的近一百人。慈禧在西安向全國發號施令，指定了在北京的大臣與列強談判，另下令各省錢糧改送西安。新朝廷的架勢建好了，慈禧的生活也大大改善了，據說日選菜譜有百餘種，設有葷、素、菜、飯、粥、茶、酪、點心八局，日費銀二百多兩，奢靡本性又顯露了。另據記載，慈禧在西安喜好玩樂之事也不改，李蓮英為她物色陝西秦腔等地方戲班，召入行宮演唱，連以碗碟打花點說書的，有時也找來獻藝。慈禧還跟一些王公貴胄的命婦們玩「牧豬奴」遊戲，以金球、元寶作賭注，可見她的心情並不差。反觀光緒帝，容顏憔悴，終日無歡顏，內心十分悲痛。

八國聯軍是光緒二十六年七月進京的，直到第二年，即歲次辛丑的光緒二十七年七月才正式簽約停戰。其中原因是德、比、美、英、日、奧匈、西、法、義、荷、俄等十一國公使先議定好了一份《議和大綱》，要求中國「悔過」，若不「允從」，撤軍無望。清廷代表奕劻、李鴻章上奏慈禧，說明各使「詞意決絕，不容辯論」，而「宗社陵寢，均在他人掌握，稍一置詞，即將決裂，存亡之機，間不容髮」，希望太后「迅速乾斷，電示遵行」。慈禧立即回諭：「所有十二條大綱，應即照允。」經過這一番議約的準備工作，雙方代表才進入討論和約的細節，其時已是二十六年十一月初了。約文中「懲辦禍首」與「賠款問題」是大家爭論的重點，但清方無力爭辯，也不容爭辯，最後在光緒二十七年七月二十五日（西曆一九〇一年九月七日）清廷與十一個列強國家簽訂了《辛丑和約》。這個條約的主要內容約有賠償兵費四億五千萬兩；燬大沽至北京沿途炮臺；拓京師各使館地界並增兵保護使館；仇教各府縣停止文武考試五年；懲辦罪魁、遣使道歉；改總理各國事務衙門為外務部等項。其中遣使向日本與德國道歉，並為遇害的德國公使與日本書記生立碑，仇教各府縣停辦科考以及污瀆或挖掘外人墳墓者賠款立碑等事，令國人極為反感，憎恨政府懼外媚外的行為，尤其慈禧在戰後又下詔罪己，使政府與統治者的威信盡失。另外，北京至山海關沿途及北京城內使館區准許外國駐軍、北京至大沽口一路的炮臺全部削平，這些都使中國主權喪失，也使北方門戶洞開，而無國防可言。至於賠款數字龐大，為歷次條約僅見。四億五千萬兩分三十九年還清，加上利息四厘，共為九億八千萬兩，又有其他賠款，總數過十億，相當於當時清政府十個財政年度的總收入，負擔之重，直接影響到國家財政與人民生活，根本扼殺了中國的財經命脈。

《辛丑和約》簽訂後的第二十九天，即八月二十四日，慈禧帶著三千輛車，離開西安、回鑾北京。沿途大修行宮、尖站，從西安到北京二千七百多里行程中，共設富麗行宮三十七座，尖站公館為數極多，花費非常之大，僅洛陽一地，即用了三萬兩之多。另外凡慈禧必經之路，無不大肆整修，有些山澗溝谷羊腸小徑，也改為平坦開闊的馬路。全部「御道」都要求用細軟黃土鋪於路面，以使馬蹄行之無聲而且平穩。如此工程，據當時英國《泰晤士報》記，一英里就得花費一千英磅，全程所費，由此可窺知一斑了。特別是在開封停留了一個月，大肆慶祝慈禧的生日，百官蟒袍朝賀，演戲大宴，有人說至少用掉三萬兩白銀。以上三項只是犖犖大者，還有沿路發給大小官員及兵丁等人的賞金，日常生活消費等等，實在無法統計。這不過是回鑾時的揮霍，如果把整個「西狩」期間的資財耗費全數計算一下，絕對是驚人的天價。

光緒二十七年十一月二十七日（西曆一九〇二年一月六日），帝后們回到北京，據說慈禧乍見北京前門、大清、天安三門被戰火破壞的殘留景象，為之「泣涕引咎」。事實上，聯軍攻佔北京，使都城空前蒙難。聯軍統帥德國人瓦德西（Alfred Graf von Waldersee）曾說：「佔領北京之後，曾特許軍隊公開搶劫三日，其後更繼以私人的搶劫，北京居民所受之物質損失甚大。」他又說：「因搶劫時所發生之強姦婦女、殘忍行為、隨意殺人、無故放火等事，為數極其不少。」還有皇家園林頤和園的寶物與政府機關翰林院裡的《永樂大典》等百世珍藏，不是洗劫一空，就是毀棄流散，這些奇珍與文物的損失，更非錢財可以計算的了。

慈禧的自私愚昧，引發了八國聯軍侵華戰爭。她的奢侈揮霍，深化了國家的兵弱民貧，後世史家將她的罪惡載入近代史冊，實在並非無因。尤有甚者，聯軍與和約，還造成了清朝嚴重的政治危機：清廷的威信掃地。在帝制中國，皇權原本是至高無上的，諭旨比法律還具有威權性。然而清朝自鴉片戰爭之後，接連地與外國簽訂喪權辱國的條約，使政府與皇室的顏面無光。到慈禧干政後，又因她一己的私利，發生過多次政爭，導致政局更形混亂，皇權大受侵害。庚子年又鼓動拳民鬧事並發動對外戰爭，結果喪師失地，生民塗炭，其後又逼得皇帝下詔罪己，在一般臣民心中，朝廷與皇室的威望當然更為低落了。以「東南互保運動」為例，南方疆臣大吏竟敢不奉詔參戰，而且視聖旨為「矯詔」、「亂命」，真是膽大包天，心中根本沒有皇帝與朝廷存在。等到八國聯軍之役的大劫難結束，北方中央政壇上有權勢的王公大臣多人被殺、被革或被充軍了，南方陳兵自保的洋務派，在戰後有些人進入了朝廷中樞，擔當大任，他們比較清醒地了解時局的危急性與緊迫性，因而主張加大加快改革的腳步，無異是進一步地挑戰皇權，動搖滿族統治國家的地位。加上《辛丑和約》賠款的負擔壓力，宰制了清廷的財經命脈，也耗盡了清廷的生存元氣，清朝的前途是愈來愈不樂觀了。

45 慈禧新政

慈禧在離京西奔之後，一方面是迫於內外壓力，另一方面是為了欺騙中國官民及外國人士，先後發布了幾次詔書諭旨。光緒二十六年七月二十六日（西曆一九〇〇年八月二十日），先在宣化縣的雞鳴驛以皇帝名義頒降了〈罪己詔〉，承認「負罪實甚」，表示要「滌慮洗心」。兩天以後，又下詔廣開言路，要求官員們對朝廷的錯誤、政事的闕失、民生的休戚，「務當隨時獻替，直陳毋隱」。十月初十日，在西安又第三次降諭，除了「痛自刻責」這次發動對外戰爭的不當外，並要求內外大臣一起各就現在情形知無不言地上奏，顯然有更新政治的意圖。

兩個月之後，見大家反應不熱烈，為了改善窘境，慈禧又以皇帝名義頒布了變法詔書。這份詔書，首先說明為「強國利民」主張變法，聲稱：「我中國之弱，在於習氣太深，文法太密，庸俗之吏多，豪傑之士少。文法者，庸人借爲藏身之固，而胥吏倚爲牟利之符。公事以文牘相往來，而毫無實際。人才以資格相限制，而日見消磨。誤國家者在一私字，困天下者在一例字。至近之學西法者，語言文字、製造機械而已。此西藝之皮毛，而非西政之本源也。……舍其本源而不學，學其皮毛而又不精，天下安得富強耶？總之，法令不更，錮習不破，欲求振作，當議更張。」因此內外大臣應實事求是，「參酌中西政要，舉凡朝章國政、吏治民生、學校科舉、軍政財政，當因當革，當省當併，或取諸人，或求諸己，如何而國勢始興，如何而人才始出，如何而度支始裕，如何而武備始修」，各舉所知，抒誠上報。不過所有改革只能在恪守「三綱五常」的傳統信條基礎上進行，可見慈禧還存在著不少的私心。

十二月二十五日，慈禧再以皇帝名義「頒自責之詔」，除進一步表明變法決心外，還公布了三點聲明：㈠為「固邦交」，不惜「量中華之物力，結與國之歡心」。㈡對「東南互保運動」中各地疆臣大吏的行為不予追究。㈢重申變法主張，讓全國相信這次變法是真要改弦更張，儘管如此，各地及中央官員條陳建言的還是不多。

光緒二十七年三月初三日，清廷為推動變法，下令成立督辦政務處，「派慶親王奕劻、大學士李鴻章、榮祿、崑岡、王文韶、戶部尚書鹿傳霖為督辦政務大臣，劉坤一、張之洞亦著遙為參預，各該王大臣等，於一切因革事宜，務當和衷商榷，悉心詳議，次第奏聞。……回鑾後，切實頒行，示天下以必信必果，無黨無偏之意。」從以上任命的官員來看，可謂一時之選，而且兼顧到中央與地方。在設立督辦政務處的同時，清廷又公布了一份政務處開辦條議，如人員組成、職責所在、工作細則、變法大綱、實施意見、改革決心等等，表明清廷確實有意變法。不過，這份條議也顯示了當時人對西洋政治制度的了解僅屬表觀性質，還不夠真正地深入，同時，「中學為體」的傳統心態仍未去除。當然平心而論，條議已經可以代表清廷的變法宣言了，可以讓臣民們減低不少疑慮，結束觀望的心態。

由於清廷表達了變法的若干誠意，三月初七日，山東巡撫袁世凱首先提出了新政意見十條，重點有充實武備、改進財政、開通民智、遞減歲科鄉試取中名額、增設實學、派遣遊學等等。五、六月間，兩江總督劉坤一、湖廣總督張之洞聯名會奏三次，內容全是關乎變法改制的，當時人稱為「江楚會奏變法三摺」。第一摺上於光緒二十七年五月二十七日，就興學育才提出四項建議，計有設文武學堂、酌改文科、停罷武科、獎勵游學等。奏摺最後還說：「此四條，為求才圖治之首務。」四者可以互相貫通，互相補益。並呼籲「揆之今日時勢，倖無可倖，緩無可緩」，懇請朝廷決意施行。第二摺進呈於六月初四日，就整頓清朝吏治、軍事、司法及八旗生計四方面，提出十二項建議，計有崇節儉、破常格、停捐納、課官重祿、去書吏、去差役、恤刑獄、改選法、籌八旗生計、裁屯衛、裁綠營、簡文法等。劉坤一與張之洞還在奏摺上強調說這十二項「皆中國積弱不振之故，而尤為外國指摘詬病之端」，他們請求政府先將這些弊端一律翦除，以固人心，禦外侮。第三摺上呈的時間是六月初五日，就採用西法提出十一項建議，計有廣派遊歷、練外國操、廣軍實、修農政、勸工藝、定礦律路律商律交涉刑律、用銀元、行印花稅、推行郵政、官收洋藥（按：即鴉片專賣）、多譯東西各國書等。這些建議有些已經在施行了，劉、張只特別重申而已。

「江楚會奏變法三摺」到達西安後，八月二十日，光緒帝的上諭與慈禧的懿旨同時頒降，他們都肯定劉、張的建議，並說「整頓中法，仿行西法各條，事多可行」，命督辦政務處按照三摺內容，「隨時設法，擇要舉辦」。帝后的變法態度，在當時真給人有耳目一新的感覺。

從光緒二十七年三月到光緒三十一年十一月，近五年之間，清廷在革新官制、吏制與法律方面發布了不少命令，重要的有：

(1)設立督辦政務處。
(2)改總理各國事務衙門為外務部。
(3)設立商部，路礦總局併入。
(4)設立練兵處。
(5)設立巡警部。
(6)設立學部。
(7)裁汰衙門胥吏、差役。
(8)停止捐納買官。

(9) 裁汰河東河道總督。
(10) 歸併詹事府於翰林院。
(11) 裁撤湖北、雲南巡撫。
(12) 裁撤廣東巡撫。
(13) 各省綠營防勇酌裁人數。
(14) 各省籌設武備學堂。
(15) 命鐵良等辦理京旗練兵事。
(16) 命遊學生返國聽候錄用。
(17) 廢八股文，改試策論。
(18) 改書院於省城設大學堂。
(19) 命各省選派學生出國留學。
(20) 頒布學堂章程。
(21) 頒布《商會簡明章程》。
(22) 頒布《大清商律》。
(23) 頒布《公司註冊章程》。
(24) 頒布《礦務章程》。
(25) 修改《大清律例》。

從以上改革的項目看來，正如清史前輩學者蕭一山在他的《清代通史》中所說的：慈禧新政「似較戊戌百日維新時所舉之條目為多，其實全未出光緒帝當時變法之範圍，更未出劉坤一、張之洞所建議之範圍，不過分一事為數詔，延百日為五年而已」。事實上，同時代人黃遵憲早就作如下的評論了：「今回鑾將一年，所用之人，所治之事，所搜括之款，所娛樂之具，所敷衍之策，比前又甚焉。展轉遷延，卒歸於絕望，然後乃知變法之詔，第為避禍全生，徒以之媚外人而騙吾民也。」

慈禧新政既然是遷延應付的手段，媚外國、騙人民的一種宣傳，而其本旨卻在繼續維持大清朝統治、維持慈禧她個人的地位與權力。因而有識之士便紛紛作更大更多的要求。有人要變更國體，改行立憲；有人則主張革命，乾脆推翻清朝，建立民國了。

光緒三十二年七月十三日（西曆一九〇六年九月一日），迫於內外交加的壓力，清政府宣布預備立憲。首先改革官制，明定責任。次定更張，並將各項法律詳加釐定；而又廣興教育、清理財政、整飭武備、普設巡警，使紳民普悉國政，以為預備立憲之基礎。從表面上看，是清廷順應民意與時代潮流，改變國體。實際上，只不過掩人耳目，延續其統治而已。

光緒三十四年八月初一日（西曆一九〇八年八月二十七日），即慈禧與光緒帝死亡的前兩個多月，清政府頒布了《憲法大綱》，在大綱裡規定：「大清皇帝統治大清帝國，萬世一系，永永尊戴」；「君上神聖尊嚴，不可侵犯」。皇帝擁有至高無上的特權，如欽定法律，設官制祿，黜陟百司，統率軍隊，綜理外交，宣布戒嚴，掌握財政、爵賞及恩赦，召集、開閉、停展及解散議院等等。慈禧在推行立憲國體時，始終關注的是乾坤獨攬的君權，在憲法文字上確實保障了君權可以永固，慈禧當然樂於改行立憲。不過，在仿行立憲的過程中，處處還都可以看出她以君權為重，以她能否握權為第一考量，所以變法也好、改國體也好，都只是清政府，或者可以說是慈禧個人，所設計的騙局罷了。

46 光緒之死

光緒帝只活了三十八歲就結束他短暫而又不快樂的生命。他死亡的地點是北京中南海瀛臺的涵元殿。死亡的時間是光緒三十四年十月二十一日（西曆一九〇八年十一月十四日）酉正二刻三分（下午六時三十三分）。死亡的原因則有壽終正寢與死於非命兩種不同的說法。說病死的多是正史的記載，如《大清德宗景皇帝實錄》、《光緒朝東華錄》、《清史稿》，私人的也有如《德宗請脈記》一書，這本書是江蘇名醫杜鍾駿的手撰本，他曾被浙江巡撫馮汝騤推薦北上為光緒帝看過病。他在書中紀錄了此次入宮診病經過以及光緒帝臨終前的病狀，他認為皇帝是生病死亡的。說毒害的則都是私家的記述，至於誰毒死光緒帝的呢？有以下幾種說法：

㈠**慈禧**。惲毓鼎的《崇陵傳信錄》中記：「時太后病泄瀉數日矣。有譖上者，謂帝聞太后病，有喜色。太后怒曰：『我不能先爾死！』」這雖是一則傳聞，但惲毓鼎在宮中做過官，對內宮情形很熟悉，而且在當時的情勢之下，如果沒有得到慈禧的指令或默許，任何人都不敢也不能對光緒帝下毒的，因此這一傳聞在當時為很多人所相信，特別是保皇黨梁啟超等人都確信為真。

㈡**李蓮英**。慈禧御前女官德齡在《瀛臺泣血記》裡說：「萬惡的李蓮英眼看太后的壽命已經不久，自己的靠山快要發生問題了，便暗自著急起來。他想，與其待光緒掌了權來和自己算帳，不如還讓自己先下手為好。經過了幾度的籌思，他的毒計便決定了。」李蓮英是慈禧面前的大紅人，大權監，得到慈禧的默許先毒害光緒帝是有可能的，慈禧也是怕身後被光緒帝算帳的，因此這一說也很能得到人們的相信與認同。

㈢**袁世凱**。清朝末代皇帝溥儀，也就是宣統帝，他後來出版了一本《我的前半生》的書，其中有一段文字說：「我還聽見一個叫李長安的老太監說起光緒之死的疑案。照他說，光緒在死的前一天還是好好的，只是因為用了一劑藥就壞了，後來才知道這劑藥是袁世凱使人送來的。」乍聽起來，好像也有些道理，因為自戊戌政變之後，光緒帝對袁世凱確是恨之入骨，如果慈禧一死，光緒帝再得皇權，袁世凱是非被殺不可的。因此袁世凱先下手為強，毒害光緒帝並非不可能。

㈣**奕劻**。胡思敬的《國聞備乘》中記：「迨奕劻薦商部郎中力鈞入宮，進利劑，遂泄瀉不止。次日，鈞再入視，上（按：指光緒帝）怒目視之，不敢言。鈞懼，遂託疾不往，謂恐他日加以大逆之名，賣己以謝天下也。」這一說相信的人不多，不過有此一說就是了。

以上各說，其實都是傳聞，所以近代研究慈禧的專家學者都不敢盡信。正好清宮裡的檔案公開了，大家看到了當時御醫所寫的脈案以及用藥清單等資料，看法也有了改變，認為傳聞不如史料可靠，因此不少人都相信光緒帝是病死的。

就公開的清宮史料來說，其中有兩類是重要的，一是光緒帝自述的〈病原說略〉，從中我們可以了解光緒帝自幼就體弱多病，而且有長期遺精、耳鳴、身肢痠疼的病症。他說：「遺精之病將二十年，前數年每月必發十數次，近數年每月不過二三次，且有無夢不舉即自遺洩之時，冬天較甚。……腿膝足踝永遠發涼，自去年來甚覺惡風，稍感風涼則必頭疼體痠，夜間蓋被須極嚴密，若微露肩臂即能受風，次日便覺不爽。……其耳鳴腦響亦將近十年。……腰腿肩背痠沉，每日須令人按捺，……此病亦有十二、三年矣。」可見其身體極不健康，可以說是弱不禁風的病秧子。另一類是宮中收藏醫案檔冊，有關光緒帝的部分相當齊全，形同私人原始病歷。從光緒十年到十二年的脈案記載，可以證明十幾歲的小皇帝經常患感冒及脾胃病，丸藥與湯藥的處方存得很多。不過在戊戌政變之前，他或因年輕身體尚能支持，但經歷百日維新與囚禁瀛臺這些大變故之後，顯然衰弱之象增強了。光緒二十五年正月初二日的一份脈案可以一讀：

朱焜、門定鼇、莊守和、張仲元請得皇上脈息左寸關沉弦稍數，右寸關沉滑而數，兩尺細弱，沉取尤甚。面色青黃而滯。左鼻孔內腫痛漸消，乾燥稍減，時或涕見黑絲。鼻下又起小瘍。頭覺眩暈，坐久則疼。左邊頰頤發木，耳後項筋痠疼。腭間偏左粟泡嗆破，漱口時或帶血絲，咽喉覺擋，左邊似欲起泡，右邊微疼，嚥物痛覺輕減，其味仍見發鹹。舌胎中灰邊黃。左牙疼痛較甚，唇焦起皮。口渴思飲，喉癢嗆欬，氣不舒暢，心煩而悸，不耐事擾，時作太息。目中白睛紅絲未淨，視物朦朧，左眼尤甚，眼胞時覺發脹。耳內覺聾，時作烘聲。胸中發堵，呼吸言語丹田氣覺不足，胸中窄狹，少腹時見氣厥，下部覺空，推揉按摩稍覺舒暢。氣短懶言。兩肩墜痛。夜寐少眠，醒後筋脈覺僵，難以轉側。夢聞金聲偶或滑精，坐立稍久則腰膝痠疼。勞累稍多則心神迷惑，心中無因自覺發笑。進膳不香，消化不快，精神欠佳，肢體倦怠，加以勞累腰痠，腿疼愈甚。下部潮濕寒涼。大便燥結。小水頻數時或艱澀不利等症。……

這一年光緒帝還不到三十歲，一個壯年人竟是如此的百病纏身，老態畢露。八國聯軍之役發生後，珍妃的死令他「悲憤之極，至於戰慄」。西奔逃難期間，身心受到傷害更多，他元氣渙散，說話時「其聲極輕細，幾如蠅蚊，非久習殆不可聞」。這是懷來知縣吳永對他的觀感，可見他確實是很虛弱了。光緒三十四年四月初四日，從江南召來的名醫陳秉鈞、曹元恆為他診脈時，寫下的脈案是：

……皇上脈弦數較減，輕取重按皆虛弱無力。審察病由，耳響作堵，有增無減；足跟作痛，有減無增。現在腰痛不止，上連背部，下及胯間。考腰為腎府，封藏有虧，肝火上升，脾濕下陷。偏於右者，以左屬血、右屬氣，氣血不能流貫，風濕兩邪，竄經入絡。……

光緒帝的病狀顯然更嚴重了。

光緒三十四年十月二十一日子時，也就是皇帝死前約十六、七個小時，御醫張仲元、全順、忠勳三人會診的結果是：

……請得皇上脈息如絲欲絕。肢冷，氣陷，二目上翻，神識已迷，牙齒緊閉，勢已將脫。謹勉擬生脈飲，以盡血忱。

人參一錢　麥冬三錢　五味子一錢

水煎灌服。

其後江南徵召的名醫杜鍾駿、周景濤等也相繼入宮診視。他們所寫的脈案是：

……臣杜鍾駿請得皇上脈左三部細微欲絕，右三部若有若無。喘逆氣短，目瞪上視，口不能語，嗆逆作惡。腎元不納，上迫於肺，其勢岌岌欲脫。……

……臣周景濤請得皇上脈左寸散，左關尺弦數，右三部浮如毛，若有若無。目直視，唇反鼻搧，陽散陰涸之象。……

顯然光緒帝已只剩下一息游絲了。

當天傍晚六點多鐘皇帝駕崩了。由以上病情變化來看，光緒帝似乎是因病而死的，這也是近二十幾年來很多學者認為他非遭人毒害的依據。

然而，近年以來，說法翻新了。特別是二〇〇八年冬天，突然又有了新發現，說是經過科學驗證，命運坎坷的光緒帝並非自然病死的，而是急性胃腸性砒霜中毒而亡。這一說法確實不是無稽之談，它是光緒帝的遺物經化驗測得的結論。光緒帝死後葬在清西陵區，位於河北省易縣，陵寢名為「崇陵」。西陵區為雍正、嘉慶、道光、光緒四帝的長眠地。目前清西陵有文物管理處，該處曾在崇陵地宮中收集了若干頭髮、遺骨與衣物，妥予保存。二〇〇三年起，清西陵文管處與中國原子能科學研究院反應堆工程研究設計所、北京市公安局法醫檢驗鑒定中心共同聯合組成「清光緒帝死因」專題研究課題組，從事科學研究，並列入國家清史編纂委員會的《國家清史纂修工程重大學術問題研究專項課題》。專家們從測定光緒帝頭髮中的砷含量入手，利用「中子活化法」、「X射線螢光分析法」、「原子螢光光度法」、「液相色譜／原子吸收光譜聯用分析法」等現代科技，透過對比、模擬實驗和雙向圖例，對光緒帝的頭髮、遺骨、衣服以及崇陵內外環境取樣，進行反覆的檢測、研究和縝密的分析，證實了光緒帝的頭髮截段和衣物上，含有劇毒的三氧化二砷（即砒霜）。

另據國家清史編纂委員會主任委員戴逸教授等十三位專家聯合撰寫的《清光緒帝死因研究工作報告》指出：一般人口服砒霜六十至二百毫克就會中毒身亡，而光緒帝屍體沾染在部分衣物和頭髮上的砒霜總量則高達二〇一．五毫克，說明光緒帝攝入體內的砒霜總量明顯大於致死量。專家們還進一步證實了光緒帝胃腹部衣物上的砷，係其含毒屍體腐敗後直接侵蝕遺留所致，而其衣領部位及頭髮上的大量砷，則由其腐敗屍體溢流侵蝕所致。絕非來自環境污染或慢性中毒自然代謝產生。

這一新發現、新科學驗證如果是真的、正確可靠的，慈禧似乎又得惹上嫌疑犯的罪名了。

47 立嗣溥儀與慈禧歸天

光緒三十四年夏天，慈禧開始患病，經常「兩目垂重，肢節軟倦，頭有微暈，耳有金聲」，稍後又有腹瀉之症，雖經御醫悉心調理，仍是久治不愈。不過十月初十日是她的七十四歲大壽，宮中舉行了祝壽慶典，晚上還有精采的大戲演出，直到戲散她才回宮休息。這時光緒帝的病情也加重了，慈禧知道他的生命快到盡頭，因而不得不立嗣以備不虞。十月十四日，她先命令慶親王奕劻離京去河北遵化縣普陀峪為她預建的「萬年吉地」查看陵寢工程，以為調虎離山之計。不久後在北京她就祕密召見軍機大臣張之洞、世續，商討立嗣問題。

據《國聞備乘》中記：世續與張之洞因為光緒帝沒有生子，恐慈禧立幼主再出垂簾，遂共同提議：「國有長君，社稷之福，不如徑立載灃。」載灃也是醇親王奕譞的兒子，光緒帝的弟弟，時年二十五歲，已任軍機大臣，算是慈禧的至親。慈禧覺得兩位大臣說的雖有道理，「然不為穆宗（按：指同治帝）立後，終無以對死者。今立溥儀，仍令載灃主持國政，是公義、私情兩無所憾也。」溥儀是載灃的兒子，這樣也與世續、張之洞所建議的差不多。結果就決定了載灃為攝政王，溥儀為嗣君，兼祧同治與光緒二帝。如此一來，慈禧也對尸諫死去的吳可讀沒有食言，可以說各方面都顧及到了。

十月二十日，光緒帝病危時，慈禧連降三道懿旨，分別是：㈠「醇親王載灃之子溥儀，著在宮內教養，並在上書房讀書。」㈡「醇親王載灃著授為攝政王。」㈢「朝會大典，常朝班次，攝政王著在諸王之前。」

第二天，光緒帝賓天，慈禧又降懿旨三道，重要內容有「溥儀著入承大統為嗣皇帝」，「以溥儀承繼穆宗毅皇帝（按：指同治帝）為嗣，並兼承大行皇帝（按：指光緒帝）之祧」，以及「現值時事多艱，嗣皇帝尚在沖齡，正宜專心典學，著攝政王載灃為監國。所有軍國政事，悉秉承予之訓示，裁度施行。俟嗣皇帝年歲漸長，學業有成，再由嗣皇帝親裁政事」。

溥儀當時年僅三歲，為什麼被慈禧看中呢？原來他是道光帝的曾孫，慈禧親妹夫醇親王奕譞的嫡孫，光緒帝的親姪子。溥儀的生母瓜爾佳氏是慈禧寵臣榮祿的女兒，她從小在宮中長大，頗得慈禧寵愛，載灃和她的婚事，就是慈禧欽定的。顯見慈禧的私心仍然強烈，而且還想在溥儀當嗣君之後，即使有載灃為攝政王，她這個太皇太后仍是要「所有軍國政事，悉秉承予之訓示，裁度施行」。她真是戀權到瘋狂了，在行將就木入土的時候還要親操政柄，獨攬乾綱，實在令人驚異。實際上，第二天，她就一命嗚呼歸天了。

慈禧的死，現代史家幾乎一致同意是病死的，尤其是朱金甫、周文泉二先生公開了清宮檔案，撰寫了專文〈論慈禧太后之死及其與光緒帝之死的關係〉之後，真相似乎很清楚了。慈禧原有脾胃毛病，後來腹瀉導致慢性消耗，加上她戀棧權力，不能休息靜養，睡眠、飲食都出問題，「遷延日久，精力漸憊」是必然的了。從檔案史料中可以看出慈禧的病情：

十月初六日，御醫張仲元、李德源、戴家瑜的診察是：「腸胃未和，寅卯辰連水瀉三次，身肢力軟。」

十月初八日，張仲元等診得：「胃氣壅滯，脾運仍慢。昨少食秦椒，與胃氣相搏，以致胃膈發辣作疼，夜寐未能安睡，身肢力軟。」顯見病勢加重了。

十月初十日是她的生日，一連六天至十五日，天天忙著慶賀活動，晚上又連著宴會、看戲，多日勞累，對她已患病數月的身體必然不利，因此在壽辰當晚，張仲元、戴家瑜二御醫就發現：「肺氣化燥，胃氣濁滯，脾不化水，水走大腸，以致舌乾口渴，胸悶微疼，食後嘈辣，小水發赤。總覈病情，鬱而生熱，壯火食氣，得食則瀉，是以精神異常疲倦。」可見她的病又關連到了肺部。

十月十四日，張、戴二人偕外省名醫呂用賓入診。呈現的病狀是：「頭痛目倦，心中饚辣難受，煩躁不安，口渴舌乾，咳嗽，時而惡寒發熱。」這一天，她命奕劻出京查看陵寢工程。

次日，張仲元、戴家瑜入診。新增「頭項以及周身疼痛，面目發浮」之病象。

十月十六日至十九日，根據《內起居注》的記載，慈禧沒有任何公開的政治活動，但祕密召見世續、張之洞討論繼統人選就在此時。另據御醫方面的記事，十六日至十八日三天，慈禧的病情無大變化，除「時作咳嗽，頓引脅下作疼，口渴舌乾，大便尚溏，身肢懶倦無力」外，並無新症狀發生。

十月十九日，張、戴二人會診的結果是：「濁氣在上，阻遏胃陽，是以煩躁口渴；清氣在下，肺無制節，所以便溏不止，小關防覺多。燥熱熏肺，時作咳嗽，頓引脅下串疼。穀食不多，身肢軟倦無力。」飲食乏味是顯著現象。

十月二十日，光緒帝已告病危，慈禧雖病情趨於複雜，尚可控制，主要症狀是：「咽燥舌乾，口渴引飲，時作咳嗽，頓掣兩脅作疼。連用甘寒化燥之法，胃熱不減，口渴愈盛。」

十月二十一日，光緒帝在瀛臺涵元殿去世，慈禧的脈象也開始「不勻」，似有心律不整現象，「肝氣沖逆，胃燥不清，以致時作咳嗽，頓引胸脅串疼。口渴舌乾，精神異常委頓，小關防多，胃納太少。」從「穀食不多」、「胃納太少」等文字，可以了解慈禧已經三天不能飲食，至少是飲食不正常了，這對體力支撐極為不利。

十月二十二日，慈禧的病情急劇惡化，御醫三次入診，據說先是「氣虛痰生，精神委頓，舌短口乾，胃不納食，勢甚危篤」。第二次的報告是「脈息欲絕，氣短痰壅，勢將脫敗」。最後說「請得太皇太后六脈已絕，於未正三刻（按：下午二時四十五分）升遐」。御醫束手無策，慈禧終於撒手塵寰了。

從以上清宮脈案等資料可以看出，慈禧應該是正常老病死亡的。她是先患腹瀉，後併發諸症，兼及肝肺等內臟，以致不能飲食，體力更差。加上她帶病理政，不作適當休養，最後身心交瘁，衰竭而死。光緒帝早她一天崩駕，或有可能與她的病情驟變有關。正如研究慈禧的隋麗娟教授說的：「光緒帝之死，很可能對她的病和死有所影響，但這種影響究竟是因悲痛光緒帝之早死而致自己病勢加劇，還是因光緒帝一死，政敵已除，心病已去，後顧無憂，緊張的精神頓時為之一鬆，致使原先本是強自支撐的病體也跟著垮了下來呢？這就不是我們所能主觀推測的了。」

無論如何，慈禧就這樣結束了她奢侈腐化的一生，結束了她貪婪權位的一生，結束了她禍國殃民的一生！不少史家都是如此說的。

48 略談慈禧的生活與嗜好

據一些老太監們的回憶說：慈禧的生活很有規律，有早睡早起的好習慣。嚴冬過後，她喜歡在早晨梳洗、用餐後，走出寢宮，開始散步，雖有李蓮英、崔玉貴隨從，但她很少說話，只享受寧靜，或許是思考應付政務的方針，一直到冬天到來前這習慣極少改變。

慈禧每天吃飯的時間，早餐定在七時，中餐約在十點半鐘或稍後，晚餐則在下午五時。下午兩點鐘以及七點鐘加兩次點心時間。早餐有二十多樣早點，如麻醬燒餅、油酥燒餅、蘿蔔絲餅、清油餅、炸饊子、炸回頭。湯粥類則有各種茶湯，如杏仁茶、牛骨髓茶、鮮豆漿等；稻米粥、八寶蓮子粥、八珍粥、雞絲粥也是慈禧常吃的。午、晚餐據說有一百二十樣葷素菜，外帶時鮮。按清宮祖制，每樣菜「吃菜不許過三匙」，可能是防止被毒害。

慈禧衣著很講究，而且極盡奢華。她夏天喜歡穿繡滿大朵紅牡丹的黃緞袍，繡袍外面常罩上一件華麗的魚網形披肩，由三千五百粒珍珠製成，邊緣還綴以美玉串成的瓔珞；頭上戴著掛滿珠寶而兩旁又鑲有珠花、玉鳳的頭飾。慈禧又喜歡戴珠鐲、玉鐲以及寶石戒指等物。最特別的是她右手中指和小指上戴著三吋長的金護指，左手則戴玉護指。鞋上也有珠珞及各色名貴寶石。可以說全身都是珠光寶氣，莫名的奢侈。

慈禧很注意化妝，她有自製的化妝品。據說她常在寢宮裡的鏡臺前描眉畫眼，傅粉施朱，每天要耗費兩三個小時打扮自己。

慈禧也喜歡沐浴，通常是由宮女為她擦澡，而每次大約須用一百條毛巾；當時已有玫瑰香皂，不過都是宮中御製的。澡盆中的水隨用隨換，永遠保持清潔。

慈禧有些嗜好也是值得一述的。

慈禧喜歡讀書。由於她原本的文化水平不高，在她協助咸豐帝理政以及後來垂簾時，她漸漸感到自己的知識不足。她不像慈安那樣根本無心學習，無意增進自己的程度，反而是個充滿求知慾、積極奮發讀書的人。在咸同之際她初掌政權的時候，她把《帝鑒圖說》看成是必讀的書籍，後來又命大臣們編《治平寶鑒》一書，以備她御覽，她的讀書儘管有些現實的功利目的，但是她愛讀書畢竟是個事實。據老太監們說：慈禧嗜讀中國古典名著如《三國演義》、《水滸傳》、《

西遊記》、《封神榜》、《紅樓夢》等書，從中吸取處人為政的經驗。八國聯軍之役以後，她對《海國圖志》、《瀛環志略》一類介紹西洋知識的新書產生了興趣，當然她是想了解世界大事才閱覽這些書的，可以說她還有著與時俱進的精神，只是為時已晚了一些。她也有時為娛樂而讀書，她在頤和園常令老太監們為她說書，特別是有關歷朝史事的。聽說有一次她對漢朝呂后專政史實還發表過評論。她認為呂后糊塗，封再多的呂姓王公都是無用的，因為武將都是劉邦的人，根本不能控制實權，她的治國必先攬權思想由此可見一斑。

慈禧也愛寫字繪畫，這也許是她附庸風雅的一種行為，但也不失為一項好的嗜好，尤其能幫助她消磨寡居孤獨的時光。雲南昆明女畫家繆嘉蕙，字素筠，是常駐宮中教慈禧書畫的專業「師傅」，她既工花鳥，又善書法，且能彈琴，頗受慈禧賞識。慈禧專攻「福」、「壽」等大字，以便在年終書寫賞賜給大臣。慈禧也有一些工筆畫現今仍存於世，有人以為多是經繆嘉蕙潤飾的，有些可能是繆嘉蕙代筆的作品。無論如何，慈禧有此愛好已是難能可貴了。

照相是清末傳來中國的新鮮玩意兒，慈禧也有興趣，經常讓御前女官德齡的哥哥裕勳齡來宮中為老佛爺攝影。目前仍完好保存在北京故宮博物院中幾十張慈禧的照片都是當時照成的。其中有三張慈禧扮觀音的照片最為有名，據說這也是「老佛爺」稱謂的由來。除照相外，慈禧還迷戀一些西洋的事物，如法國的女裝、高跟鞋、香水、香皂等她都喜愛。華爾滋舞、彈鋼琴、吃西餐等她也都試過，但印象不佳，沒有深入地去學習或仿行。據說她也學過英文，可能是她心中早有仇外的成見，不像那些物質上的享受能帶來快樂，她只學了幾個小時就叫停了。

另外，觀花也是慈禧的偏愛，她的宮中到處放著鮮花，使她有賞心悅目的感受。她平日有吸煙的嗜好，吸水煙，不是旱煙，往往在飯後吸幾口。有人說她吸食鴉片，那是不正確的。

當然慈禧還有一項嗜好不能不說，那就是她愛看戲。在宮中演出的很多戲是太監演的，布景也是太監製造的，劇本有時還是慈禧的作品。宮中有戲曲訓練班，專門訓練太監演文武戲。布景還有一些特製的，如演《羅漢渡海》，臺底下有水井一口，令太監用轆轤汲水，拿唧筒從鰲魚嘴中打出，以增強效果。又《地湧金蓮》的戲，是從臺底下慢慢鑽出四朵大蓮花來，每一朵蓮花上坐一尊菩薩，極為壯觀。宮中演戲的地方有寧壽宮暢音閣、萬壽山德和園、圓明園同樂園等處。演戲常由早上唱到晚。慈禧從咸豐時代即陪皇帝看戲，她本人也會唱戲，寧壽宮當差的老太監耿進喜回憶說：「老太后可甚麼都懂，甚麼都會，崑腔、二簧全成。」有時候還能指導演戲的太監，「撥正了幾句」，堪稱是戲曲的行家。

慈禧也講究養生之道，她有不少保健的藥方，如《長壽醫方》、《補益醫方》以及一些專治眼、髮、鼻、耳、牙、顏面神經、咽喉、肺痰、脾胃、肝、腎、皮膚、避瘟等等藥方百種以上，已經由專家彙集編成《慈禧光緒醫方選議》一書了，這裡不擬贅述。

慈禧的生活起居、習慣愛好，雖然有些是不錯的，但終究給人以極盡奢華的感覺，不甚可取。

49 慈禧與權監

「權監」就是有權勢的太監。清朝本來不可能有權監，因為在滿族入關統治中國之初，有鑒於明朝的太監禍國殃民，在順治時代就訂立了規章：太監不得官階高過四品，太監不許擅出皇城，太監不得干涉外廷事務，太監不准購置田屋產業等等。如有違規的就正法，希望能有「防禁既嚴，庶革前弊」的效果。

然而這一家法到同光時代被慈禧破壞了，她寵任幾個太監，因而有了「權監」的出現。如安得海（一作安德海）、李蓮英（原名李連英）、崔玉貴、小德張等，都是人們熟知的。由於篇幅所限，而權監中也有權勢與影響力的不同，不能盡舉。本節僅就安得海與李蓮英二人作一簡要敘述。

安得海，直隸青縣人，在咸豐七年十月二十七日由輔國公載茯門上送入宮中的，那一年他才十四歲，時當慈禧生子載淳、晉封為懿妃的後一年。據野史《清稗類鈔》、《奴才小史》、《清朝野史大觀》、《十葉野聞》等書所記：安得海聰明伶俐，為人狡獪。他「藝術精巧，知書能文」，並「能講讀《論》、《孟》諸經」，且善於逢迎，「以柔媚得太后歡」。甚至還有人說慈禧對他「語無不納」，「厥後遂干預政事，納賄招財，肆無忌憚」。他又「籠絡朝士，使奔走其門，勢餤駸駸」。由於得慈禧寵愛，連恭親王奕訢他也不予尊重，氣得奕訢對親信說過：「非殺安，不足以對祖宗、振朝綱也。」安得海也製造慈禧與慈安之間的矛盾，對小皇帝載淳也不懼畏。據說同治帝很恨安得海，曾做了一個泥人，時以小刀砍掉泥人腦袋，「殺小安子」以洩憤。這些都是傳聞野史，不過，安得海的罪惡行徑已經躍然紙上了。

大陸一檔館的學者唐益年，在清宮舊檔中為我們找到一批可信的資料，他對安得海的看法是這樣的：

(一)安得海入宮後確實受到慈禧的寵愛，曾為他取了「靈珊」、「伶珊」等可愛的小名字，當然可以說明在慈禧眼中，這小太監是「伶俐」的、「有靈氣」的人。

(二)慈禧垂簾聽政之後，一些原本應由總管或掌案首領太監辦的事，如傳送懿旨等，慈禧竟讓安得海承辦，可見太后對他重用與信任的程度。

(三)同治四年六月，山東道監察御史穆緝香阿上疏指出「溯自漢末及前明，朝政之失，半由宦寺」，希望太后「選忠正老成者為我皇上朝夕侍從，庶將來親政，必不致受其欺蒙蠱惑」，「萬不可使年輕敏捷之人，常侍左右」。行文裡雖沒有提名道姓，但大家都知道是指新近竄起的安得海而言。慈禧看了奏摺之後，不但不發怒反而大加讚許，對安得海也沒有作任何不利的懲處，真是所謂的「說而不繹，從而不改」。可見慈禧對安得海仍是寵愛的。

(四)據清宮檔案所記，安得海在同治七年七月還被賞七品頂戴，兩個月後又升為六品頂戴藍翎太監。更令人不可想像的，此時安得海在宮外已經有了自己的宅院，甚至還花錢買了一個老婆安馬氏。

唐益年先生說：「慈禧太后寵愛安得海，是實實在在的事情，毋庸置疑。」

安得海在經歷升官、購地、娶妻等等大得意事後不到兩年，他竟被斬首死於異鄉山東。這件事值得一述。

事情發生在同治八年七月，安得海率領了太監與宮內當差以及雇覓的鏢手一行幾十人，出宮南下，說是為皇帝大婚到蘇州採辦龍袍，從通州搭船，船上高掛大旗「奉旨欽差採辦龍袍」字樣。船上設有女樂，一路上品竹調絲，設宴作樂，頗引起沿岸人們的注意。七月二十日，船抵山東境界，由於臨清一帶運河水淺，改由陸路行走，一行人在路上聲勢烜赫，對官兵肆行恐嚇。但是安得海等並未有諭旨、傳牌勘合等公文在身，所以在山東泰安縣被巡撫丁寶楨下令逮捕，解送濟南省城審問。安得海開始還有恃無恐地揚言說是奉慈禧之命辦事。丁寶楨認為他未帶文件，而且一路違例攜帶婦女，妄用禁物，搖招各地，實在不當，於是將他們收監候旨。

丁寶楨以極速件送奏摺進京，八月初二日送達，第二天，經過兩宮太后同意，軍機大臣就以皇帝名義頒降了一道密諭：「……該太監擅自遠出，並有種種不法情事，若不從嚴懲辦，何以肅宮禁而儆效尤！著馬新貽、張之萬、丁日昌、丁寶楨迅速派委幹員，於所屬地方，將六品藍翎安姓太監嚴密查拿，令隨從人等指證確實，無庸審訊，即行就地正法，不准任其狡飾。……」八月初六日丁寶楨收到諭旨，第二天即派人將安得海正法了。

八月十一日，朝廷接到丁寶楨已將安得海斬首的奏報之後，又立即發出了第二道上諭，強調「整飭宦寺，有犯必懲」是我朝家法，安得海膽大妄為「實屬罪有應得」，並警告宮中各處太監「自當益知儆懼」。朝廷及宮中對安得海案件的處理可以說既果斷而又合法合理。不過，當時以及日後對安得海被殺有多種看法，例如：

有人認為安得海是宮廷鬥爭的犧牲品，是慈安、同治帝、奕訢聯合打擊慈禧，削弱她羽翼的一個措施，很多人都相信此說。《十葉野聞》裡還說：丁寶楨的奏摺到京時，慈禧「正觀劇取樂」，恭王乃立刻向慈安請示，得到允諾後，便降旨命丁寶楨殺了安得海。瞞著慈禧決定降旨殺安得海，這件事在當時垂簾制度下是不可能的，因為必得兩宮同意才能正式降旨，況且奕訢又何必為一個安得海而大大得罪慈禧呢？

也有人提出「殺安得海是慈禧的一大陰謀」，想以小安子來探知慈安、奕訢的真面目。安得海的被殺也促使慈禧決心除去慈安、奕訢這兩個心腹大患。這種看法不能成立，因為慈禧不須測試根本就了解他們是她取得權位的最大絆腳石，何必繞圈子多此一舉呢？

我個人有一個未必正確的想法，安得海少不更事也少年得志，竟作了購買田屋、娶妻等違反宮規的事，而且當時的人都對他很不滿。同治八年四月，薛福成到山東拜謁丁寶楨，兩人相談甚歡，臨別時丁巡撫感嘆道：「方今兩宮垂簾，朝政清明，內外大臣，各司其職，中興之隆，軼唐邁宋。惟太監安得海稍稍用事，往歲恭親王去議政權，頗為所中。近日士大夫漸有湊其門者，當奈何？」後來翁同龢得悉安得海在山東被捕、家產查封，連呼：「快哉！快哉！」直隸總督曾國藩聽到消息，高興地對薛福成說：「吾目疾已數月，聞是事，積翳為之一開。稚璜（按：丁寶楨字），豪傑士也！」李鴻章閱《邸鈔》，興奮得跳起來，傳示幕客，大叫：「稚璜成名矣！」從這些人的言論與文字中，不難看出安得海的不得人望，他的為非作歹已是觸犯眾怒了，慈禧難道毫無所聞嗎？聰明如慈禧、貪權如慈禧的人，當然會知道權監安得海才是她未來登上權力高峰的絆腳石呢！能不除去嗎？她可能隨口答應了安得海出宮採辦龍袍的要求，甚至故意暗示安得海去蘇州，讓他違反法條被殺。宮中接到丁寶楨的密奏之後，她沒有任何猶豫就同意殺掉她寵愛的小安子，以示她公正無私、嚴守宮規，獲得了不少廷臣的讚賞。而且內務府的奏報中透露了沒收安得海的全部財產，後來由慈禧下令賞給她自己的弟弟照祥了。慈禧得美名，她弟弟得錢財，她家一舉兩得，何樂不為呢？

再來談談李蓮英。據他的墓志碑文記：「公姓李氏，諱連英，字靈傑，平舒世家也。」平舒是唐朝時的古地名，今在河北省河間市一帶。清宮檔案中記他初入宮時叫李進喜。同治十年，安得海已死，他才得寵，經慈禧太后欽賜改名「連英」。「連」字改「蓮」字是後改或被人誤寫，原因不詳。現在史書上多用「蓮」字，本文也從眾。

李蓮英生年有道光二十五年與二十八年兩說，不過入宮時間則為咸豐七年十月十一日，由鄭親王端華門上送進，先在奏事處跑腿，後到景仁宮當差，前後服務了七年，直到同治三年四月才調到慈禧所居的長春宮。安得海被殺時，他也像有關的太監一樣，受到牽連，予以處分。由於他聰明能幹，「事上以敬，接下以寬」，從同治十一年九月起，開始發跡，賞戴六品頂戴花翎，同治十三年三月竟被破格任命為儲秀宮掌案首領大太監。光緒五年十二月，李蓮英升為四品花翎總管，當時他三十幾歲。光緒二十年正月，他又被恩賞二品頂戴花翎，權勢更是顯赫。他在二十多年的時間裡，由普通的八品太監，一躍升為二品花翎總管，升遷之快，是有清歷史上僅有的。

李蓮英顯然非等閒人物，他應該是個非常圓滑狡黠的人。安得海的例子就是他的前車之鑒，他知道無論如何都不能做出對慈禧名譽以及權位有損的事，時時處處必須讓慈禧高興，幫慈禧維護權益。他也了解慈禧是個極端現實的人，不是專用感情的女流之輩，因為他曾得到過慈禧賞賜價值千兩白銀的狐裘，但他也被慈禧重罰過二百多兩的巨金。所以李蓮英不會得意忘形，而謹守規矩地為慈禧服務，他決不能留下把柄，讓王公大臣們有藉口做出對慈禧不利的事。

慈禧也對這樣忠誠的奴才著意保護過，如光緒十二年陝西道監察御史朱一新為李蓮英隨總理海軍大臣醇親王奕譞一同去天津校閱北洋海軍之事，上奏說：「洒今夏巡閱海軍，太監李蓮英隨至天津，道路譁傳，士庶駭愕，意深宮或別有不得已苦衷，匪外廷所能喻。然宗藩至戚，閱軍大典，而令刑餘之輩廁乎其間，其將何以詰戎兵崇體制？」慈禧覽奏大怒，命朱一新拿出證據。朱一新對李蓮英的「妄自尊大，結交外官，干預政事」舉不出實證，而且公開承認是「風聞」入奏。慈禧抓著機會，痛斥了朱一新一頓，並譏諷他「書生迂拘」、「才識執謬」，不足勝言官之任，下令降為主事。

光緒十四年江蘇學政王先謙上奏指李蓮英「秉性奸回，肆無忌憚」、「誇張恩遇，大肆招搖」，請求朝廷「嚴加懲辦」，但也沒有實證，當然不了了之。

光緒二十年底福建道監察御史安維峻上疏批判《馬關條約》的喪權辱國，指責李鴻章誤國賣國，也牽連到李蓮英受賄包庇北洋無能將帥大臣等事。他更大膽地提出「和議出自皇太后，太監李蓮英實左右之」的「市井之談」，表示質疑。又指桑罵槐地說：「皇太后既歸政皇上矣，若猶遇事牽制，將何以上對祖宗，下對天下臣民？至李蓮英是何人斯，敢干預政事乎？如果屬實，律以祖宗法制，李蓮英豈復可容！」這番話很清楚地直指慈禧本人，她當然不能忍耐，根本不要安御史提出實證，便下令將他革職充軍。

李蓮英所以能維持在宮中的地位，是他深知慈禧的貪戀權財的脾氣稟性，他在這方面永遠不留把柄給人，永遠不會損害到主子的名譽與實權，這是能得善終的主要原因。

慈禧於光緒三十四年十月二十二日死亡，李蓮英也在辦完大喪典禮後一百天左右，即宣統元年二月初二日，離開了他服務五十多年的皇宮，當時內宮主政者是慈禧的姪女隆裕皇太后，她為了感謝他在宮中多年的服役，准他「原品休致」。兩年後，李蓮英病死在北京自己的家中，清宮還下令賜銀一千兩，賞葬在京西恩濟莊太監墓地，李蓮英也算是死後哀榮備至了。

一九六六年，大陸紅衛兵為破「四舊」將李蓮英墓損毀殆盡，這位權監竟遭到如此的身後劫難，亦屬大不幸事！

50 身後劫難

光緒三十四年十月二十二日慈禧薨逝，先停棺木於寧壽殿，後移到煤山腳下，等待吉日奉安到清東陵安葬。在這約一年的期間，祭祀一直不斷，前後焚燒過無數的紙人、紙馬、樓庫、器皿、松亭、松橋、衣帽、鞋履、衾枕、被褥等等。宣統元年（一九〇九）七月十五日「中元節」這一天的祭祀活動中，在東華門外燒了一隻「大法船」，據說價值十幾萬銀兩。這條用紙紮成的大船長二十二丈、寬二丈二尺（或說長十八丈餘、寬二丈。清制，一營造尺合三十二公分），船上有糊以綾羅綢緞的亭臺樓閣，還有侍從、太監、僕婦及一切器物等紙紮品，其旁環跪著身穿禮服的官員，一如平日召見臣工時的模樣，攝政王載灃以皇帝名義在船前舉行祭典，祭後舉火焚燒。十多萬兩白銀即化為烏有。到了奉安前一兩天，所焚紙紮人物、駝馬、器物，更是不可勝計。

英國《泰晤士報》記者報導說：「（光緒）皇帝喪費不過四十五萬九千九百四十兩二錢三分六厘；而太后之喪費，則在一百二十五萬至一百五十萬兩之間。」可見花費之多。

奉安大典在宣統元年十月初四日舉行。出殯的行列浩浩蕩蕩，皇家要員傾巢而出。送葬隊伍中有萬民旗、萬民傘、上千人的法架鹵簿儀仗隊，數不清的金瓜、鉞斧、朝天鐙，真是刀槍如林，幡旗蔽日。慈禧的梓宮由一百二十八人一班輪流抬扛，棺槨裝飾成轎子模樣，取名「吉祥轎」。跟在這「轎」子後面的是十幾路縱隊的軍裝兵弁，最後由數千輛車子組成的大車隊，載著皇親國戚與文武官員。整個送葬隊伍蜿蜒十幾華里，「統觀全隊，炫耀威嚴之景，使人印於心而不忘」。喜歡消費的慈禧，最後還讓中國人民為她付出這一大筆的帳單。

慈禧的墓地坐落在北京東北遵化縣清東陵的昌瑞山南面，與慈安的墓地並立於咸豐帝定陵東側，統稱為定東陵。同治十二年（一八七三）三月十九日，已撤簾歸政的慈安、慈禧兩位太后，親選定陵旁的普祥峪、普陀峪分別為她們未來長眠的「萬年吉地」，八月二十日破土興工，到光緒五年（一八七九）六月二十二日峻工。慈安陵用銀二百六十六萬五千餘兩，慈禧陵則用銀二百二十七萬兩，當時完工的這兩座陵寢算是清代諸后妃陵中相當好的了。光緒二十一年，發生中日甲午戰爭的後一年，其時慈安已去世十多年了，慈禧竟在國家負擔巨大賠款壓力與國內罕見災荒經濟蕭條時，她不顧國家財政困難，下令將方城、明樓、寶城、隆恩殿、東西配殿等主體建築全部拆除重建，朝房、值房等附屬建築揭瓦大修。這些工程到慈禧死前幾天才正式完工。由於所用工料貴重、工藝高等、裝修華麗，耗費的工資真是驚人。除此之外，慈禧的隨葬品在價值與數量上都是令人嘆為觀止的。當時的隨葬品大約可以分成兩部分：

一是生前放進墓中金井的珍寶。據清宮檔案《大行太皇太后升遐記事檔·普陀峪金井安放帳》所記，生前一共分六批向金井中放下珠寶珍品，時間分別是光緒五年三月二十五日、十二年三月十二日、十六年閏二月十九日、二十八年三月初十日、三十四年十月十二日以及同年同月十五日，先後投下的寶物計有金棗花扁鐲一對、綠玉福壽三多佩一件、紅碧玹鑲子母綠鸞子一件、紅碧玹長壽字佩一件、正珠手串一盤、黃碧玹葡萄鼠佩一件、紅碧玹葫蘆蝠佩一件、綠玉佛手鸞子一件、紅碧玹雙喜佩一件、白玉靈芝天然小如意一柄、白玉透雕夔龍天干地支轉心璧佩一件、紅碧玹一件、金鑲萬壽執壺二件、金鑲珠石無疆執壺二件、金鑲真石玉杯金盤二分、金鑲珠杯盤二分、雕通玉如意一對、金佛一尊、玉佛一尊、玉壽星一尊、正珠念珠二盤、五等正珠念珠一盤、雕珊瑚圓壽字念珠二盤，珊瑚念珠一盤。

二是死後入殮隨葬的珍寶。內務府簿冊記載了有關的物品與數量，摘要錄之，計有正珠、東珠、紅碧玹、綠玉、珊瑚壽字、珊瑚喜字、珊瑚雕螭虎、龍眼菩提等朝珠；大正珠、正珠、東珠、紅碧玹，紫碧玹、綠玉蓮子、珊瑚等手串；正珠、紅碧玹、綠玉、珊瑚圓壽字等念珠；綠玉兜兜鏈；正珠掛鈕；金鑲正珠、金鑲各色真石珠、金鑲珠石、金鑲各色真石、白鑽石葫蘆、金鑲紅碧玭正珠、金鑲籐、鍍金點翠穿珠珊龍頭、白鑲各色真石福壽、綠玉等鐲；正珠、東珠、金鑲正珠龍頭等軟鐲；綠玉、茶晶、白玉皮、瑪瑙等煙壺；洋金鑲白鑽石、洋金鑲珠口帶別針等小表；洋金鑲白鑽石寶桃式大蚌珠、白玉魚蚌珠、白玉羚羊等彆子；白玉透雕活環葫蘆、綠玉透雕活環、珊瑚魚等珮；漢玉珞；漢玉仙人；漢玉洗器；白玉貓；黃玉杵；漢玉針；漢玉羚羊；雕綠玉搬指；藍寶石、紅碧玭、紫寶石、子母綠、茄珠、大小正珠、綠玉、蚌珠、綠玉鑲紅碧玭等抱頭蓮；珊瑚、綠玉、金鑲紅白鑽石等蝙蝠；金鑲紅白鑽石蜻蜓；金鑲白鑽石蜂；紅碧玭、綠玉穿珠菊花；金鑲各色珠石萬代福壽、金鑲鑽石等冠口；金翠珠玉等佛手簪；紅碧玭、綠玉、珊瑚、紅藍寶石、子母綠等鐳；黃寶石、鑽石、紅碧玭、白鑽石、大正珠等帽花。另據慈禧身邊寵監李蓮英的姪兒所寫《愛月軒筆記》記述，李蓮英經辦喪事並參加葬禮，他見到隨葬品的情形是：「太后未入棺前，先在棺底鋪金絲所製鑲珠寶錦褥一層，厚約七寸。褥上覆繡花絲褥一層，褥上又鋪珠一層，珠上又覆繡佛串珠之薄褥一。頭前置翠荷葉，腳下置一碧玭蓮花。放好後，始將太后抬入。后……身著金絲串珠彩繡禮服，外罩繡花串珠褂。又用珠串九練圍后身而繞之，並以蚌佛十八尊置於后之臂上。以上所置之寶，係私人孝敬，不列公帳者。眾人置後，方將陀羅經被置后身。后頭戴珠冠，其傍又置金佛、翠佛、玉佛（、紅寶石佛）等一百零八尊。后足左右各置（翡翠）西瓜一枚、甜瓜二枚，桃、李、杏、棗等寶物共大小二百件。后身左旁置玉藕一支，上有荷葉蓮花等。身之右旁置珊瑚樹一枝，其空處則遍灑珠石等物。填滿後，上蓋網珠被一個。正欲上子蓋時，某公主來，復將網珠被揭開，於盒中取出玉製八駿馬一分、十八玉羅漢一分，置於后之身旁，方上子蓋。」在所附帳單中，另有漏列之朝珠三掛、活計十八子珠鏡、翡翠白菜二顆、番佛四十八尊等等。

以上哪一種說法可信，我們已無法考證，因為慈禧的墓在她死後十九年，被民國的軍閥盜掘了，珠寶洗劫一空，連慈禧的屍骨也盡遭暴露而且部分損毀了。

慈禧的普陀峪定東陵，在民國十七年（一九二八）被人有計畫大規模地盜掘。這件事後來在北方以及全國報紙上都作了驚人的報導，日後也有專家寫過專文，現在我就擇其重要的事實，略述如下：

清朝覆亡後，國民政府因溥儀遜位，給了清室八項優待條件，其中之一就是設置護陵大臣，保護清朝歷代帝王陵寢，同意陵寢內駐守八旗官兵。當時局勢動蕩，盜匪猖獗，鎮守各陵的官員常常不住在衙門內，又有各方軍閥擅闖陵區，砍伐林木變賣，以致大量蒼松古柏慘遭砍鋸。東陵的護陵大臣由皇親毓彭擔任，他不但不盡護陵之責，反而勾結下級官員盜賣大量東陵的金銀器皿、高級供物，包括銅爐、銅鶴、銅鹿等等陳設，從中漁利。護陵大臣的行為如此，當然下屬官員、附近的居民以及地方土匪都很快地紛紛效尤了。他們拆盜楠木家具，甚至毀損陵殿飾件，盜得的贓物不絕於途，結果引起了國民革命軍與奉系軍閥的眼紅，雙方為爭地盤而爆發戰爭。奉軍不敵，革命軍軍長孫殿英便佔領馬蘭峪一帶東陵區，慈禧陵被盜事不久便發生了。

民國十七年七月初，孫殿英部下譚溫江率兵在東陵一帶，白天設崗斷絕行人車輛，深夜則動用工兵爆破陵墓。他們顯然得到熟悉建築人士的指導，先炸開墓地明樓下的金剛牆，打開進入地宮的通路，然後以電光照明，再用兵器撞開兩道石門，找到慈禧的金絲楠木棺材。撬開外棺，用利刃切開內棺，揭下薄木製成的「子蓋」，終於見到了入土二十年的慈禧遺體。盜匪們先爭相取得屍體周圍的珍寶，據說有翡翠西瓜、蟈蟈白菜、粉紅水晶蓮花、珊瑚樹等，再將屍體下的珠寶全部取盡。隨後又把慈禧屍體上的龍袍脫下，撕掉內衣，扯下鞋襪，把周身珠寶搜索精光。她的牙也被撬開了，因為要拿到含在嘴中的一顆特大明珠。這次劫難，給慈禧確實帶來生前未有的大羞辱。

當盜陵部隊回駐紮地休息時，一名隨從兵叫張岐厚的又悄悄地回到墓地，他從地宮角落處撿得十幾顆珍珠，又在龍袍上拆下兩把珠子，溜回軍營。在譚溫江部盜掘慈禧陵的同時，孫殿英命令屬下另一支隊伍去盜掘附近的乾隆帝后陵寢——裕陵。乾隆帝也是「大戶」，墓中珍寶也極多，所以這次孫殿英出兵，除了打敗奉系軍隊外，還乘機掏空兩個大大有名的陵墓，真是滿載而歸。七月七日，孫殿英的兩股盜墓人馬在完成「任務」後，離開東陵區，開往熱河，而在行軍途中，張岐厚就開了小差，攜帶著珠寶逃走了。

普陀峪定東陵、裕陵被盜後，護陵大臣毓彭沒有敢向住在天津的溥儀「流亡政府」報告，自己偷偷逃回北京躲了起來。

這一年秋間，張岐厚在天津賣掉珠寶想乘船南下時被逮捕了，軍隊盜陵事才被報紙披露出來，一時轟動全國。正在此時，北平警備司令部也抓到主持盜掘的譚溫江師長以及收買他贓物的琉璃廠古董商黃百川，盜陵的事從此更真相大白於天下。溥儀在天津先搭造靈堂，祭祀乾隆帝與慈禧等人的亡魂，把毓彭除名宗室，並召開「御前會議」，派專人去處理東陵善後事宜。

孫殿英是河南人，不識字，年輕時好賭，外號孫大麻子，早年在清軍中帶過兵，民國後投馮玉祥麾下，當過安徽省主席、國民革命軍第十二軍軍長。他對盜掘東陵事直言不諱，並提到墓中不少珍寶送給了蔣介石、何應欽、宋子文、孔祥熙等人，所以他才能保全了自己，這些事姑妄聽之吧。不過，孫殿英在抗戰期間，先當了冀北民軍司令打日本，後來在民國三十年時投靠了日本。四年後他在河南湯陰戰役中被中共軍隊俘獲，最後死在北京監獄之中。

慈禧太后威赫一生，沒有想到身後有此劫難，而且受到暴露身軀的極大羞辱，這是她貪權、奢華幾十年的因果報應嗎？很值得我們深思！

〈結語〉我評慈禧

在帝制中國的舊傳統社會裡，一直有著男尊女卑的觀念。一般家庭中都是男主外、女主內，女人出頭是會引起非議的。國家的領導階層如果出現了女元首，更是被視為反常，「牝雞司晨」就是指女人當權所作的譏諷成語。慈禧太后生活在帝制中國的最後一個朝代，她當上了女主，而且主宰晚清政局近五十年，大家對她的負面評論自屬難免。加上她專斷的行事作風，錯誤的治國政策，給國家民族帶來不少災難，世人對她評價惡劣是可以想像得到的。

在慈禧太后尚在掌大權的時候，就有人攻擊她了。除了她領導政府中的御史以及一些清流人士對她的戀權享樂、不容異己作些陳述與微詞外，戊戌政變以後康、梁在海外對她的指斥就更多更凶了，說她的領導地位不合法，說她的禍國殃民是「自生民以來未有此凶禍者也」等等，都是能深植人心的，不但醜化了慈禧個人，對清朝覆亡與革命軍興確有推動的作用。

過去一百年間，無論是在臺灣海峽兩岸，或是世界上華人聚居與外國人對慈禧有興趣的地方；無論是在專家學者的論著中，或是學校教科書、歷史小說、電影、戲劇以及電視連續劇等媒介作品中，慈禧幾乎都已被定型為禍國殃民罪孽深重的人物，這種印象似乎已經不能改變了。儘管有早年像王國維等的名家為讚譽慈禧寫過〈慈禧三大功德記〉、美國作家謝古里夫（Sterling Seagrave）出版《龍后》（*Dragon Lady*）一書，想為慈禧辯護但效果不佳。現代學者汪榮祖、徐徹、隋麗娟等人也著書立說，強調慈禧的評價不能泛政治化，汪教授以為「將滿清帝國的覆亡，完全歸罪於她，殊非平心、公允之論」。徐教授說：「對慈禧太后實行的是一點論，一棍子打死。從想當然的概念出發，歷史事實為先決的概念服務，往慈禧太后的身上潑了許多污泥濁水。……但是，歷史事實並不是這樣。……我主張對慈禧太后也要兩點論。慈禧太后做過一些壞事，也做過一些好事。她做的壞事我們要批判，她做的好事我們要肯定。」隋教授則認為，「當我們回顧與品評她的功過是非的時候，只能以人性化的視角，盡量還原她和她所處的時代。」他們的影響如何，尚未可知，但願能對前人的貶抑、譴責作一些修正的工作。

我自己對慈禧的一生則有如下的一些個人看法：

第一、作為一個自然人，慈禧的一生遭遇是可悲的。她的父親惠徵一輩子沒有做過什麼高官，最後卻以「虧款」、「帶印脫逃」等等難堪罪名被革職查辦，終至死在江南。她的夫君咸豐帝奕詝算是一個頹廢不振的君主，在位期間內憂外患紛至沓來，被逼得逃離京城、棄守宗廟，生命的末期又耽於酒色，駕崩熱河，跟她父親一樣，也是客死異鄉。兒子同治帝載淳，更令她失望，皇家雖聘請了名儒大師為他講課，他卻不喜讀書，無意學習，長到十六歲時仍是讀不通大臣們所進呈的奏摺。相反地，他貪玩成性，「因之宵小乘機誘惑引導，遂至逐日惟嬉戲游晏，耽溺男寵，日漸羸瘠」。學問不長進，身體也很糟，要他變成一位英主明君當然很難了。尤有甚者，同治帝對生母的叛逆性極強，經常站在別人一邊，反對生母，這使慈禧非常不樂。還有慈禧的父、夫、子三人都未得永年，算是短命。以舊時代婦女的「三從」，即在家從父、出嫁從夫、夫死從子來說，她的「三從」之樂實在不多。總之，她親眼看到父親的悲慘命運，她自己也沒有享受到一般幸福女人的男歡女愛以及母愛的溫暖喜樂，這些不圓滿相信會影響她的心情與性格的發展。

第二、慈禧出生後，雖然經歷了一段「在家從父」的時間，但生活也不如普通人家的兒女那樣地單純快樂。她的祖父景瑞從嘉慶十一年（一八〇六）起，將近有三十年的時間都在京中刑部做小官，道光二十二年（一八四二）因服務成績不差，由刑部推薦並得皇帝初步同意外放他「江蘇以知府差遣使用」，不過在由部引見時，道光帝對他的印象頗為不佳，被認為「才具平庸，不勝知府之任」，只好又回到原衙門做官，這一年慈禧是七歲。一年以後，清政府又下令清查戶部銀庫虧空大案，發現多年來竟有九百二十五萬二千多兩的白銀虧空。道光帝大怒，責罵歷任戶部主管官員「喪心昧良，行同偕國盜賊」，下令徹查。最後決定「歷任庫官、查庫御史各按在任年月，每月罰銀一千二百兩，已故者由子孫照半數代賠」。慈禧的曾祖父吉郎阿正好在戶部任過官，也被列為賠款人之一；因吉郎阿已去世，所以由他的兒子也是慈禧的祖父景瑞來代賠白銀二萬一千六百兩。這對慈禧一家來說，真是飛來橫禍。由於無法一時賠繳，景瑞就在道光二十七年（一八四七），被革職關進牢房，等追繳後再放出，當時慈禧年已十二，相信她對這場家變會感到震驚與不安的。其後在她父親惠徵向親友告貸、變賣家產以及用其他方式籌措之下，才將景瑞保釋回家。這一家的生活必然受到影響，尤其是經濟方面，一定會窘困不堪的。惠徵後來到安徽做官，確有撈錢的事實，可能與他家賠償戶部虧空有關。不過無論如何，這些事都是在慈禧童年至青少年時代發生的，錢財與權力的印象怎能不在她的心靈烙上深深的印記呢？

第三、慈禧小時候是受過一些教育的，甚至還學習過繪畫、書法，不過造詣不深，這一點我們可以從她罷黜恭親王奕訢的諭旨中錯別字很多得到證實。然而她不甘心做一個文盲似的人，因此她入宮後還不斷地從事學習，學看大臣奏章的內容，學經、史書籍中的微言大義。更難得的，她能與時俱進，學習西洋知識，從富國強兵的洋務問題到西洋各國的史地專書以及英國語文，她都接觸過，只是不求甚解，僅得皮毛，獲益可能不多。她有心學習是應該受到肯定的，但是這類語文能力與經史知識對她處理政務、運作國家機器都可能無大幫助，對她權位的鞏固與維持可能倒有些裨益。西洋人說：「凡存在的，必有其道理。」慈禧固然是「母以子貴」，但她如果沒有這些基本的政治才識，相信她的高貴地位與獨尊權威也是不能如此持久的。

第四、作為一個政治人，慈禧不但具有基本政治才能，她還富有機敏、睿智、決斷、陰險等的特點。她在初試啼聲的「辛酉政變」中，設計的縝密、處理的精當、呼應的巧妙、行動的準狠，在在顯現她的手段高明。政變之後，又「公開焚燬」在肅順等人處搜得的有關證物，不牽連其他官員，安撫反對勢力，更是讓不少人有「恩澤惠下」的感覺，這些人當然就會心悅誠服地為她服務了。她對恭親王奕訢的先重用重賞，後再予罷黜也運用得很好。但她了解全部剝奪奕訢權力的時機尚未成熟，因此只削掉他「議政王」的頭銜，讓恭王不敢小覷她，其他王公大臣也隨之俯首帖耳地臣服在她的面前了。慈禧在垂簾聽政之初，斬殺兩江總督何桂清與參與辛酉政變有功的大軍頭勝保，表面上看是「以明官紀，整飭官箴」，實際上也是給滿漢文武官員們一種儆戒，並藉以維持法紀，也算是一著妙棋。對於曾、左、李等漢人委以重任，置諸高位，她知道可能是有危險的。對於推行洋務運動，也可能不是她衷心願意的；但是為了挽救清朝於危亡，為了強化她自身的聲望地位，她還是走了這一步險棋，而且得到了她預期的效果。「甲申易樞」更是慈禧表現才華的事件，她先利用了清流派的日講起居注官盛昱上書，嚴辭彈劾以奕訢為首的軍機處多位大臣，說他們「輕信濫保」官員，說他們「阿好徇私」，以致中法戰爭一敗塗地，有關大臣應「交部嚴加議處」。慈禧得到這參本之後，召見了盛昱，裝著難過失望，說大臣們竟然俯仰徘徊、坐觀成敗，實在要更動他們才是。據說她與盛昱談話時還流了眼淚。沒有想到慈禧在不久後即頒降懿旨，將軍機處全班人馬罷斥，羅列他們的罪名有「委蛇保榮」、「因循日甚」、「謬執成見」、「簠簋不飭」、「昧於知人」等等，恭王也被開去一切差使。盛昱原本以清流自居，想出鋒頭，不料惹下如此大禍，頗為後悔，因而再上書讚揚恭王、李鴻藻等人，希望能挽回他們的地位。可是慈禧卻不再理他了，她真正達到了打倒恭王的目的。另外，在戊戌政變時，慈禧的沉著、陰狠態度也是值得一述的。光緒二十四年（一八九八）四月二十三日皇帝發布〈明定國是詔〉、宣布變法維新後，慈禧也在二十七日以皇帝名義連發四道上諭，預先作好應付突發事變的政治準備。七月二十九日至八月初三日，慈禧與光緒帝在頤和園中共度了四天，在議事中雖有爭執，但氣氛尚算和平。八月初三日光緒帝返回北京，慈禧也在第二天趕到京城附近的西苑，事變顯然快發生了。慈禧為顧及外國人的干涉，特別是日本人的不滿，她對光緒帝在八月初五日與日本在野政治家伊藤博文的會面沒有干預，可是第二天就宣布再度訓政，囚禁光緒帝於瀛臺了。隨著又有斬殺楊深秀等「六君子」以及追捕康有為的命令，她在事前幾乎不露什麼跡象，但行動一開始卻是有效而且極具威力。類似事例還有一些，限於篇幅，這裡不擬再舉。相信讀者諸君已能從以上史事中了解慈禧的政治手腕了。

第五、在同治帝繼統之前，慈禧雖然已母以子貴，掌握大權，一般說來，她尚能遵守清朝祖制，做事不留別人以口實，態度是能屈能伸的，策略是依情勢而定的。例如咸豐帝臨終前丟下一個既非攝政、又非垂簾的政體；結果慈禧想攬大權，肅順等八大臣反對她干預政務，因而引起矛盾，導致衝突。御史董元醇在慈禧一派授意下上奏章，懇請兩宮太后權理朝政並另簡親王輔政，這是赤裸裸地要向八大臣奪權，肅順等當然十分氣恨，乃以皇帝名義擬了一份諭旨，首先責斥董元醇的「請太后權理朝政」不合制度，其次責問「簡親王輔政」是何居心？慈禧也不甘示弱，不願在諭旨上蓋章，使諭旨不生效用。八大臣隨即與兩宮太后爭吵，不得要領，於是乾脆罷工，使中央機器不能運轉。慈禧知道此事十分嚴重，會影響全國政局的穩定以及皇家自身的安全，因為熱河行宮畢竟是八大臣勢力範圍，無法與他們抗爭，於是她選擇了退讓，留待日後再算帳吧。八大臣批駁董元醇的諭旨一字不改發出了，他們也「照常辦事，言笑如初」了。慈禧是為了以時間換空間而讓步的，終究在不久後消滅了八大臣的勢力。

同治八年（一八六九），太監安得海在慈禧的縱恿下出京去蘇州，乘大船，掛龍鳳旗，船上有女樂，聲勢烜赫，八面威風地下江南了。按清朝祖制，太監不准離京，違者殺無赦。山東巡撫丁寶楨捉拿了這個囂張的宦官，由於他是慈禧寵信人物，丁寶楨不得不上奏請示，慈安與恭王先傳令丁巡撫，慈禧並不知情，不過她看到奏章之後，只得降旨說：「該太監擅自遠出，並有種種不法情事，若不從嚴懲辦，何以肅宮禁而儆效尤！」安得海在山東被就地正法了，慈禧不但沒有背上破壞祖制的罪名，反而抬高她大公無私的聲譽。

同治十二年（一八七三）九月二十八日，親政不久後的皇帝降旨要重修圓明園，表面上是說為報答母恩，替生母慈禧重修園林，「以備聖慈燕憩用資頤養」，不過，同治帝可能也別有用心，希望把生母送出紫禁城，不再干預他的施政以及遊樂的生活。但是諭旨發布後第三天，御史沈淮即上奏以為「今時事艱難，仇人在國」，不宜遽議興修；游百川則「袖疏廷諍，諤諤數百言，聲震殿瓦」。同治帝初以高壓手段阻止，甚至革去游的御史職務。但修園是大工程，花費是龐大的，慈禧顯然在最初同意興修，但眼見反對聲浪愈來愈大，最後連恭王、醇王、御前大臣、軍機大臣都出來要皇帝「重庫款」。同治帝十分生氣，降旨將恭王、醇王以及其他十多位中央重臣一起革職。慈禧諳熟朝政運作，知道王公大臣如果一旦全都革職，國家必立即生亂，所以趕到內殿中強令皇帝收回成命，並停止工程。她又演出了一次成功大戲。

光緒二十年（一八九四），慈禧六十大壽，當然要盛大慶祝一番的。事實上，早在十八年底，皇帝就在上諭中提到全國臣民都要熱烈參加慶賀。第二年又下令成立慶典處，隨即展開一切籌備工作，希望做到隆重豪華，以博得慈禧的歡心。然而掃興的是日本人在太后的壽誕之年發動了甲午戰爭，清軍海陸連遭敗績。戰事緊急，軍費開支龐大，因而有不少官員上書，呼籲停止慶典工程，請將祝壽費用移作軍費。慈禧心中實有不甘，但她最後還是無奈地宣布慶典只在宮中舉行，頤和園受賀事宜及一切點景，都全部停止。儘管這是慈禧的敷衍讓步，但花費畢竟省下可觀的一筆了。最值得一提的是慈禧一直沒有學武則天正式稱帝，可見她還是有些自制的。總之，慈禧是能審時度勢作出較好的安排。其後還有很多類似的事是可以一述的，這裡暫且不贅述了。

第六、慈禧一生的表現，在很多地方並不如以上所說那麼好，譬如在政壇上她貪權戀位，就暴露了她人性中大弱點。從她入宮以後，她的心態顯然就不正常，整日想到的可能都是生存、權位等的問題。她家祖父為追賠坐牢以及父親因虧款或是帶印脫逃被褫職等傷心事也會不時浮上她的心頭，這對她的心理與性格必然有些影響，讓她對險惡慘烈的現實鬥爭也會產生一套自己的邏輯。因此在日後的遭遇中，不論是辛酉政變、打擊恭王、中法之戰、中日之戰，或是戊戌政變、義和拳亂、推行新政等等重大的中外事件，她知道政治鬥爭不能慈悲，不能猶豫，要殘忍為先，殺戮是尚；否則自己不但權位不保，連生命都會堪虞，得到的可能只是淒慘不幸的收場。另外，我們也可以從人類自私慾望方面來觀察一下慈禧。她入宮後從第六級的貴人躍升到第三級的貴妃，得來不是易事，但她終究掙得了。在她七十四年的生命史中，她經歷過咸豐、同治、光緒三朝的風風雨雨，立過載淳、載湉、溥儀三個國君，三次垂簾，兩度訓政，前後歷時四十八年，在古今中外的歷史上，像她這樣的人物實在罕見。她執政掌權時，打擊過恭親王奕訢，甚至壓迫過醇親王奕譞，囚禁過光緒帝，立而又廢過大阿哥溥儁，她把這些有可能取代她最高權位的人全部打垮了。同時她還被人懷疑是與慈安太后、同治皇后阿魯特氏、珍妃死亡有關的人。如此看來，她在皇室裡、深宮中，顯然也是一個心狠手辣、不顧情義的人物。她為什麼如此的不似常人呢？答案很簡單，她心裡只有「權位」二字，凡是通往她最高權位途中的障礙物，她都必須清除；凡是向她最高權位挑戰的，她必定消滅之。她堅持的思維是「逆我者亡」。

第七、慈禧在貪圖享樂與生活上極盡奢侈方面的事，也是應該予以譴責的。儘管她在辛酉政變後十天，即咸豐十一年（一八六二）十月初十日，發布懿旨給總管內務府大臣，強調宮中添製金銀器皿要有節制，避免鋪張，說什麼「矧值四方多故，物力維艱，豈復容以宮闈器用耗天下之財力，……日後遇有此等事件（指金銀器皿添置等），該管大臣等宜各仰體此意，以力行節儉為要」。同年十一月二十一日又下令宮中輿轎、傘扇、旗纛等物改鍍金、鍍銀或改用黃銅，以昭節儉。翁同龢在他的日記中也記錄了有關的事，可見引起當時大臣的注意。可是她真是實行儉樸生活嗎？不見得。十月初十日是她的生日，在她降旨金銀器皿酌予添置的同一天，為了祝賀她的壽誕，御膳房準備了一頓豐盛的晚餐，根據留下來的菜單，其中有火鍋二品：羊肉燉豆腐、爐鴨燉白菜。大碗菜四品：燕窩「福」字鍋燒鴨子、燕窩「壽」字白鴨絲、燕窩「萬」字紅白鴨子、燕窩

「年」字十錦攢絲。中碗菜四品：燕窩肥雞絲、溜鮮蝦、膾鴨腰、三鮮鴿蛋。碟菜六品：燕窩炒熏雞絲、肉絲炒翅子、口磨炒雞片、溜野鴨丸子、果子醬、碎溜雞。片盤二品：掛爐鴨子、掛爐豬。餑餑四品：白糖油糕壽意、苜蓿糕壽意、五福捧壽桃、百壽桃。銀碟小菜四品：燕窩鴨條湯、雞絲麵、老米膳、果子粥等等。在「四方多故，物力維艱」的當時，算不算是奢華浪費了一些？事實上，慈禧一輩子都是講究吃的，專門為她做菜飯的御膳西膳房，下設葷菜、素菜、飯、點心、餑餑五個局，廚師都是京師裡的名廚，他們能做點心四百多種，各式菜品四千多樣。據太監所述與膳房資料可知，慈禧愛吃的食物有小窩頭、飯卷子、油炸糕、八珍糕、酥皮餑餑、奶油琪子、燒賣、蛋糕、炸三角、粥、鴿鬆、和尚拜牆等。以粥品一項來說，就有荷葉粥、藕粥、綠豆粥、肉粥、果料粥、小米、老米、大麥、薏仁等粥，這些粥有的按季節食用，有的依她身體情況食用。平常她早餐有點心二十多種，晚餐菜式一般都有一百二十樣。總之，在吃的一項就可以看出她的浪費一斑了。

穿衣也極其豪華，春、夏、秋、冬各有朝服、便裝，通常都滿掛珠寶，有由三千五百顆珍珠製成的披肩，有表面鑲著珠珞與名貴寶石的鞋子。加上貴重的手鐲、琳瑯滿目的戒指以及金護指、玉護指等等飾物，渾身珠光寶氣，價值連城，根本談不上什麼節約。

兩次重修園林，即重修圓明園與造頤和園，雖然好事多磨，未能盡如所願，但是花費國家的錢財仍是非常可觀的，這也是慈禧被大家批判的大罪之一。還有西苑的工程，八國聯軍入京後皇室西逃途中的生活開支，以及回鑾時大修道路、大興土木、建驛站、修行宮、舉辦祝壽活動等等，又是國庫付了天文數字的銀兩為她埋單。在國家首都陷落、財政窘迫、人民生活於水深火熱中時，如此揮霍，實在該被人詛咒。不但生前如此，死後的喪葬費用也實在驚人，除兩度大修墓地所費不貲外，出殯、陪葬珍寶等耗資之多更教人不能置信，可見她連入土還要帶走一筆國家的財富，其貪財物、圖享樂的罪孽行為實在令天人共憤。

第八、如前所述，慈禧確實讀過一些書，了解一些中外的事物，但她讀書不求甚解，而且她把學到的知識只用在對王公大臣與皇宮內眷的權力鬥爭上，實在可惜。她是一個有智慧、有謀略、有旺盛戰鬥力、有堅持忍耐心的人。然而她的理想卻為自己打算的多，為國家人民打算的少，她常被權位與享樂沖昏了頭腦，做出一些不顧國家人民的錯事。她掌權將近半個世紀，就以清朝同光時代來說，正是東、西洋各國科技發展、向外侵略的時候，在她垂簾或訓政之日，至少有以下一些條約是經她同意後簽訂的，如：

同治元年的中葡《和好貿易條約》（後來才正式換約）

同治二年的中荷《天津條約》

同治二年的中丹《天津條約》
同治三年的中西（班牙）《友好貿易條約》
同治四年與比利時的《通商條約》
同治五年與義大利的《通商條約》
同治八年與奧地利的《通商條約》
同治十二年與日本的《通商條約》
同治十三年與祕魯的《通商條約》

這些名為友好、通商的條約，除與日本、祕魯訂立的以外，其他都是不平等、不友好的。訂約的外國都得到了片面最惠國待遇、領事裁判權、關稅協定等的權益，在號稱「同治中興」的時代，慈禧怎麼可以不爭取取消這些喪權辱國的條文呢？到了光緒時代，慈禧依舊垂簾或訓政，而條約卻是更為可怕了。光緒二年的中英《煙臺條約》，中國開放了內河通商，讓列強可以深入內地，洋貨也能到內地銷售獲利。加上子口半稅的條文，使中國財政收入受到損失。同時中國西南邊疆及西藏的危機也由《煙臺條約》開啟了。光緒十一年的《越南條約》，使中國南部一些地區被法國人控制，而外人在中國建造鐵路也是從此得到依據的。光緒二十一年的《馬關條約》，日本從中得到臺灣、澎湖、遼東半島等土地（遼東後來在俄、法、德三國交涉下歸還了，但中國付了「贖遼費三千萬兩白銀」），還允許日本在通商口岸進口機器、製造工藝品，開啟了日後列強在中國攫奪設廠權、採礦權、建路權的先聲。賠軍費二億兩更使中國財經命脈行將斷裂，瓜分之禍也因此條約而在不久後險些發生。光緒二十二年的《中俄密約》、二十四年的中德《膠澳租地條約》、中俄《旅大租地條約》、二十五年的中法《廣州灣租界條約》、中英《展拓香港界址條約》等，中國已被列強劃成多個「勢力範圍」，瓜分之禍迫在眉捷。當然更嚴重的是光緒二十七年的《辛丑和約》，除賠款四億五千萬兩之外，道歉、懲兇、下罪己詔、盡撤北方國防等等條文，令清廷威信掃地、國家門戶洞開，而國家負擔的龐大財經壓力，直接影響到清廷的覆亡。

就以上條約一項看，慈禧在同光時代當國家領導人，爭權奪位她重視，簽訂喪權辱國條約她反而不在乎了，甚至還命令簽約代表不惜一切地要「結與國之歡心」，趕快簽字。

十九世紀末葉正是世界上很多國家政治改革、經濟繁榮、軍事強大、科技日新的時代，中國卻產生了一個自私自利、權力慾強、不諳外情、不顧國家民族利益的女主，實在是滿清的不幸，也是中國的不幸。

以上只是我個人對慈禧一生眾多事件中的一些看法，結論未必正確，尚請方家君子與讀者賜正。我們知道：慈禧一生是與晚清歷史相始終的，她又是當時的國家女主，她的歷史地位不能不評價。但是多年以來，由於種種原因，民間流傳的說法與不少隨筆札記，似乎都對她貶多於褒，甚至還有一些不實的傳言，一直深植在後世人心中。尤其有作家們為聳人聽聞，電視、戲劇製作者為增加收視率，加油添醬，巧筆虛構，把慈禧變成了一個不堪入目的人物。例如慈禧因丈夫早死，守寡多年，就有傳聞說她與假太監安得海有染，結果小安子被殺了，丁寶楨將他的屍體暴露三天示眾，證明他是一名真太監，這種事實也只能使謠言止於智者，到今天仍有小說、雜文照樣寫慈禧與太監的醜事呢！清末來華的一個英國牛津大學出身的作家拜克豪斯（Edmund T. Backhouse），他在中國十年（一八九八～一九〇八），身後留下和清朝大人物交往經過的回憶文字，他說慈禧太后曾與他上過床，並且發生過一百五十次到兩百次的性關係。他的書日後被西洋人奉為權威之作，慈禧的淫穢惡名又被遠播到世界了。事實上拜克豪斯是個性變態的人物，喜愛同性戀，他的回憶錄中很多事被專家考證是不真實的，汪榮祖教授就以為『回憶錄所呈現的『自傳式』記憶，近乎狂想曲，充分顯示個人記憶之隨意性，甚至透露心理或生理上的病態。他『重演』或『編製』往事時，將他所知的若干事情，摻雜了許多虛妄的想像，更暴露了宣洩性欲的願望，以及難以掩飾的自戀與自大狂，並以中國的女主作為幻想的對象」。而英國著名史學家崔佛羅頗（Hugh Trevor-Roper）研究拜克豪斯的生平及相關文獻後，更不客氣地評論這部回憶錄是「極其嚴重的、心心念念而又怪誕可笑的淫穢」之作，不足徵信。我舉出這個慈禧八卦的性醜聞例子，只是證明不少有關的傳言、流言是不可盡信的。現在清宮珍藏的各類檔案史料公開了，專家學者的很多論文專書也問世了，如果我們仍然以幸災樂禍的心情看慈禧，仍然受清末泛政治化的影響評慈禧，那就不太公平了。我同意徐徹教授的話：「她做的壞事我們要批判，她做的好事我們要肯定。」

國家圖書館出版品預行編目資料

慈禧寫真 / 陳捷先著. -- 初版. -- 臺北市 :
遠流, 2010.05
面 ; 公分. -- (實用歷史叢書)

ISBN 978-957-32-6640-2(平裝)

1. (清)慈禧太后 2. 傳記 3. 晚清史

627.81 99007159